Meine allerbesten Kochrezepte

Karin Winkell (Hrsg.)

Meine allerbesten

Kochrezepte

Gaumenfreuden für jeden Tag

BASSERMANN

Im Bassermann-Programm sind unter anderem
auch folgende Titel erschienen:
»Köstlich kochen jeden Tag« (Nr. 0003)
»Meine allerbesten Backrezepte« (Nr. 0007)
»Das neue große farbige Lexikon« (Nr. 0002)
»Großes Gesundheitslexikon« (Nr. 0021)
»Faszinierende Natur« (Nr. 0019)
»Unser schönes Deutschland« (Nr. 0008)
»Straßenatlas Europa« (Nr. 0013)
»Zimmerpflanzen« (Nr. 0006)

Abkürzungen

EL	=	Eßlöffel
TL	=	Teelöffel
cl	=	Zentiliter
ml	=	Milliliter
l	=	Liter
Msp.	=	Messerspitze
TK-	=	Tiefkühl-

CIP-Titelaufnahme der Deutschen Bibliothek

Meine allerbesten Kochrezepte: Gaumenfreuden für jeden Tag / Karin Winkell (Hrsg.) – Niedernhausen/Ts.: Bassermann, 1990
ISBN 3-8094-0025-4
NE: Winkell, Karin [Hrsg.]

ISBN 3 8094 0025 4

Genehmigte Ausgabe für Bassermann'sche Verlagsbuchhandlung

Titelbild: TLC-Foto-Studio GmbH, Velen-Ramsdorf
(Schweineschulter mit Kräuterkruste, Rezept Seite 102)
Fotos: Anschlag & Goldmann, Borken; Grauel und Uphoff, Hannover; Brigitte Harms, Hamburg; TLC-Foto-Studio GmbH; Velen-Ramsdorf; Michael Wissing & Partner, Waldkirch b. Freiburg; Archiv
Satz: Grunewald Satz & Repro GmbH, 3500 Kassel
Druck: Brühlsche Universitätsdruckerei, 6300 Gießen

817 2635 4453 6271

Inhalt

Vorwort

Gaumenfreuden für jeden Tag – nach diesem Motto präsentieren sich hier die schönsten Kochrezepte. Ob Sie nun Gäste verwöhnen möchten oder neue Anregungen für Mahlzeiten mit der Familie suchen, der kulinarische Bogen ist weit gespannt. So findet sich alles, was ein Schlemmerherz begehrt, angefangen von feinen Vorspeisen und Suppen über sättigende Hauptspeisen, deftige Eintöpfe und goldgelbe Aufläufe bis hin zu den verführerischsten Desserts. Lassen Sie sich von den vielen Farbfotos anregen, Neues auszuprobieren, und genießen Sie die Freude am Kochen. Ich wünsche Ihnen dabei viel Spaß und gutes Gelingen!

Vorspeisen und kleine Mahlzeiten

Eine kleine Vorspeise als Auftakt zum großen Menü stimmt aufs Essen ein und weckt die Neugierde auf kommende Köstlichkeiten. Ob Sie eine kalte oder eine warme Vorspeise servieren, bleibt Ihrem Geschmack überlassen. Wichtig ist nur, daß sie auf das kommende Hauptgericht abgestimmt ist. Die vorgestellten Gaumenfreuden eignen sich aber auch als kleine Zwischenmahlzeit und finden ebenso leicht Platz auf dem kalten Büfett.

Weinbergschnecken nach Art der Maremmen

Für 4 Personen

24 Weinbergschnecken aus der Dose mit Häuschen
4 EL Ölivenöl
1 Zwiebel
4 Tomaten
1 rote Pfefferschote
2 Knoblauchzehen
1 Bund Pfefferminze
½ TL Salz
1 Prise weißer Pfeffer
Saft von 1 Limette
Semmelbrösel nach Belieben

Zubereitungszeit: ca. 40 Minuten

1. Die Weinbergschnecken gut abtropfen lassen und in die Häuschen füllen.
2. Das Öl in einer Pfanne erhitzen.
3. Die Zwiebel schälen, fein hakken und im Öl glasig dünsten.
4. Die Tomaten über Kreuz einritzen, kurz in kochendes Wasser tauchen, kalt abschrecken, enthäuten, halbieren, entkernen und in kleine Würfel schneiden.
5. Die Pfefferschote waschen, halbieren, die Kerne entfernen und das Fruchtfleisch fein hacken.
6. Den Backofen auf 200 Grad vorheizen.
7. Die Knoblauchzehen schälen, zerdrücken und mit etwas Salz verrühren, bis eine Paste entsteht.
8. Die Knoblauchpaste mit den Tomaten und der Pfefferschote zu den Zwiebeln geben und kurz mitschwitzen lassen.
9. Die Pefferminze verlesen, waschen, trockentupfen, fein hacken und unter die Sauce rühren.
10. Die Sauce mit Salz und Pfeffer abschmecken und mit dem Limettensaft leicht säuern.
11. Anschließend die Sauce auf die Schnecken verteilen und mit den Semmelbröseln bestreuen.
12. Die Schnecken in eine Form legen und im Backofen oder unter dem Grill etwa 10 Minuten backen.

(Foto rechts)

Windbeutel mit Dillquark

Für 10 Stück

125 ml Milch
60 g Butter
1 Prise Salz
1 Prise Muskatnuß
100 g Mehl
2 Eier
½ kleine Zwiebel
200 g Speisequark, 20% Fett i. Tr.
2 EL feingehackter Dill
¼ TL Paprikapulver, edelsüß
Pfeffer aus der Mühle
evtl. 2 EL Milch
10 kleine Dillzweige zum Garnieren

Zubereitungszeit: ca. 25 Minuten

1. Die Milch in einen Topf geben und mit der Butter, Salz und Muskat aufkochen.
2. Das Mehl unter ständigem Rühren in die Milch sieben, aber dabei den Topf auf dem Herd lassen und so lange rühren, bis sich der Teigkloß gut vom Boden löst. Den Backofen auf 200 Grad vorheizen.
3. Den Brandteig etwa 5 Minuten auskühlen lassen und anschließend die Eier darunterrühren, bis er eine geschmeidige Konsistenz bekommt.
4. Den Teig in einen Spritzbeutel füllen und mit einer Sterntülle etwa 3 Zentimeter dicke Rosetten auf ein mit Wasser abgespültes Backblech spritzen. Die Teigrosetten etwa ¼ Stunde backen.
5. Die Zwiebelhälfte schälen, fein hacken und mit dem Quark, dem Dill, Paprika, Salz und Pfeffer verrühren. Sollte der Quark zu fest sein, geben Sie etwas Milch dazu. Den Dillquark in einen Spritzbeutel mit Lochtülle füllen.
6. Von den Windbeuteln mit einem scharfen Messer die Deckel abschneiden und den Quark hineinspritzen. Die Deckel schräg darauf setzen und die Windbeutel mit einem kleinen Dillzweig garnieren.

Waldorfsalat

Für 4 Personen

100 g Walnußkerne
2 säuerliche Äpfel (z. B. Boskop)
Saft von 1 Zitrone
250 g Knollensellerie
100 g Sahne
80 g Mayonnaise
Salz
weißer Pfeffer aus der Mühle
1 Prise Zucker
einige Salatblätter zum Garnieren

Zubereitungszeit (ohne Zeit zum Durchziehen): ca. 40 Minuten

1. Von den Walnußkernen einige schöne Hälften zum Garnieren beiseite legen, den Rest kleinhacken.
2. Die Äpfel schälen, vierteln, entkernen und von Blüten- und Stengelansätzen befreien.
3. Die Äpfel mit der Rohkostreibe in lange, dünne Streifen raspeln oder mit einem scharfen Messer in etwa 5 Millimeter dicke und 3 Zentimeter lange Streifen schneiden. Mit dem Zitronensaft in einer Schüssel mischen, damit sich die Äpfel nicht braun verfärben.
4. Den Sellerie gründlich unter kaltem Wasser abbürsten, abtropfen lassen, vierteln und schälen. Dann ebenso wie die Äpfel raspeln und mit den Äpfeln und dem Zitronensaft mischen.
5. Die Sahne steif schlagen und nach und nach die Mayonnaise hinzufügen, so daß eine glatte, cremige Sauce entsteht. Mit Salz, Pfeffer und Zucker abschmecken.
6. Die Sauce mit den Äpfeln, dem Sellerie und den gehackten Nüssen mischen. Den Salat zugedeckt etwa 20 Minuten im Kühlschrank durchziehen lassen und nochmals abschmecken.
7. Die Salatblätter waschen, trokkentupfen und vier Servierschalen damit auslegen. Den Salat bergartig darauf anrichten und mit den Walnußhälften garnieren.

Artischocken mit Sauce

Für 4 Personen

4 Artischocken
2 Zitronen
1 EL Salz
1½ l Wasser
2 Fleischtomaten
200 g Mayonnaise
200 g Joghurt
1 Knoblauchzehe
3 EL gehackte Kräuter (Petersilie, Kerbel, Basilikum)

Zubereitungszeit: ca. ¾ Stunden

1. Die Artischocken unter fließend kaltem Wasser waschen und über Kopf abtropfen lassen.
2. Die Blätter der Artischocken mit einer Schere um 1 Zentimeter kürzen. Die Stiele unten abbrechen und den Fuß geradeschneiden. An der Spitze ebenfalls 3 Zentimeter abschneiden.
3. Eine Zitrone in Scheiben schneiden, die andere auspressen.
4. Jede Artischocke mit einer Zitronenscheibe bedecken und über Kreuz mit einem Faden zusammenbinden.
5. Den Zitronensaft mit dem Salz und dem Wasser aufkochen, die Artischocken hineinlegen und den Topf mit einem Tuch zudecken. Die Artischocken 20 bis 25 Minuten sieden lassen und dann herausnehmen.
6. Den Faden und die Zitronenscheiben ablösen, von den Artischocken oben das Mittelstück herausdrehen und das Heu entfernen. Das Mittelstück umgedreht warmstellen.
7. Für die Saucen die Fleischtomaten über Kreuz einritzen, kurz in kochendes Wasser tauchen, kalt abschrecken und enthäuten. Das Fruchtfleisch anschließend pürieren oder sehr fein hacken. Die Knoblauchzehe schälen und fein hacken.
8. Die Mayonnaise mit dem Joghurt verrühren. Eine Hälfte davon mit dem Tomatenmus und dem Knoblauch, die andere Hälfte mit den Kräutern verrühren.
9. Die Artischocken mit den Saucen servieren.

(Foto oben)

Tip

Servieren Sie die Artischocken niemals auf Aluminiumgeschirr. Es beeinträchtigt Aussehen und Geschmack.

Paprikasnacks

Für 4 Personen

1 rote Paprikaschote
1 grüne Paprikaschote
4 EL Butter
300 g Doppelrahmfrischkäse
150 g Edelpilzkäse
10 mit Paprika gefüllte Oliven
2 EL Kapern
2 EL feingehackte Petersilie
Salz
Knoblauchpfeffer
4 Salatblätter
4 schwarze Oliven

Zubereitungszeit: ca. 1/2 Stunde
Kühlzeit: ca. 2 Stunden

1. Die Paprikaschoten gründlich waschen und die Stielansätze mit einem kleinen Messer herausschneiden. Die Trennwände und die Kerne sorgfältig entfernen und die ausgehöhlten Schoten innen und außen trocknen.
2. Die Butter mit dem Doppelrahmfrischkäse und dem Edelpilzkäse glattrühren.
3. Die Oliven und die Kapern fein hacken, dazugeben und die Käsemasse mit der Petersilie, Salz und etwas Knoblauchpfeffer kräftig abschmecken.
4. Die Käsemasse in die Paprikaschoten füllen und mit einem Teelöffel fest andrücken.
5. Die Paprikaschoten in Alufolie wickeln und für etwa 2 Stunden in den Kühlschrank stellen.
6. Die Salatblätter waschen und sorgfältig trockentupfen.
7. Die Paprikaschoten auswickeln und mit einem spitzen Messer in jeweils sechs Scheiben schneiden. Die Scheiben auf den Salatblättern anrichten und mit den Oliven verzieren.

Tip

Die Paprikasnacks eignen sich gut für das kalte Büfett.

Avocado mit Meeresfrüchten

Für 1 Person

300 g gemischte, küchenfertige Meeresfrüchte (Muschelfleisch, Tintenfischringe, Garnelen, Thunfisch)
50 g schwarze Oliven
1 Tomate
einige Zweige Petersilie
einige Zweige Schnittlauch
1 Knoblauchzehe
1/2 TL Salz
70 ml Obstessig
70 ml Olivenöl
schwarzer Pfeffer, 1 Prise Zucker
1 hartgekochtes Ei
1 mittelgroße reife Avocado
Saft von 1 Zitrone

Zubereitungszeit: ca. 20 Minuten

1. Die küchenfertigen Meeresfrüchte in eine Schüssel geben.
2. Die Oliven abtropfen lassen, halbieren und entkernen. Die Tomate über Kreuz einritzen, kurz in kochendes Wasser legen, dann kalt abschrecken und enthäuten. Anschließend die Tomate entkernen und in Würfel schneiden.
3. Die Oliven mit den Tomatenwürfeln unter die Meeresfrüchte mischen.
4. Die Petersilie und den Schnittlauch waschen, trockentupfen und fein hacken.
5. Die Knoblauchzehe schälen und zerdrücken. Dann mit dem Salz, den Kräutern, dem Obstessig und dem Olivenöl verrühren.
6. Die Sauce mit Salz, Pfeffer und Zucker kräftig abschmecken. Das Ei schälen, fein hacken und unter die Sauce ziehen.
7. Die Meeresfrüchte in der Sauce vorsichtig wenden.
8. Die Avocado halbieren, den Kern herauslösen und das Fleisch sofort mit dem Zitronensaft beträufeln, damit es nicht braun wird.
9. Die Meeresfrüchte in die Avocadohälften füllen. Sofort servieren. (Foto oben)

Hummerkrabben-schwänze auf Avocadoscheiben

Für 4 Personen

2 Schalotten
1 Lorbeerblatt
6 Pfefferkörner
1/2 Stange Lauch
1/4 l Weißwein
1 l Wasser
Salz
400 g Hummerkrabbenschwänze
2 reife Avocados
3 EL Limonensaft
Pfeffer
100 g Crème fraîche
1 TL Estragonblättchen

Zubereitungszeit: ca. 3/4 Stunden

1. Die Schalotten schälen, in Scheiben schneiden und mit dem Lorbeerblatt, den Pfefferkörnern, dem Lauch, dem Weißwein, dem Wasser und etwas Salz zu einem Fond kochen. Den Fond durch ein Sieb abgießen.
2. Die Hummerkrabbenschwänze in den Fond geben, kurz aufkochen lassen und die Hummerkrabbenschwänze je nach Größe etwa 3 Minuten gar ziehen, aber nicht kochen lassen.
3. Die Hummerkrabbenschwänze auf ein Sieb abgießen und die Hüllen und die Därme entfernen.
4. Die Avocados schälen, halbieren, die Kerne herauslösen und das Fruchtfleisch in Scheiben schneiden.
5. Die Avocadoscheiben kreisförmig auf flachen Tellern anrichten.
6. Aus dem Limonensaft, Salz und Pfeffer ein Dressing zubereiten und die Avocadoscheiben damit sorgfältig bestreichen.
7. Die Crème fraîche langsam erhitzen und mit Salz, Pfeffer und einigen Tropfen Limonensaft mild abschmecken.
8. Die Hummerkrabbenschwänze in die Crème fraîche geben und darin erwärmen.
9. Anschließend die Meeresfrüchte einzeln herausnehmen und dekorativ in der Mitte der Avocadoscheiben anrichten. Mit Estragonblättchen garniert servieren.

(Foto oben)

Carpaccio von Jakobsmuscheln

Für 4 Personen

12 mittelgroße Jakobsmuscheln
4 EL Olivenöl
1 EL Champagneressig
etwas Zitronensaft
Salz
frischgemahlener Pfeffer
2 EL Ketakaviar
gehackter Schnittlauch zum Garnieren

Zubereitungszeit: ca. 25 Minuten

1. Die Jakobsmuscheln aus den Schalen lösen, putzen und den Rogen abschneiden. Sie können ihn für ein anderes Gericht verwenden. Das weiße Muskelfleisch in dünne und gleichmäßige Scheiben schneiden.
2. Das Olivenöl mit dem Champagneressig und dem Zitronensaft zu einer Vinaigrette verquirlen.
3. Vier gut gekühlte Teller mit Salz und etwas Pfeffer bestreuen. Die Muschelscheiben fächerartig darauf anrichten und nochmals leicht salzen und pfeffern.
4. Das Muschelfleisch mit der Vinaigrette benetzen und mit dem Ketakaviar und dem Schnittlauch garnieren.

Dreifarbiger Paprikasalat

Für 4 Personen

je 2 rote, grüne und gelbe
Paprikaschoten
2 Zwiebeln
6 EL gehackte, glatte Petersilie
100 g Schafskäse
5 EL Olivenöl
Salz, schwarzer Pfeffer
1 TL gehackter Oregano
Saft von 2 Zitronen
100 g schwarze Oliven

Zubereitungszeit: ca. 1/2 Stunde

1. Die Paprikaschoten waschen, halbieren, die Kerne und die Häute entfernen und das Fruchtfleisch in sehr schmale Streifen schneiden. Die Zwiebeln schälen, fein hacken und mit der Petersilie unter die Paprikastreifen mischen.
2. Den Schafskäse mit der Hand zerkrümeln. Das Olivenöl, Salz, Pfeffer, den Oregano und den Zitronensaft hinzufügen und alles zu einer Sauce verrühren.
3. Die Sauce über die Paprikastreifen gießen, alles gut mischen und etwa 20 Minuten ziehen lassen. Den Salat mit den Oliven dekorativ garnieren.

Spargelsalat mit Räucherlachs

Für 4 Personen

1 kg frischer Spargel
1/2 TL Salz
1/2 TL Zucker
1 TL Butter
2 EL Estragonessig
6 EL Sonnenblumenöl
1 EL Rinderfond
Pfeffer
150 g Räucherlachsscheiben
1 EL Kerbelblättchen

Zubereitungszeit: ca. 3/4 Stunden

1. Den Spargel waschen und von den Köpfen abwärts großzügig schälen. Die unteren Enden etwa 2 Zentimeter breit abschneiden.
2. Den Spargel in reichlich Salzwasser mit dem Zucker und der Butter, je nach Dicke der Stangen, etwa 8 Minuten bißfest kochen. Den Spargel in Eiswasser abschrekken und gut abtropfen lassen.
3. Den Spargel in 3 Zentimeter lange Stücke schneiden.
4. Aus dem Essig, dem Öl, dem Rinderfond, Salz und Pfeffer eine Salatsauce zubereiten und den Spargel damit überziehen.
5. Den Spargelsalat abschmecken und auf flachen Tellern anrichten.
6. Die Räucherlachsscheiben halbieren, zu kleinen Röschen drehen und auf den Spargel legen. Mit den Kerbelblättchen garnieren.
(Foto oben)

Spargel-Orangen-Fenchel-Salat

Für 4 Personen

500 g frischer Spargel
Salz
2 Orangen
1 Fenchelknolle (250 g)
einige Dillzweige
etwas Himbeeressig
4 EL Öl
Pfeffer

Zubereitungszeit: ca. 35 Minuten

1. Den Spargel waschen, von den Köpfen abwärts großzügig schälen und schräg in Stücke schneiden.
2. Die Spargelstücke in reichlich Salzwasser etwa 8 Minuten bißfest garen, in Eiswasser abschrecken und gut abtropfen lassen.
3. Die Orangen sorgfältig schälen, dabei auch die weiße Haut entfernen. Mit einem spitzen Messer neben den Zwischenhäuten einstechen und die Filets herauslösen.
4. Den Fenchel putzen, waschen und in dünne Scheibchen schneiden. Den Dill waschen, trockentupfen und verlesen.
5. Aus dem Essig, dem Öl, Salz und Pfeffer eine Marinade rühren.
6. Den erkalteten Spargel mit den Orangenfilets, dem Fenchel und den Dillspitzen auf Tellern anrichten und die Marinade darübergießen.

Tip

Sie können den Fenchel auch kurz in kochendem Salzwasser blanchieren. Dann schmeckt er etwas milder.

Spargel mit Hummerkrabbenschwänzen und Kerbelcreme

Für 4 Personen

200 g Crème fraîche
2 EL pürierter Kerbel
Salz
Pfeffer
1 kg frischer Spargel
Zucker
8 Hummerkrabbenschwänze à 35 g
2 EL Butter
einige Kerbelblättchen zum Garnieren

Zubereitungszeit: ca. 1 Stunde

1. Die Crème fraîche mit dem pürierten Kerbel verrühren und mit Salz und Pfeffer abschmecken.
2. Den Spargel waschen und von den Köpfen abwärts großzügig schälen. Die unteren Enden etwa 2 Zentimeter breit abschneiden.
3. Den Spargel in reichlich Salzwasser mit dem Zucker je nach Dicke der Stangen etwa 8 Minuten bißfest kochen. Anschließend in Eiswasser abschrecken und gut abtropfen lassen.
4. Die Hummerkrabbenschwänze aus den Hüllen brechen und die Därme entfernen. Die Meeresfrüchte leicht mit Salz und Pfeffer würzen.
5. Die Butter in einer Pfanne erhitzen und die Hummerkrabbenschwänze von jeder Seite etwa 1 Minute darin braten.
6. Den Spargel auf vorgewärmten Tellern anrichten.
7. Die Kerbelcreme langsam erwärmen und den Spargel damit überziehen.
8. Jeweils zwei Hummerkrabbenschwänze an die Soße legen und die Vorspeise mit den Kerbelblättchen garniert servieren.

(Foto rechts)

Feldsalat mit Sojasprossen

Für 4 Personen

180 g Feldsalat
2 Mandarinen
100 g frische Sojasprossen
2 Schalotten
5 EL Kefir
2 EL Distelöl
Salz
weißer Pfeffer aus der Mühle
Saft von 1 Zitrone

Zubereitungszeit: ca. 20 Minuten

1. Den Feldsalat verlesen, waschen und gut abtropfen lassen. Die Mandarinen sorgfältig schälen und in Schnitze teilen. Mit dem Feldsalat in eine Schüssel geben.
2. Die Sojasprossen unter fließend kaltem Wasser abbrausen, trockentupfen und zum Salat geben. Die Schalotten schälen, sehr fein hakken und darüberstreuen.
3. Aus dem Kefir, dem Distelöl, Salz, Pfeffer und dem Zitronensaft mit dem Schneebesen eine cremige Sauce rühren.
4. Die Sauce über den Salat gießen und alles gut mischen.

Variation

Bestreuen Sie den Salat mit etwa 100 Gramm kurz angebratenen Krabben.

Staudensellerie mit Roquefort

Für 10 Stück

30 g Roquefort
1 EL gehackter Estragon
60 g Butter
1/2 Staude Sellerie
1 Tomate
10 Estragonblättchen zum Garnieren

Zubereitungszeit: ca. 20 Minuten

1. Den Roquefort in einem Mixer oder mit dem Pürierstab pürieren, den Estragon hinzugeben und die Creme mit der Butter schaumig schlagen.
2. Den Sellerie in Stangen zerteilen, putzen und waschen. Die Fäden abziehen und die Stangen am unteren Ende geradeschneiden, damit sie flach liegen.
3. Die Roquefortbutter in einen Spritzbeutel füllen und kalt stellen, damit sie etwas fest wird.
4. In der Zwischenzeit die Tomate über Kreuz einritzen, kurz in kochendes Wasser tauchen und kalt abschrecken. Anschließend enthäuten und in Spalten zerteilen.
5. Die Selleriestangen in zehn Stükke schneiden und jeweils die Roquefortbutter in Tupfen darauf spritzen.
6. Die Selleriestangen auf einer Platte anrichten und mit den Tomatenecken und den Estragonblättchen garnieren.

Tip

Statt Roquefort können Sie auch einen anderen Blauschimmelkäse nehmen, z. B. Gorgonzola oder Bavaria blue.
Die Vorspeise eignet sich prima für das kalte Büfett.

Cocktailtomaten mit Basilikumquark

Für 10 Stück

- 1/2 Knoblauchzehe
- 100 g Speisequark, 20 % Fett i. Tr.
- 2 EL gehacktes Basilikum
- Salz
- Pfeffer aus der Mühle
- 10 größere Cocktailtomaten
- 10 Basilikumblättchen zum Garnieren

Zubereitungszeit: ca. 40 Minuten

1. Die Knoblauchzehe schälen und zerdrücken.
2. Den Quark mit dem Basilikum und dem Knoblauch verrühren und mit Salz und Pfeffer würzen.
3. Die Haut der Cocktailtomaten über Kreuz einritzen und die grünen Stengelansätze herausschneiden. Dann die Tomaten kurz in kochendes Wasser tauchen, kalt abschrecken und enthäuten.
4. Das obere Drittel der Tomaten als Deckel abschneiden und beiseite legen. Die Kerngehäuse vorsichtig herauslösen.
5. Den Basilikumquark in einen Spritzbeutel füllen und in die Tomaten spritzen.
6. Die Tomatendeckel wieder darauf setzen und die Vorspeise mit den Basilikumblättchen dekorativ garnieren.

(Foto links oben)

Avocadoschaum mit Lachs

Für 10 Personen

- 1 reife Avocado
- etwas Zitronensaft
- 2 Blatt Gelatine
- 1 Grapefruit
- Salz
- Pfeffer aus der Mühle
- 1 EL Noilly Prat (Wermutwein)
- 100 g geschlagene Sahne
- 10 kleine Scheiben Räucherlachs

Zubereitungszeit: ca. 50 Minuten

1. Die Avocado schälen und mit dem Pürierstab pürieren. Das Püree mit etwas Zitronensaft beträufeln, da sich die Avocado sonst schnell verfärben. Die Gelatine in wenig kaltem Wasser etwa 5 Minuten einweichen.
2. Die Grapefruit sorgfältig schälen, dabei auch die weiße Haut entfernen. Mit einem spitzen Messer neben den Zwischenhäuten einstechen und die Filets herauslösen. Den austretenden Grapefruitsaft dabei auffangen.
3. Die Gelatine ausdrücken und mit dem Grapefruitsaft leicht erwärmen, bis sie sich aufgelöst hat. Anschließend unter das Avocadopüree rühren.
4. Das Püree mit Salz und Pfeffer würzen und mit dem Noilly Prat verrühren.
5. Die geschlagene Sahne locker darunterheben und den Avocadoschaum etwa 1/2 Stunde kalt stellen.
6. Die Grapefruitfilets mit dem Räucherlachs auf kleinen Tellern anrichten, den Avocadoschaum mit einem vorher in heißes Wasser getauchten Löffel abstechen und dekorativ auf die Teller legen.
(Foto links unten)

Roastbeef auf Sardellenbutter

Für 10 Stück

1/2 Stange Lauch
Salz
5 Sardellenfilets
50 g Butter
3 Scheiben Zwiebelbrot
3 EL Mayonnaise
1 EL gehackter Kerbel
10 Scheiben Roastbeef
1/4 Kopf Bataviasalat
1 Tomate
10 Kerbelzweige zum Garnieren

Zubereitungszeit: ca. 20 Minuten

1. Die Lauchstange putzen, waschen und in Salzwasser etwa 10 Minuten kochen, abkühlen lassen.
2. Die Sardellen klein hacken und mit der Butter schaumig rühren.
3. Die Zwiebelbrotscheiben in zehn kleine Rechtecke schneiden und dünn mit der Sardellenbutter bestreichen.
4. Die Mayonnaise mit dem gehackten Kerbel verrühren. Die Roastbeefscheiben damit bestreichen und einrollen.
5. Den Salat putzen, waschen und gut abtropfen lassen.
6. Die Brotrechtecke nun mit den Salatblättern und den Roastbeefröllchen belegen.
7. Den Lauch in Scheiben schneiden. Die Tomate über Kreuz einritzen, kurz in kochendes Wasser tauchen, kalt abschrecken und enthäuten. Das Fruchtfleisch in Spalten schneiden und entkernen.
8. Die Canapés mit den Lauchmedaillons, den Tomatenspalten und den Kerbelzweigen garnieren.
(Foto oben)

Variation

Nehmen Sie statt Roastbeef gepökelte Zunge, und bestreichen Sie sie mit Kräuterfrischkäse.

Zweierlei Kaviar auf Quarktoast

Für 10 Stück

- 5 Scheiben Weißbrot
- 50 g Speisequark, 20 % Fett i. Tr.
- 1 EL gehackter Kerbel
- 2 EL Milch
- Salz
- 1 Prise Cayennepfeffer
- 50 g Forellenkaviar
- 50 g Lachskaviar
- 10 Kerbelzweige zum Garnieren

Zubereitungszeit: ca. 20 Minuten

1. Die fünf Weißbrotscheiben goldbraun toasten und mit einem runden Ausstecher von 4 bis 5 Zentimeter Durchmesser zehn Kreise ausstechen.
2. Den Quark mit dem gehackten Kerbel, der Milch, Salz und Cayennepfeffer verrühren.
3. Die Quarkmasse auf die Toastrondelle streichen und die beiden Kaviarsorten halb und halb darauf verteilen. Die Canapés jeweils mit einem Kerbelzweig garnieren.

Variation

Verwenden Sie statt des Kräuterquarks eine Forellencreme. Dazu nehmen Sie eine kleine entgrätete und gehäutete Räucherforelle und pürieren das Fleisch mit 3 Eßlöffeln Créme fraîche. Die Creme mit etwas abgeriebener Zitronenschale und weißem Pfeffer abschmecken.

Crevetten auf Kräuterbutter

Für 10 Stück

- 1 Knoblauchzehe
- 50 g Butter
- 3 EL gehackte Kräuter (Basilikum, Salbei, Thymian, Kerbel)
- Salz
- Pfeffer aus der Mühle
- 1 Spritzer Worcestersauce
- 5 Scheiben Weißbrot
- 1/4 Kopfsalat
- 150 g eingelegte Crevetten
- 1 Tomate
- 50 g Crème fraîche
- 10 Basilikumblättchen zum Garnieren

Zubereitungszeit: ca. 20 Minuten

1. Die Knoblauchzehe schälen und zerdrücken.
2. Die Butter mit den Kräutern, dem Knoblauch, Salz, Pfeffer und der Worcestersauce cremig rühren.
3. Aus den Brotscheiben mit einem runden Ausstecher von 4 bis 5 Zentimeter Durchmesser jeweils zwei Kreise ausstechen und sie mit der Kräuterbutter bestreichen.
4. Den Salat putzen, waschen und gut abtropfen lassen. Auch die Crevetten abtropfen lassen.
5. Jeweils ein kleines Salatblatt auf die Brotböden legen und die Crevetten darauf arrangieren.
6. Die Tomate über Kreuz einritzen, kurz in kochendes Wasser tauchen, kalt abschrecken und enthäuten. Das Fruchtfleisch in Spalten schneiden und entkernen.
7. Die Canapés mit einem Tupfer Crème fraîche und einer Tomatenspalte verzieren und jeweils ein Basilikumblättchen darauf setzen.

(Foto rechts: oben)

Räucherlachs auf Meerrettichbutter

Für 10 Stück

- 1–2 EL geriebener Meerrettich
- 4 EL Butter
- Salz
- Saft von 1/2 Zitrone
- 5 Scheiben Vollkornbrot
- 8 EL Kapuzinerkresse
- 200 g Räucherlachsscheiben
- 1/2 Pfirsich

Zubereitungszeit: ca. 25 Minuten

1. Den Meerrettich mit der Butter schaumig rühren und mit etwas Salz und Zitronensaft würzen.
2. Aus dem Vollkornbrot mit einem runden Ausstecher von etwa 5 Zentimeter Durchmesser zehn Kreise ausstechen.
3. Die Kresse unter fließend kaltem Wasser abspülen und gut abtropfen lassen. Einige Blätter beiseite legen.
4. Die Brotböden mit der Meerrettichbutter bestreichen und die Kresse darauf legen.
5. Die Lachsscheiben zu Rosetten drehen und auf die Kresse setzen.
6. Den Pfirsich waschen, halbieren, entkernen und in Spalten schneiden. Die Lachsrosetten mit den Pfirsichspalten und jeweils einem Blatt Kresse garnieren.

(Foto rechts: unten)

Variation

Nehmen Sie statt Vollkornbrot kleine Pumpernickelscheiben.

Feiner Gemüsetoast

Für 1 Person

2 Scheiben Toastbrot
1 EL Kräuterbutter
2 Scheiben gekochter Schinken
2 Scheiben Salami
1 Tomate
1 kleines Stück Salatgurke
1/2 hartgekochtes Ei
Salz
frisch gemahlener Pfeffer
1 EL Crème fraîche
1 EL Mayonnaise
2 EL Curryketchup
einige Tropfen Weinbrand
1 Prise Zucker
2 EL Gartenkresse
2 Scheiben junger Gouda
einige Radieschen zum Garnieren

Zubereitungszeit: ca. 10 Minuten

1. Die Toastbrotscheiben goldbraun toasten.
2. Die Toasts mit der Kräuterbutter bestreichen und jeweils mit einer Scheibe gekochtem Schinken und einer Scheibe Salami belegen.
3. Die Tomate und die Salatgurke waschen und zusammen mit dem geschälten Ei in Scheiben schneiden. Die Scheiben auf die Toasts legen.
4. Die Toasts mit Salz und Pfeffer bestreuen. Dann den Backofen auf 180 Grad vorheizen.
5. Die Crème fraîche mit der Mayonnaise und dem Curryketchup verrühren, mit Weinbrand abschmecken und mit Salz, Pfeffer und Zucker würzen.
6. Die Sauce auf die Toasts streichen, die Kresse darüber streuen und mit einer Scheibe Gouda abdecken.
7. Die Toasts im Backofen so lange backen, bis der Käse schmilzt.
8. Die Radieschen waschen, trokkentupfen, in Scheiben schneiden und die Toasts damit garnieren.

(Foto oben links)

Paprikatoast

Für 1 Person

2 Scheiben Toastbrot
1 TL Butter
4 Scheiben Paprikalyoner
1 hartgekochtes Ei
je 1/4 rote und grüne Paprikaschote
2–3 EL Pußtasalat
2–3 EL Pußtasauce
2 EL Gartenkresse

Zubereitungszeit: ca. 5 Minuten

1. Die beiden Toastbrotscheiben goldbraun toasten, mit der Butter bestreichen und mit der Wurst belegen.
2. Das Ei schälen und in Scheiben schneiden.
3. Die Paprikaschoten putzen, waschen und die Kerne und die Häute entfernen. Das Fruchtfleisch in Streifen schneiden. Den Pußtasalat abtropfen lassen.
4. Die Paprikastreifen, den Pußtasalat und die Eischeiben auf die Toasts legen.
5. Die Toasts mit Pußtasauce verzieren und mit der Kresse bestreuen.

(Foto oben rechts)

Tomatentoast

Für 1 Person

2 Scheiben Toastbrot
2 EL Remouladensauce
4 Scheiben Roastbeef
1 Tomate
1 kleine Zwiebel
einige Radieschen
1 hartgekochtes Ei
1 EL geschnittener Schnittlauch

Zubereitungszeit: ca. 5 Minuten

1. Die beiden Toastbrotscheiben goldbraun toasten und mit der Remouladensauce bestreichen.
2. Die Tomate waschen, in Scheiben schneiden und mit dem Roastbeef dekorativ auf den Toasts verteilen.
3. Die Zwiebel schälen und die Radieschen waschen. Beides in Scheiben schneiden und ebenfalls auf die Brote legen.
4. Das Ei abschälen, in Scheiben schneiden, auf den Toastbroten anrichten.
5. Die Toasts mit Schnittlauch bestreut servieren.

(Foto oben links)

Sardinentoast

Für 1 Person

2 Scheiben Toastbrot
2 EL Kräuterbutter
1 kleine Dose eingelegte Sardinen (90 g)
1 kleine Zwiebel
einige mit Paprika gefüllte Oliven
1/2 Scheibe Ananas aus der Dose
2 EL Curryketchup
2 EL geschnittener Schnittlauch

Zubereitungszeit: ca. 5 Minuten

1. Die Toastbrotscheiben goldbraun toasten und mit der Kräuterbutter bestreichen.
2. Die Sardinen gut abtropfen lassen und auf die Toasts legen.
3. Die Zwiebel schälen, halbieren und in Scheiben schneiden. Die Oliven abtropfen lassen und ebenfalls in Scheiben schneiden. Die halbe Ananasscheibe halbieren.
4. Die Zwiebeln, die Oliven und die Ananas auf den Toasts verteilen.
5. Die Toasts mit dem Curryketchup überziehen und mit dem Schnittlauch bestreut servieren.

(Foto oben rechts)

Variationen

Gerade mit Toastbrotscheiben lassen sich sehr viele schnelle Gerichte herstellen. Egal, ob Sie helles Toastbrot oder Brot aus Vollkornmehl nehmen, der Belag macht diese Mahlzeit zum Schlemmervergnügen. Hier noch einige phantasievolle Vorschläge:

1. Kräuterbutter, Salatblätter, gebratene Schweinefiletscheiben, gebratene Zwiebeln und Käse zum Überbacken
2. Crème fraîche mit Kräutern, Salatblätter, Krabben oder Krevetten, 1 Spiegelei
3. Butter oder Margarine, Salatblätter, geräuchertes Forellenfilet, Meerrettichsahne, ungesüßtes Preiselbeerkompott
4. Remouladensauce, Salatblätter, in Scheiben geschnittenes Hacksteak, Zwiebelringe
5. Butter oder Margarine, Salatblätter, Lachsscheiben, Meerrettichsahne, Tomatenwürfel

Barberieententerrine

Für 12–16 Personen

Für die Sauce

- 6 unbehandelte Orangen
- 100 g Zucker
- 1 EL grüne Pfefferkörner

Für die Terrine

- 2 Barberieenten
- Salz
- Pfeffer
- geriebene Muskatnuß
- 1 EL Butter
- 300 g Sahne
- 3 Eier
- 50 g getrocknete chinesische Pilze
- 3 cl Cognac
- 200 g große fette Speckscheiben

Zubereitungszeit: ca. 2 1/2 Stunden

1. Für die Sauce mit einem Juliennereißer von zwei Orangen die Schale abziehen, alle Orangen auspressen und den Saft mit den Schalenstreifen in einem Topf langsam sirupartig einkochen lassen.
2. Den Zucker und die Pfefferkörner unter Rühren in die kochende Flüssigkeit geben. Den Zucker schmelzen lassen, die Sauce in eine Schüssel umgießen und bis zur weiteren Verwendung erkalten lassen.
3. Für die Terrine die Enten waschen, das Fleisch auslösen und von Fett, Haut und Sehnen befreien. Zwei Entenbrüste würzen, in der Butter rasch anbraten und anschließend erkalten lassen.
4. Das übrige Entenfleisch zunächst anfrosten und dann durch den Fleischwolf drehen. Den Backofen auf 175 Grad vorheizen.
5. Die Sahne mit den Eiern verrühren. Die Pilze kurz in kaltem Wasser einweichen, leicht ausdrücken und in feine Streifen schneiden.
6. Die Fleischmasse mit der Sahne-Ei-Masse fein pürieren, würzen und mit dem Cognac abschmecken. Die Pilze darunterheben.
7. Eine Terrinenform (1 Liter Inhalt) mit dem Speck auslegen und die Fleischfarce zur Hälfte hineinfüllen. Die Entenbrüste darauf legen, andrücken, mit der restlichen Farce bedecken und den Speck darüber zusammenschlagen.
8. Die Form mit dem Deckel verschließen und die Terrine im Wasserbad im Backofen etwa 1 Stunde garen. Die Terrine erkalten lassen, auf eine Platte stürzen, in Scheiben schneiden und die Sauce dazu reichen.

(Foto rechts: oben)

Wildschweinterrine

Für 12–16 Personen

Für die Sauce

- 300 g frische Preiselbeeren
- 100 g Gelierzucker
- 2 EL Portwein
- 100 g Crème fraîche
- Salz
- Pfeffer

Für die Terrine

- 1 kg Wildschweinfleisch aus der Keule
- Salz
- Pfeffer
- geriebene Muskatnuß
- 75 g Walnüsse
- 2 cl Marsala
- 300 g Sahne
- 3 Eier
- 200 g große fette Speckscheiben

Zubereitungszeit: ca. 2 Stunden

1. Für die Sauce die Preiselbeeren verlesen, unter fließend kaltem Wasser waschen, tropfnaß in einen Topf geben und mit dem Gelierzukker verrühren.
2. Die Früchte auf kleiner Stufe aufkochen und anschließend auskühlen lassen. Dann den Portwein dazugeben.
3. Die Crème fraîche mit den Preiselbeeren verrühren, die Sauce mit Salz und Pfeffer abschmecken und abkühlen lassen.
4. Für die Terrine das Wildschweinfleisch von Fett und Sehnen befreien und in Würfel schneiden. Ein Viertel der Würfel würzen, mit den Walnüssen und dem Marsala mischen und durchziehen lassen. Den Backofen auf 175 Grad vorheizen.
5. Das übrige Fleisch zunächst anfrosten und dann durch den Fleischwolf drehen.
6. Die Sahne mit den Eiern verrühren, mit der kalten Fleischmasse vermengen und die Farce würzen.
7. Eine Terrinenform (1 Liter Inhalt) mit dem Speck auslegen, die Farce hineinfüllen und den Speck darüber zusammenklappen.
8. Die Terrine mit dem Deckel verschließen und im Wasserbad im Ofen etwa 1 Stunde garen. Die Terrine auskühlen lassen, auf eine Platte stürzen, in Scheiben schneiden und die Sauce dazu reichen.

(Foto rechts: unten)

Terrine mit Jacobsmuscheln

Für 12–16 Personen

Für die Sauce

- 1 Bund Schnittlauch
- 1 Bund gemischte Kräuter
- 200 g Sahne
- 200 g Crème fraîche
- 2 EL Olivenöl
- 1 EL Zitronensaft
- Salz
- Pfeffer

Für die Terrine

- 500 g Zanderfilet
- 400 g Jacobsmuscheln
- 300 g Sahne
- 3 Eier
- Salz
- Pfeffer
- geriebene Muskatnuß
- Cayennepfeffer
- Butter zum Fetten der Form

Zubereitungszeit: ca. 2 Stunden
Kühlzeit: ca. 6 Stunden

1. Für die Sauce die Kräuter waschen und trockentupfen. Den Schnittlauch in feine Röllchen schneiden, die übrigen Kräuter von

den Stielen zupfen und die Blätter fein hacken.

2. Die Kräuter mit der Sahne und der Crème fraîche verrühren. Das Olivenöl und den Zitronensaft hinzugeben und die Sauce mit Salz und Pfeffer abschmecken. Alles nochmals gut verrühren.

3. Für die Terrine das Zanderfilet unter fließend kaltem Wasser abspülen, trockentupfen und durch den Fleischwolf drehen. Anschließend den Fisch anfrosten.

4. Die Jacobsmuscheln aus den Schalen lösen, säubern und den orangefarbenen Rogen abschneiden und beiseite legen. Das Muschelfleisch kalt stellen.

5. Die Sahne mit den Eiern verquirlen und ebenfalls kalt stellen. Den Backofen auf 180 Grad vorheizen.

6. Das angefrostete Zanderfleisch in einem Mixer fein pürieren. Nach und nach etwa zwei Drittel der Sahne-Ei-Masse einmischen und mit Salz, Pfeffer, Muskatnuß und Cayennepfeffer würzen. Die Masse beiseite stellen.

7. Zwei Drittel des Rogens im Mixer fein pürieren, den Rest der Sahne-Ei-Masse einmischen und alles mit den Gewürzen pikant abschmecken.

8. Eine Terrinenform (1 Liter Inhalt) mit wenig Butter einfetten. Die Zanderfarce bis zu einem Drittel der Terrinenform hineinfüllen und die restlichen Rogen der Jacobsmuscheln hineinlegen. Die Form leicht auf die Arbeitsfläche klopfen, damit sich die Farce gleichmäßig verteilen kann.

9. Die restliche Zanderfarce darübergeben und das Muschelfleisch in einer Reihe hineinlegen. Die Rogenfarce darübergeben, glattstreichen und die Form nochmals aufklopfen.

10. Die Terrinenform mit einem gebutterten Deckel oder mit Alufolie verschließen und die Terrine im Wasserbad im Backofen etwa 1 Stunde garen.

11. Anschließend die Terrine im Wasserbad auskühlen lassen und mindestens 6 Stunden in den Kühlschrank stellen.

12. Die Terrine auf eine Platte stürzen und mit einem in heißes Wasser getauchten Messer in etwa 2 Zentimeter dicke Scheiben schneiden. Mit der Kräutersauce anrichten.

Kohlrabi-Möhren-Terrine

Für 12–16 Personen

500 g Kohlrabi
500 g Möhren
400 g Sahne
10 Blatt weiße Gelatine
Salz, Pfeffer
geriebene Muskatnuß

Zubereitungszeit: ca. 1 ½ Stunden
Kühlzeit: ca. 6 Stunden

1. Die Kohlrabiknollen und die Möhren schälen, waschen, in Stükke schneiden und getrennt weich kochen. Das Gemüse kalt abschrekken und anschließend getrennt in einem Mixer fein pürieren.
2. Die Gelatine etwa 5 Minuten in kaltem Wasser einweichen. Inzwischen die Sahne steifschlagen. Die Gelatine ausdrücken und in etwas heißem Wasser auflösen.
3. Die Sahne jeweils zur Hälfte zu dem pürierten Kohlrabi und den pürierten Möhren geben und darunterheben. Mit den Gewürzen abschmecken und die noch warme Gelatine darunterrühren.
4. Beide Massen schichtweise in eine Terrinenform (1 Liter Inhalt) füllen und mindestens 6 Stunden zugedeckt in den Kühlschrank stellen. Anschließend die Form kurz in heißes Wasser tauchen, die Terrine stürzen und in dünne Scheiben schneiden.
(Foto oben)

Tip

Sehr gut schmeckt dazu ein Salat aus blanchierten Kohlrabi- und Möhrenstreifen.

Gemüseterrine weiß und rot

Für 12–16 Personen

500 g weiße Rüben (Navetten)
500 g rote Beten
10 Blatt weiße Gelatine
400 g Sahne
Salz
Pfeffer
geriebene Muskatnuß

Zubereitungszeit: ca. 1 ½ Stunden
Kühlzeit: ca. 6 Stunden

1. Die weißen Rüben und die roten Beten schälen, waschen und getrennt weich kochen. Dann kalt abschrecken und in einem Mixer fein pürieren.
2. Die Gelatine etwa 5 Minuten in kaltem Wasser einweichen. Inzwischen die Sahne steifschlagen. Die Gelatine ausdrücken und in wenig heißem Wasser auflösen.
3. Die Sahne zu gleichen Teilen unter die zwei Pürees ziehen und mit den Gewürzen gut abschmecken. Dann die noch warme Gelatine zu gleichen Teilen unter die beiden Massen mischen.
4. Zuerst die Rote-Bete-Masse in eine Terrinenform (1 Liter Inhalt) füllen, dann die zweite Farce darübergeben und alles für mindestens 6 Stunden in den Kühlschrank stellen.
5. Die Terrinenform kurz in heißes Wasser stellen und die Terrine auf eine Platte stürzen. Mit einem in heißes Wasser getauchten Messer in Scheiben schneiden.

Kartoffel-Mandel-Terrine auf Spinatsalat

Für 12–16 Personen

Für die Terrine

- 1 kg festkochende Kartoffeln
- Salz
- 1 TL Kümmel
- 6 Eigelb
- 50 g Sahne
- 2 EL geröstete Mandelstifte
- 1 TL Butter
- 3 EL geschnittener Schnittlauch
- Pfeffer
- geriebene Muskatnuß
- Butter zum Fetten der Form

Für den Salat

- 200 g Blattspinat
- 1 kleine Schalotte
- 1 kleine Knoblauchzehe
- etwas Weißweinessig
- etwas Olivenöl
- Salz
- Pfeffer

Zubereitungszeit: ca. 2 Stunden
Kühlzeit: ca. 6 Stunden

1. Die Kartoffeln mit der Schale in leicht gesalzenem Wasser mit dem Kümmel weich kochen. Den Backofen auf 180 Grad vorheizen.
2. Das Kartoffelwasser abgießen und die Kartoffeln ausdampfen lassen. Die Kartoffeln noch warm schälen und durch eine Kartoffelpresse oder durch ein Sieb drücken.
3. Die Eigelbe nacheinander in die Kartoffelmasse einrühren, dann die Sahne, die Mandelstifte und die Butter hinzugeben.
4. Den Schnittlauch ebenfalls darunterrühren und die Terrinenfarce mit Salz, Pfeffer und Muskat abschmecken.
5. Eine Terrinenform (1 Liter Inhalt) mit wenig Butter einfetten, die Kartoffelmasse hineinfüllen und die Form mit einem gebutterten Deckel oder mit Alufolie verschließen.
6. Die Terrine im Backofen etwa 1 Stunde im Wasserbad garen. Anschließend mindestens 6 Stunden auskühlen lassen und bis zur weiteren Verwendung in den Kühlschrank stellen.
7. Für den Spinatsalat den Spinat verlesen, waschen und gut abtropfen lassen. Die Schalotte und die Knoblauchzehe schälen und beides in sehr feine Würfelchen schneiden.
8. Aus dem Weißweinessig, dem Olivenöl, Salz und Pfeffer eine Salatsauce rühren.
9. Den Spinat, die Schalotten- und die Knoblauchwürfel in der Sauce vorsichtig wenden und auf einige Teller verteilen.
10. Die Terrine auf eine Platte stürzen und in 2 Zentimeter breite Scheiben schneiden. Die Scheiben zu dem Salat legen.

(Foto oben)

Tip

Richten Sie die Terrine statt mit Salat mit einer feinen Gemüsesauce oder einer Kräutersauce an.

Frühlingsrollen

Für 4 Personen

6 getrocknete chinesische Pilze
50 g Glasnudeln
4 Frühlingszwiebeln
100 g Sojabohnensprossen
100 g Bambussprossen
150 g Hummerfleisch aus der Dose
200 g feines Schweinehackfleisch
1 Ei
1 EL helle Sojasauce
Salz
schwarzer Pfeffer aus der Mühle
8 Teigblätter für Frühlingsrollen
Öl zum Ausbacken

Zubereitungszeit: ca. 1 Stunde

1. Die Pilze in heißem Wasser einweichen und aufquellen lassen. Dann trockentupfen, die Stiele herauslösen und die Hüte fein hacken.
2. Die Glasnudeln in kaltem Wasser einweichen, in 1 Zentimeter lange Stücke schneiden und im Sieb abtropfen lassen. Die Frühlingszwiebeln putzen, waschen und fein hacken.
3. Die Sojabohnen- und die Bambussprossen abtropfen lassen. Die Bambussprossen und das Hummerfleisch ebenfalls fein hacken.
4. Die Glasnudeln mit den Zwiebeln, dem Hummerfleisch, den Bambus- und den Sojabohnensprossen, dem Hackfleisch und dem Ei zu einer festen Masse verkneten und mit der Sojasauce, Salz und Pfeffer würzen.
5. Die Teigblätter für die Frühlingsrollen auf ein feuchtes Tuch legen und mit kaltem Wasser besprühen, damit sie formbar werden.
6. Auf jedes Teigblatt 2 Eßlöffel der Füllmasse geben und den Teig so aufrollen, daß die Seitenkanten nach innen geschlagen werden. Die Füllung muß ganz eingeschlossen sein. Die Ränder mit Wasser anfeuchten und fest andrücken.
7. In einem Topf oder einer Friteuse anschließend Öl erhitzen und jeweils eine oder zwei Rollen goldbraun ausbacken. Die gebackenen Rollen im Ofen bei 50 Grad warm stellen. Wenn alle Rollen fertig sind, sollten sie sofort serviert werden.

(Foto oben)

Tip

Teigblätter für Frühlingsrollen werden aus Reismehl hergestellt und sind getrocknet in Spezialitätenläden oder in den entsprechenden Abteilungen der Supermärkte erhältlich.

Hackfleischtaschen

Für 16 Stück

500 g TK-Blätterteig
2 EL Weizenmehl
800 g Bratwurstbrät
8 hauchdünne Scheiben Speck
1 kleine Gewürzgurke
1 kleine Banane
1 Ei

Zubereitungszeit: ca. 40 Minuten

1. Den Backofen auf 220 Grad vorheizen. Den Blätterteig nach Packungsanweisung auftauen und auf einer bemehlten Arbeitsfläche etwa 3 Millimeter dick ausrollen. Mit dem Teigrädchen 16 Quadrate von 12 mal 12 Zentimetern ausschneiden.

2. Auf jedes Teigquadrat etwa 50 Gramm Bratwurstmasse geben und darüber je eine halbe Speckscheibe legen.
3. Die Gewürzgurke und die Banane in jeweils acht Scheiben schneiden und diese auf die Speckscheiben legen.
4. Die Teigränder mit etwas Wasser bepinseln und den Teig zu einer Tasche zusammenklappen. Die Ränder gut andrücken und mit einer Gabel verzieren.
5. Das Ei verquirlen und die Oberseite der Taschen damit bestreichen. Dann die Blätterteigtaschen auf ein mit kaltem Wasser abgespültes Backblech legen und im Backofen auf der zweiten Schiene von oben etwa 20 Minuten goldgelb backen.

Buchweizenblini mit Räucherlachs und Schnittlauchcreme

Für 4 Personen

150 g Buchweizenmehl
100 g feines Weizenschrot
125 g Buttermilch
20 g frische Hefe
2 Eier
1 Prise Salz
250 g Sahne
1 Bund Schnittlauch
75 g Crème fraîche
Pfeffer
125 ml Sonnenblumenöl
150 g Räucherlachsscheiben

Zeit zum Gehen: ca. 3/4 Stunden
Zubereitungszeit: ca. 1 Stunde

1. Das Buchweizenmehl und das Weizenschrot mit der Buttermilch und der zerbröselten Hefe zu einem glatten Teig verarbeiten und diesen zugedeckt etwa 20 Minuten an einem warmen Ort gehen lassen.
2. Die Eier trennen und die Eigelbe mit dem Salz und der Sahne verquirlen.
3. Die Eiweiße steifschlagen. Die Eigelb-Sahne-Mischung mit dem Eischnee vorsichtig in den Teig einarbeiten und diesen nochmals 25 Minuten an einem warmen Ort gehen lassen.
4. Den Schnittlauch waschen, trokkentupfen und in feine Röllchen schneiden.
5. Den Schnittlauch mit der Crème fraîche verrühren und mit Salz und Pfeffer würzen.
6. Das Sonnenblumenöl in einer Pfanne erhitzen und aus dem Teig kleine, dünne Küchlein backen.
7. Die Buchweizenblini auf vier vorgewärmten Tellern anrichten. Die Räucherlachsscheiben auf die Blini verteilen und etwas Schnittlauchcreme darauf setzen.
(Foto oben)

Gourmetsalat

Für 6 Personen

- 150 g geschälte frische oder tiefgekühlte Scampi
- 1 gekochtes oder gegrilltes Hähnchenbrustfilet (150 g)
- 3 Kiwis
- 1 Sharonkaki
- 1 kleiner Kopf Batavia- oder Eichblattsalat
- 1/2 Kopf Endiviensalat
- 1/2 Kopfsalat
- 2 kleine Radicchioköpfe
- 2 Schalotten
- 100 g frische Champignons
- 1 reife Avocado
- 2 EL Zitronensaft
- 4 EL Sherry- oder Himbeeressig
- 200 g Crème fraîche ohne Bindemittel
- 3 EL kaltgepreßtes Olivenöl, Walnuß- oder Traubenkernöl
- 2 cl Weinbrand oder Cognac
- Salz
- weißer Pfeffer aus der Mühle
- 1 Prise Zucker
- 6 Wachteleier aus dem Glas

Zubereitungszeit: ca. 1/2 Stunde

1. Die Scampi (tiefgekühlte vorher auftauen lassen) kurz unter kaltem Wasser abspülen, abtropfen lassen und zum Trocknen auf Haushaltspapier ausbreiten.
2. Das Hähnchenbrustfilet von der Haut befreien, längs halbieren und schräg zur Faser in etwa 5 Millimeter dicke Scheiben schneiden.
3. Die Kiwis schälen, die Kaki waschen, abtrocknen und halbieren. Die Kiwis in etwa 5 Millimeter dikke, die Kakihälften in etwa 2 Millimeter dicke Scheiben schneiden.
4. Alle vier Salatsorten putzen, zerpflücken, waschen und gründlich trockenschleudern. Nur große Blätter längs oder quer halbieren.
5. Die Schalotten schälen und ganz fein hacken. Die Champignons putzen und mit einem feuchten Tuch abreiben.
6. Die Avocado schälen, halbieren, entsteinen und ebenso wie die Champignons in dünne Scheiben schneiden. Beides rasch mit dem Zitronensaft mischen, damit sich nichts verfärbt.
7. Alle Blattsalate mit je der Hälfte der Scampi und der Hähnchenbrustscheiben, den Kiwi-, den Kaki-, den Champignon- und den Avocadoscheiben vorsichtig mischen. Den Salat mit den Schalotten bestreuen und mit 2 Eßlöffeln Essig beträufeln.
8. Die Crème fraîche mit dem restlichen Essig, dem Öl und dem Weinbrand oder dem Cognac schaumig rühren und mit Salz, Pfeffer und Zucker abschmecken.
9. Die Wachteleier abtropfen lassen und halbieren.
10. Den Salat mit den restlichen Scampi und Hähnchenbrustscheiben sowie mit den Wachteleiern garnieren. Die Sauce in die Mitte geben und erst bei Tisch den Salat mischen.

(Foto rechts)

Tip

Reichen Sie den Salat mit frischem Stangenweißbrot oder Walnußbrot. Dazu schmeckt ein kräftiger, trockener Müller-Thurgau oder Riesling. Champignons kann man mit einem Eierschneider in besonders gleichmäßige Scheiben schneiden, allerdings dürfen die Pilze dann nicht zu klein sein.

Tomaten-Avocado-Salat

Für 4 Personen

- 8 Wachteleier oder
- 4 Hühnereier
- 1/2 Kopf Lollo rosso
- 400 g Tomaten
- 2 reife Avocados
- etwas Zitronensaft
- 6 EL Walnußöl
- 3 EL Kräuteressig
- Salz
- Pfeffer aus der Mühle
- einige Basilikumblätter zum Dekorieren

Zubereitungszeit: ca. 40 Minuten

1. Die Wachtel- oder die Hühnereier hart kochen, kalt abschrecken und pellen.
2. Den Salat putzen, waschen und gut abtropfen lassen. Vier Teller damit auslegen.
3. Die Tomaten über Kreuz einritzen, kurz in kochendes Wasser legen, kalt abschrecken und enthäuten. Die Kerne entfernen, das Fruchtfleisch in Scheiben schneiden und fächerförmig auf den Salat legen.
4. Die Avocados der Länge nach halbieren und die Kerne entfernen. Aus dem Fruchtfleisch mit einem Kugelausstecher kleine Kügelchen herauslösen und diese in der Mitte der Teller verteilen. Etwas Zitronensaft darüberträufeln, damit sich das Avocadofleisch nicht braun verfärbt.
5. Das Walnußöl mit dem Kräuteressig, Salz und Pfeffer verrühren und über die Avocadokugeln gießen.
6. Die Eier vierteln und jeweils drei Stücke auf die Tomaten legen. Den Salat mit den Basilikumblättern dekoriert servieren.

Spargelsalat mit Lauch

Für 4 Personen

850 g weißer oder grüner Spargel
2 zarte Lauchstangen
4 EL gemischte, feingehackte Kräuter
150 g Sahnejoghurt
2 Eigelb
Salz
weißer Pfeffer aus der Mühle
Saft von 1 Zitrone
4 EL Pflanzenöl

Zubereitungszeit: ca. 3/4 Stunden

1. Den Spargel waschen, von oben nach unten schälen und in feine Scheiben schneiden. Den Lauch ebenfalls putzen, waschen, in sehr schmale Ringe schneiden und mit dem Spargel in eine Schüssel geben.
2. Die gehackten Kräuter mit dem Sahnejoghurt und den Eigelben gut verrühren. Mit Salz, Pfeffer und Zitronensaft abschmecken und das Pflanzenöl darunterrühren.
3. Die Sauce über das Gemüse gießen und alles gut mischen. Den Spargelsalat auf vier Tellern anrichten.

(Foto rechts unten)

Variation

Geben Sie in feine Würfel geschnittenen gekochten Schinken an den Salat, oder dekorieren Sie ihn mit Schinkenröllchen.

Spinatsalat mit Pilzen und Kirschtomaten

Für 4 Personen

150 g junger Blattspinat
100 g frische Champignons
etwas Zitronensaft
250 g Kirschtomaten
2 Bund Schnittlauch
2 EL Rotweinessig
1 EL Aceto balsamico
(italienischer Weinessig)
Salz
schwarzer Pfeffer aus der Mühle
2 Knoblauchzehen
3 EL Olivenöl

Zubereitungszeit: ca. 1/2 Stunde

1. Die Spinatblätter verlesen, gut waschen und abtropfen lassen.
2. Die Champignons putzen, mit einem feuchten Tuch abreiben und feinblättrig schneiden. Die Pilze sofort mit etwas Zitronensaft beträufeln, damit sie nicht dunkel werden.
3. Die Tomaten waschen und vierteln. Den Schnittlauch waschen, trockentupfen und in Röllchen schneiden.
4. Den Rotweinessig mit dem Aceto balsamico und Salz verrühren, bis dieses sich aufgelöst hat. Pfeffer hinzugeben, die Knoblauchzehen schälen und durch die Presse dazudrücken.
5. Das Olivenöl langsam dazufließen lassen und mit dem Schneebesen darunterschlagen.
6. Den Spinat mit den Pilzen und den Tomaten auf vier Tellern anrichten, mit dem Schnittlauch bestreuen und mit der Sauce übergießen.

(Foto rechts oben)

Tip

Aceto balsamico ist ein milder, aber würziger italienischer Essig, der in alten Holzfässern reift. Mit dem Alter des Essigs steigt die Qualität, aber auch der Preis. Mit geräucherten Forellenfilets ergibt der Salat eine feine Vorspeise.

Geflügellebersalat

Für 4 Personen

200 g Feldsalat
3 Schalotten
4 EL Sherryessig
Salz
schwarzer Pfeffer aus der Mühle
6 EL Nußöl
2 EL Pinienkerne
500 g Geflügelleber
1 EL Butterschmalz

Zubereitungszeit: ca. 35 Minuten

1. Den Feldsalat verlesen, sorgfältig waschen und abtropfen lassen.
2. Die Schalotten schälen und fein hacken.
3. In einer Schüssel den Essig mit Salz und Pfeffer gut verrühren. Das Öl langsam darunterschlagen, so daß eine cremige Marinade entsteht. Die Schalottenwürfel und die Pinienkerne dazugeben.
4. Die Geflügelleber unter fließend kaltem Wasser waschen und von allen Häuten und Sehnen befreien.
5. Das Butterschmalz in einer Pfanne erhitzen und die Geflügelleber im heißen Fett rundum etwa 6 Minuten anbraten, so daß sie innen noch rosa ist. Die Leber vom Herd nehmen, salzen und pfeffern.
6. Den Feldsalat in der Marinade wenden und die noch lauwarme Geflügelleber dazugeben. Den Salat sofort servieren.

Variation

Statt Feldsalat können Sie auch Blattspinat verwenden.

Entenbrust auf Bataviasalat

Für 4 Personen

2 Entenbrüstchen à 200 g
Salz
weißer Pfeffer aus der Mühle
1 Prise gerebelter Salbei
1 EL Butter
1 Kopf Bataviasalat
2 kleine Frühlingszwiebeln
2 Ingwerpflaumen aus dem Glas
1 TL Ingwersirup
3 EL Himbeeressig
2 EL Walnuß- oder Traubenkernöl
3 EL Sahne
10 Walnußkernhälften

Zubereitungszeit: ca. 50 Minuten

1. Den Backofen auf 250 Grad vorheizen. Die Entenbrüstchen kurz unter fließend kaltem Wasser abspülen und gründlich trockentupfen. Dann mit Salz, Pfeffer und Salbei einreiben.
2. Die Butter schmelzen lassen und eine flache Kasserolle damit einpinseln.
3. Die Entenbrüstchen mit der Hautseite nach oben hineinlegen und im Backofen 12 bis 15 Minuten braten. Sie sollten innen noch ganz leicht rosa sein.
4. Das Fleisch aus der Kasserolle nehmen, abtropfen lassen, mit Küchenpapier abtupfen und einzeln in extra starke Alufolie wickeln. Es kühlt ab, bleibt aber noch lauwarm.
5. Den Bataviasalat zerpflücken, die Blätter waschen und trockenschleudern.
6. Die Frühlingszwiebeln putzen, waschen, die weißen Teile fein hakken und das Grün in dünne Ringe schneiden.
7. Die Ingwerpflaumen fein hakken und beiseite stellen.
8. Den Ingwersirup mit dem Himbeeressig, dem Öl und der Sahne zu einer glatten Sauce verrühren und ganz mild mit Salz und Pfeffer würzen. Die Walnußkerne hacken und in die Sauce geben.
9. Die Salatblätter sternförmig auf vier Portionstellern oder auf einer großen Servierplatte anrichten, mit der Sauce beträufeln und mit den Frühlingszwiebeln bestreuen.
10. Die Entenbrüstchen auswikkeln, wenn nötig noch einmal abtupfen und die Haut abziehen. Sofern eine Fettschicht vorhanden ist, diese vorsichtig abheben.
11. Das Brustfleisch quer zur Faser schräg in dünne Scheiben schneiden und blütenblattartig auf dem Salat anrichten. Mit den gehackten Ingwerpflaumen bestreuen. Die Geflügelhaut in hauchdünne Streifen schneiden und in die Mitte geben. Den Salat rasch servieren. (Foto links)

Variation

Auf dem Bataviasalat können Sie auch dünne Scheiben gebratene Hähnchenbrust anrichten. Verzichten Sie auf die Haut und ersetzen Sie die zarten Frühlingszwiebeln durch milde Weinzwiebeln oder Schalotten. Sehr gut schmeckt der Salat auch mit Scheiben von Hasenrücken oder Rehfilet.

Tip

Entenbrüstchen bekommt man, außer direkt bei einem Geflügelhändler, nur selten allein. Man muß meist eine ganze Ente kaufen. Dann brät man am besten die ganze Ente wie gewohnt im Backofen, nimmt sie aber nach etwa 20 Minuten heraus und löst die Brüstchen für den Salat aus.
Die Keulen und das restliche Fleisch auch abtrennen. Die Knochen zerhacken, zusammen mit gehackten Zwiebeln und gewürfeltem Suppengrün anrösten und mit Wasser und Rotwein zu einer kräftigen Grundsauce kochen. Daraus und aus dem restlichen Fleisch dann am nächsten Tag ein Ragout bereiten.

Feldsalat mit Tomatensauce

Für 4 Personen

350 g Fleischtomaten
2 Zwiebeln
2 Knoblauchzehen
4 EL Olivenöl
1 EL Tomatenmark
2 TL gerebelter Thymian
2 TL gerebelter Oregano
1 Lorbeerblatt
1 TL Zucker
Salz
Pfeffer aus der Mühle
250 g Feldsalat
2 Chicoréestauden
100 g Pecorinokäse am Stück

Zubereitungszeit: ca. 40 Minuten

1. Die Tomaten über Kreuz einritzen, kurz in kochendes Wasser legen, kalt abschrecken und enthäuten. Anschließend die Tomaten halbieren, entkernen und das Fruchtfleisch grob würfeln. Die Zwiebeln und die Knoblauchzehen schälen und fein hacken.
2. Das Olivenöl in einer Pfanne erhitzen und die Zwiebeln und den Knoblauch darin anbraten. Die Tomatenwürfel, das Tomatenmark, die getrockneten Kräuter, das Lorbeerblatt, den Zucker, Salz und Pfeffer hinzufügen, alles gut verrühren und etwa 1/2 Stunde bei mittlerer Hitze köcheln lassen.
3. Die Tomatensauce nochmals abschmecken, durch ein Sieb streichen und abkühlen lassen.
4. Den Feldsalat verlesen, gründlich waschen und abtropfen lassen.
5. Den Chicorée putzen, waschen, halbieren und die Strünke keilförmig herausschneiden. Die Blätter wie einen Stern auf vier großen Tellern anrichten und jeweils in die Mitte den Feldsalat legen.
6. Löffelweise die abgekühlte Tomatensauce darübergeben. Zuletzt den Pecorinokäse darüberhobeln.

Rohkostpotpourri

Für 4 Personen

2 mittelgroße rote Beten
2 mittelgroße Möhren
1 kleine Sellerieknolle
1/2 kleiner Weißkohl
Salz
Pfeffer aus der Mühle
etwas Zitronensaft
Saft von 1 Orange
Olivenöl
Apfelessig
2–3 EL Sesamkörner
2–3 EL Cashewkerne
2 EL Sesamöl

Zubereitungszeit: ca. 50 Minuten

1. Die roten Beten, die Möhren und die Sellerieknolle schälen und waschen. Den Weißkohl putzen und ebenfalls waschen. Anschließend die einzelnen Gemüsesorten kleinschneiden und einzeln auf einer Platte anrichten.
2. Die roten Beten mit einer Sauce aus Salz, Pfeffer, Zitronensaft und Olivenöl mischen. Die Karotten mit Orangensaft, Salz, Pfeffer und Olivenöl abschmecken. Die Sellerieknolle und den Weißkohl mit Apfelessig, Salz, Pfeffer und Olivenöl mischen.
3. Die Salate 1/2 Stunde durchziehen lassen. Inzwischen das Öl in einer Pfanne erhitzen und die Sesam- sowie die Cashewkerne darin anrösten. Die Salate damit garnieren.
(Foto oben)

Chicoréesalat mit Banane

Für 4 Personen

400 g Chicorée
etwas Zitronensaft
2 Bananen
3 EL Crème fraîche
2 EL Erdnußöl
1/2 TL Currypulver
Salz
weißer Pfeffer aus der Mühle
1 Msp. Kreuzkümmel
1 Bund frischer Koriander

Zubereitungszeit: ca. 1/2 Stunde

1. Den Chicorée putzen, waschen, halbieren und den bitteren Strunk keilförmig herausschneiden. Dann den Chicorée in 1/2 Zentimeter breite Ringe schneiden und mit etwas Zitronensaft beträufeln.
2. Die Bananen schälen, in feine Scheiben schneiden, zu dem Chicorée geben und alles vorsichtig mischen.
3. Die Crème fraîche mit dem Erdnußöl verrühren und mit Curry, Salz, Pfeffer, Kreuzkümmel und Zitronensaft abschmecken. Die Sauce über den Salat gießen und alles gut mischen.
4. Den Koriander unter fließend kaltem Wasser waschen, trockentupfen und grob hacken. Die Kräuter kurz vor dem Servieren über den Salat streuen.
(Foto rechts: unten)

Variation

Den Salat können Sie auch mit Erdnüssen bestreuen.

Tip

Falls Sie keinen frischen Koriander bekommen, können Sie ihn durch glatte Petersilie ersetzen.

Sellerie-Gurken-Salat

Für 4 Personen

500 g Staudensellerie
1 Salatgurke
Salz
150 g Joghurt
2 EL Sojaöl
1 Msp. gemahlener Anis
1 Msp. Cayennepfeffer
weißer Pfeffer aus der Mühle
1 Knoblauchzehe
Saft von 1 Zitrone
etwas Feldsalat

Zubereitungszeit: ca. 1/2 Stunde

1. Den Staudensellerie putzen, waschen und in sehr feine Scheibchen schneiden. Die Gurke schälen, der Länge nach halbieren, die Kerne mit einem Eßlöffel entfernen und das Fruchtfleisch grob raspeln. Mit Salz bestreuen und 1/4 Stunde ziehen lassen. Dann die Gurkenraspel gut abspülen und ausdrücken.
2. Den Joghurt mit dem Sojaöl gut verrühren und mit Anis, Cayennepfeffer, Salz und Pfeffer würzen. Die Knoblauchzehe schälen und zerdrücken. Mit dem Zitronensaft unter die Sauce mischen.
3. Die Sauce über das Gemüse gießen und alles gut mischen.
4. Den Feldsalat verlesen, gründlich waschen und abtropfen lassen. Den Salat damit garnieren.

(Foto rechts: oben)

Spargelsalat mit Schinken

Für 4 Personen

800 g Spargel
250 g Stangenbohnen
Salz
1 Zwiebel
2 Tomaten
3 EL Olivenöl
Sherryessig
Pfeffer
150 g roher Schinken

Zubereitungszeit: ca. 35 Minuten

1. Den Spargel waschen, von oben nach unten schälen und unten um 2 Zentimeter kürzen. Die Bohnen putzen, waschen und schräg in etwa 1 Zentimeter lange Rauten schneiden.
2. Den Spargel und die Bohnen kurz in kochendem Salzwasser blanchieren, in Eiswasser abschrekken und anschließend abtropfen lassen.
3. Die Zwiebel schälen und in feinste Würfel schneiden.
4. Die Tomaten über Kreuz einritzen, kurz in kochendes Wasser legen, kalt abschrecken und enthäuten. Das Fruchtfleisch entkernen und in Würfel schneiden.
5. Aus dem Öl, Essig, den Tomaten- und den Zwiebelwürfeln, Salz und Pfeffer eine Sauce zubereiten.
6. Den Spargel je nach Dicke der Länge nach halbieren und in Stükke schneiden. Die Stücke mit den Bohnen auf vier Tellern verteilen und die Sauce darübergeben.
7. Den Schinken zu Röllchen drehen und den Salat damit garnieren. (Foto oben)

Endiviensalat mit Knoblauchcroûtons

Für 4 Personen

1 großer Kopf Endiviensalat
100 g roher Schinken
2 Schalotten
2 hartgekochte Eier
2 Knoblauchzehen
3 Scheiben Toastbrot
1 EL Butter
1 TL scharfer Senf
3 EL Rotweinessig
6 EL Öl
Salz
2 EL gehackte gemischte Kräuter
50 g gehackte Walnußkerne

Zubereitungszeit: ca. 25 Minuten

1. Den Endiviensalat verlesen, waschen und auf einem Sieb abtropfen lassen.
2. Den Schinken würfeln oder in Streifchen schneiden. Die Schalotten schälen und in Ringe schneiden oder kleinhacken.
3. Die Eier abschälen, halbieren und die Eigelbe herauslösen. Die Eiweiße in Würfel schneiden.
4. Die Knoblauchzehen schälen und zerdrücken, die Toastscheiben entrinden und in kleine Würfel schneiden.
5. Die Butter in einer Pfanne erhitzen und den Knoblauch darin glasig dünsten. Die Toastwürfel hinzugeben und darin goldbraun rösten. Warm halten.
6. Die Eigelbe durch ein Sieb drükken und mit dem Senf und dem Essig verrühren. Tropfenweise das Öl hinzufügen und die Sauce mit Salz abschmecken.
7. Die Endivienblätter in mundgerechte Stücke zerpflücken und mit dem Schinken, den Kräutern, den Schalotten und den Eiweißwürfeln mischen.
8. Die Sauce über den Salat geben und ihn mit den Walnüssen und den Knoblauchcroûtons bestreuen.

Variation

Statt Endiviensalat können Sie auch andere Blattsalate wie Lollo rosso, Batavia oder auch grünen Salat nehmen.

Tip

Statt gewürfeltem Weißbrot können Sie auch dünne kleine Stangenweißbrotscheiben für die Croûtons nehmen.

Spinatsalat mit Krabben

Für 4 Personen

300 g Blattspinat
150 g Kirschtomaten
150 g frische Champignons
etwas Zitronensaft
150 g geschälte Krabben
5 EL Essig
1 TL scharfer Senf
Salz
gemahlener weißer Pfeffer
3 EL Öl

Zubereitungszeit: ca. 20 Minuten

1. Den Spinat verlesen, gründlich waschen und gut abtropfen lassen.
2. Die Kirschtomaten ebenfalls waschen und vierteln.
3. Die Champignons putzen, mit einem feuchten Tuch abreiben und in feine Scheiben schneiden. Die Pilze sofort mit Zitronensaft beträufeln, damit sie sich nicht braun verfärben.
4. Den Spinat mit den Tomaten und den Pilzen in eine große Salatschüssel geben. Die Krabben unter fließend kaltem Wasser abspülen, abtropfen lassen und hinzufügen.
5. Den Essig, den Senf, Salz, Pfeffer und das Öl mit dem Schneebesen zu einer cremigen Marinade schlagen, diese über den Salat gießen und alles vorsichtig mischen.

(Foto oben)

Carpaccio vom Lamm mit Linsensalat

Für 4 Personen

250 g Lammfilet
Haushaltsfolie
150 g rote Linsen
Salz
2 EL Aceto balsamico
weißer Pfeffer aus der Mühle
2 Schalotten
1 Knoblauchzehe nach Belieben
1 Fleischtomate
2 EL Rotweinessig
1 EL Walnußöl
3 EL Distelöl
50 g Feldsalat
2 TL Sesamsamen
50 g Parmesan am Stück

Zubereitungszeit (ohne Kühlzeit): ca. 1/2 Stunde

1. Das Lammfleisch kurz unter fließend kaltem Wasser waschen, wenn nötig, von Fett und Sehnen befreien und fest in Haushaltsfolie gewickelt für etwa 1 Stunde ins Gefrierfach legen.
2. Inzwischen die Linsen waschen, eventuell verlesen, mit leicht gesalzenem Wasser aufkochen und etwa 5 Minuten kochen lassen. Dann die Linsen vom Herd nehmen und auskühlen lassen.
3. Das Lammfilet aus dem Gefrierfach nehmen und mit einem sehr scharfen Messer in hauchdünne Scheiben schneiden.
4. Die Filetscheiben zwischen zwei Blättern Haushaltsfolie so dünn wie möglich ausstreichen und blütenblattartig auf vier Tellern anrichten.
5. Die Filetscheiben mit dem Balsamessig einpinseln, leicht mit Salz bestreuen und reichlich Pfeffer darübermahlen. Die Teller mit Haushaltsfolie überziehen, das Carpaccio in den Kühlschrank stellen und einige Zeit ziehen lassen.
6. Die Schalotten schälen, in hauchdünne Ringe schneiden und unter die Linsen mischen. Den Knoblauch schälen, zerdrücken und zu den Linsen geben.
7. Die Fleischtomate über Kreuz einritzen, kurz in kochendes Wasser legen, kalt abschrecken und enthäuten. Dann vierteln, entkernen und vom Stengelansatz befreien. Das Fruchtfleisch würfeln und zu den Linsen geben.
8. Aus dem Rotweinessig, beiden Ölsorten, Salz und Pfeffer eine Sauce rühren und mit den Linsen mischen.
9. Den Feldsalat verlesen, gründlich waschen, die Wurzelansätze entfernen und den Salat nochmals waschen. Anschließend abtropfen lassen und in der Mitte der Carpaccios anrichten.
10. Die Sesamsamen in einer trokkenen Pfanne goldbraun rösten.
11. Den Linsensalat auf den Feldsalat häufen und mit den Sesamsamen bestreuen.
12. Den Parmesan mit einem Käsehobel direkt vom Stück in hauchdünnen Scheiben sowohl über das Fleisch als auch über die Linsen hobeln.

(Foto oben)

Kalbsbries mit Kaninchenrückenfilet auf Kressecreme

Für 4 Personen

600 g Kalbsbries
1/4 l heller Kalbsfond
250 g Sahne
Salz
Pfeffer
2 Kaninchenrückenfilets
50 g Butter
1 EL feingehackte Kresseblättchen
Kresse zum Garnieren

Zubereitungszeit (ohne Zeit zum Wässern): ca. 50 Minuten

1. Das Kalbsbries über Nacht in reichlich kaltem Wasser wässern, wobei es schön weiß wird, wenn Sie das Wasser öfter wechseln oder wenn ein feiner Wasserstrahl ununterbrochen darüberläuft.
2. Den Kalbsfond mit der Sahne verrühren und in einem Topf bei milder Hitze sämig einköcheln lassen. Anschließend mit Salz und Pfeffer würzen.
3. Das Kalbsbries in kochendem Salzwasser 8 Minuten pochieren.
4. Anschließend die Häute und die Sehnen entfernen und die einzelnen Röschen ablösen.
5. Das Kaninchenrückenfilet unter fließend kaltem Wasser waschen und mit Salz und Pfeffer würzen. Die Hälfte der Butter in einer Pfanne erhitzen und das Filet unter wiederholtem Wenden etwa 4 Minuten darin braten.
6. Das Kalbsbries leicht mit Salz und Pfeffer würzen. Die restliche Butter in der Pfanne erhitzen und das Kalbsbries darin in zwei Portionen jeweils unter wiederholtem Wenden etwa 2 Minuten braten.
7. Die Kresse in die Sahnesauce rühren, diese erhitzen und abschmecken.
8. Das Kaninchenrückenfilet dann schräg in Scheiben schneiden.
9. Die Kressesauce auf vorgewärmten Tellern zu einem Spiegel angießen und das Kaninchenrückenfilet sowie die Kalbsbriesröschen dekorativ darauf anrichten.
10. Die Vorspeise mit einigen Kresseblättchen garniert servieren.

(Foto oben)

Tip

Kalbsbries und Kaninchenrückenfilet hat der Metzger nicht immer vorrätig. Bestellen Sie das Fleisch deshalb vor.

Gebeizter Lachs

Für 15 Personen

1 kg frisches Lachsfilet mit Haut
3 Bund Dill
3 EL Salz
3 EL Zucker
etwas Pfeffer
1 TL Wacholderbeeren
1 TL Koriander
Haushaltsfolie
2 EL Dijonsenf
1 TL Pommerysenf
1 TL Weißweinessig
1 TL Puderzucker
1 Eigelb
100 ml neutrales Pflanzenöl

Zubereitungszeit: ca. 1 Stunde
Marinierzeit: ca. 36 Stunden

1. Das Lachsfilet sauber häuten und die Rückengräten mit einer Pinzette entfernen.
2. Den Dill waschen, fein hacken und 1 Eßlöffel davon beiseite legen. Den Dill mit dem Salz, dem Zucker, etwas Pfeffer und den zerdrückten Gewürzkörnern mischen.
3. Die Kräuter-Gewürz-Mischung über den Lachs geben, alles mit Haushaltsfolie abdecken und an einem kühlen Ort etwa 36 Stunden marinieren. Den Fisch dabei öfter wenden.
4. Für die Sauce den Senf, den Essig, den Puderzucker, das Eigelb, Salz und Pfeffer verrühren, nach und nach das Öl hineinrühren und den restlichen Dill dazugeben.
5. Den Lachs in dünne Scheiben schneiden und mit der Senfsauce servieren.

Marinierter Lachs mit Trüffelöl

Für 1 Person

70 g frisches Lachsfilet
etwas Olivenöl
etwas Trüffelöl
Salz
Pfeffer
etwas Zitronensaft

Zubereitungszeit: ca. 1/4 Stunde

1. Das Lachsfilet kurz unter fließend kaltem Wasser waschen, trockentupfen und in hauchdünne Scheiben schneiden.
2. Auf einem gut gekühlten Teller etwas Oliven- und Trüffelöl verteilen und es mit Salz und Pfeffer bestreuen.
3. Die Lachsscheiben darauf anrichten, wieder leicht salzen und pfeffern, noch mit etwas Öl und Zitronensaft beträufeln und sofort servieren.
(Foto rechts: oben)

Tip

Trüffelöl ist ein mit weißen Trüffeln parfümiertes Olivenöl, das Sie im Rezept mit dem Olivenöl im Verhältnis 1 : 5 mischen sollten, da es ein sehr starkes Aroma hat.
Anstelle des Trüffelöls können Sie auch weiße Trüffeln verwenden, die mit einem speziellen kleinen Hobel über den Lachs gehobelt werden.

Lachs- und Matjestatarhäppchen

Für 4 Personen

5 EL Butter
8 kleine Scheiben Weißbrot
200 g sehr frisches Lachsfilet
Salz
weißer Pfeffer
etwas Zitronensaft
etwas Olivenöl
200 g Matjesfilet
1 Schalotte
1/4 Salatgurke
1 Tomate
20 g Kapern
20 g Ketakaviar

Zubereitungszeit: ca. 25 Minuten

1. Die Butter in einer Pfanne erhitzen, die Weißbrotscheiben entrinden und in der Butter auf beiden Seiten goldgelb rösten.
2. Das Lachsfilet unter fließend kaltem Wasser abspülen, trockentupfen und in feine Würfel schneiden. Mit Salz, Pfeffer, Zitronensaft und Olivenöl mischen.
3. Die Matjesfilets ebenfalls unter fließend kaltem Wasser abspülen, trockentupfen und in feine Würfel schneiden.
4. Die Schalotte schälen und fein hacken.
5. Die Salatgurke und die Tomate waschen, trockenreiben und in Scheiben schneiden.
6. Die Hälfte der Weißbrotscheiben dünn mit den Gurken-, die andere Hälfte mit den Tomatenscheiben belegen.
7. Das Matjestatar auf den Tomatenscheiben und das Lachstatar auf den Gurkenscheiben anrichten.
8. Die Matjeshäppchen mit den Kapern und die Lachshäppchen mit dem Ketakaviar garnieren. Sofort servieren.
(Foto rechts: unten)

Marinierte Zucchini

Für 4 Personen

4 mittelgroße Zucchini
Saft von 2 Zitronen
60 g Mehl
125 ml Olivenöl
1 kleine grüne Pfefferschote
2 Knoblauchzehen
1 TL Salz
125 ml Essig
125 ml Fleischbrühe
1 Prise Zucker
1 Prise Pfeffer aus der Mühle
4 EL gehackte Petersilie

Zubereitungszeit: ca. 1/2 Stunde
Marinierzeit: ca. 12 Stunden

1. Die Zucchini putzen, waschen und in dünne Scheiben schneiden.
2. Das Gemüse mit dem Zitronensaft beträufeln und etwa 10 Minuten ziehen lassen.
3. Die Zucchinischeiben im Mehl wenden.
4. Das Öl in einer Pfanne erhitzen, die Zucchinischeiben darin goldbraun braten und anschließend in eine große Form schichten.
5. Die Pfefferschote waschen, halbieren, entkernen und fein hacken.
6. Die Knoblauchzehen schälen, zerdrücken, mit dem Salz mischen und im Bratöl glasig dünsten.
7. Den Knoblauch mit dem Essig und der Fleischbrühe ablöschen, die Pfefferschote dazugeben und das Ganze mit Zucker und Pfeffer abschmecken.
8. Die Marinade über die Zucchinischeiben gießen und diese mit der gehackten Petersilie bestreuen.
9. Die Zucchini zugedeckt mindestens über Nacht im Kühlschrank durchziehen lassen.
(Foto oben)

Tip

Die Zucchini schmecken auch gut zu Getreidebratlingen oder als Beilage zu gegrilltem Fleisch.

Gefüllte Zucchini mit Crevetten

Für 10 Stück

1 großer Zucchino von etwa
4 cm Durchmesser
Salz
Pfeffer aus der Mühle
1 Tomate
3 EL Butter
1 Schalotte
150 g Crème fraîche
200 g geschälte Crevetten
1 EL gehackter Dill
10 Dillzweige zum Garnieren

Zubereitungszeit: ca. 20 Minuten

1. Den Zucchino waschen und in zehn etwa 2 Zentimeter dicke Scheiben schneiden. Die Zucchinoreste beiseite legen. Die Scheiben mit einem Löffel leicht aushöhlen und würzen.
2. Die Tomate über Kreuz einritzen, kurz in kochendes Wasser legen, kalt abschrecken und enthäuten. Die Tomate entkernen und würfeln.
3. Die Butter in einer Pfanne erwärmen, die Zucchinoscheiben auf beiden Seiten etwa 2 Minuten darin goldbraun braten und anschließend warm stellen.
4. Die Schalotte schälen, fein hakken, in die Pfanne geben und im Fett anschwitzen lassen. Die Zucchinoreste fein hacken, dazugeben und etwa 2 Minuten mitdünsten. Dann die Tomatenwürfel dazugeben.
5. Die Crème fraîche darunterziehen und etwa 3 Minuten einkochen lassen. Mit Salz und Pfeffer würzen.
6. Die Crevetten kalt abspülen, trockentupfen, mit dem Dill in die Sauce geben und darin erwärmen.
7. Die Zucchinoscheiben mit der Masse füllen und mit Dill garnieren. (Foto oben)

Räucherlachsmousse auf gedünsteten Gurken

Für 4 Personen

2 Blatt weiße Gelatine
3 Schalotten
150 g Räucherlachs
1 cl Aquavit
2 EL Crème fraîche
1 TL frischgeriebener Meerrettich
1/2 TL gelbe Senfkörner
100 g Sahne
1 Prise geriebene Muskatnuß
2 EL Butter
1 Salatgurke
2 EL trockener Weißwein
Salz
weißer Pfeffer aus der Mühle
1/2 Bund Dill

Zubereitungszeit: ca. 1/2 Stunde
Kühlzeit: ca. 2 Stunden

1. Die Gelatine etwa 5 Minuten in kaltem Wasser einweichen. Die Schalotten schälen.
2. Den Lachs in Streifen schneiden und zusammen mit einer Schalotte, dem Aquavit und der Crème fraîche im Mixer fein pürieren. Das Püree anschließend durch ein Haarsieb in eine mittelgroße Schüssel streichen.
3. Das Lachspüree mit dem Meerrettich und den Senfkörnern verrühren. Die Senfkörner können nach Belieben zuvor im Mörser etwas zerstoßen werden.
4. Die Gelatine tropfnaß in ein Töpfchen geben, bei milder Hitze auflösen und mit einem Schneebesen mit dem Lachspüree verschlagen.
5. Die Sahne steifschlagen und lokker, aber gleichmäßig unter das Püree ziehen. Die Mousse mit etwas Muskat abschmecken und zugedeckt für mindestens 2 Stunden in den Kühlschrank stellen.
6. Kurz bevor die Mousse serviert werden soll, die Butter in einer Pfanne erhitzen, die übrigen Schalotten sehr fein würfeln und darin glasig dünsten.
7. Die Gurke schälen, längs halbieren und entkernen. Dann in streichholzstarke Stifte schneiden, zu den Schalotten geben, mit dem Wein beträufeln und etwa 3 Minuten dünsten. Die Gurkenmischung erst jetzt mit Salz und Pfeffer abschmecken.
8. Den Dill abspülen, trockentupfen und einige Zweige zum Garnieren beiseite legen. Den übrigen Dill grob hacken und mit den Gurkenstiften mischen.
9. Die Gurkenstifte auf vier Tellern anrichten. Von der Mousse mit zwei Eßlöffeln, die zwischendurch immer wieder in kaltes Wasser getaucht werden, Klößchen abstechen und diese oval formen.
10. Die Klößchen auf den Gurkenstiften anrichten und die Vorspeise mit Dillsträußchen garnieren.

(Foto oben)

Tip

Dazu passen dünne Scheiben Stangenweißbrot und ein trockener Weißwein, zum Beispiel ein Elsässer Riesling.

Kräuterchampignons

Für 4 Personen

500 g frische Champignons	
1 Knoblauchzehe	
3 EL Butter	
1 EL feingehackte Petersilie	
1 EL feingehackter, frischer Oregano	
1 EL feingehackte, gemischte Kräuter	
Salz	
Pfeffer	
1–2 EL Semmelbrösel	
etwas Öl für die Form	

Zubereitungszeit: ca. 1/2 Stunde

1. Den Backofen auf 180 Grad vorheizen.
2. Die Champignons putzen, mit einem feuchten Tuch abreiben und die Stiele herausdrehen. Ihre unteren Enden abschneiden und die Stiele fein hacken. Die Knoblauchzehe schälen und zerdrücken.
3. Die Butter in einer Pfanne erhitzen und die gehackten Stiele darin kurz anbraten. Die gehackten Kräuter und den Knoblauch hinzufügen und würzen.
4. Die Pfanne von der Flamme nehmen und so viel Semmelbrösel dazugeben, daß eine lockere Masse entsteht.
5. Eine Auflaufform mit etwas Öl ausstreichen, die Champignonköpfe mit der Pilz-Kräuter-Masse füllen und in die Form legen. Die Pilze mit kleinen Butterflöckchen belegen oder mit etwas Öl beträufeln und 10 bis 15 Minuten im Ofen überbacken.

(Foto rechts)

Tip

Sie können auf jeden gefüllten Champignonkopf noch ein kleines Käsescheibchen legen.

Chloé

Suppen

Liebevoll als „heißgeliebter Magenwärmer" umschrieben, haben die feinen Suppen wieder die Küche erobert. Heiß dampfend, leicht und cremig regen sie den Appetit an und steigern die Freude aufs Menü. Darüber hinaus haben sie auch als feine Zwischenmahlzeit unzählige Liebhaber.

Kerbelcremesuppe

Für 4 Personen

³/₄ l Geflügelfond
100 g Crème fraîche
125 g Sahne
Salz
Pfeffer
100 g Kerbelblättchen

Zubereitungszeit: ca. 20 Minuten

1. Den Geflügelfond in einem Topf erwärmen und die Crème fraîche und die Sahne hineinrühren. Die Flüssigkeit darf nicht kochen.
2. Die Suppe mit Salz und Pfeffer würzen.
3. Die Kerbelblättchen waschen, trockentupfen und einige schöne Blätter für die Dekoration beiseite legen.
4. Den restlichen Kerbel im Mixer oder mit dem Pürierstab des Handrührgerätes fein pürieren und in die Suppe einrühren.
5. Die Kerbelcremesuppe nochmals abschmecken und in vier vorgewärmte Suppentassen füllen. Mit einigen Kerbelblättchen garnieren. (Foto oben)

Möhrensamtsuppe

Für 4 Personen

1 Zwiebel
1 EL Butter
400 g Möhren
1 l heller Kalbsfond
1 TL Salz
weißer Pfeffer aus der Mühle
100 g Sahne

Zubereitungszeit: ca. 40 Minuten

1. Die Zwiebel schälen und fein hacken. Die Butter in einem Topf erhitzen und die Zwiebeln darin anschwitzen lassen.
2. Die Möhren putzen, waschen und in Scheiben schneiden.
3. Die Möhren in den Topf geben, den Kalbsfond dazugießen und alles garen, bis die Möhren weich sind.
4. Die Suppe im Mixer oder mit dem Pürierstab des Handrührgerätes pürieren, mit Salz und Pfeffer würzen und mit der Sahne verfeinern.

Gemüsesuppe mit Knoblauch-Kräuter-Sauce

Für 4 Personen

50 g weiße Bohnenkerne
1 Zwiebel
6 EL Olivenöl
1 l Bouillon
80 g Staudensellerie
100 g Kartoffeln
100 g Möhren
100 g Zucchino
80 g Lauch
1 TL Salz
schwarzer Pfeffer aus der Mühle
1 Prise geriebene Muskatnuß
2 Knoblauchzehen
4 EL gehacktes Basilikum
2 Tomaten

Quellzeit: ca. 6 Stunden
Zubereitungszeit: ca. 1 ¹/₄ Stunden

1. Die weißen Bohnenkerne etwa 6 Stunden in Wasser quellen lassen, dann abgießen.
2. Die Zwiebel schälen und fein hacken. 1 Eßlöffel Olivenöl in einem Topf erhitzen und die Zwiebeln darin andünsten. Die Bohnenkerne dazugeben, mit etwas Bouillon auffüllen und das Ganze etwa ¹/₂ Stunde kochen lassen.
3. Den Staudensellerie, die Kartoffeln, die Möhren und den Zucchino schälen, waschen und in Würfel schneiden. Den Lauch putzen, waschen und in Ringe schneiden.
4. Das Gemüse zu den Bohnen in die Bouillon geben, mit Salz, Pfeffer und Muskat würzen und alles etwa ¹/₂ Stunde bei schwacher Hitze kochen lassen.
5. Die Knoblauchzehen schälen, fein hacken und mit dem restlichen Olivenöl und dem Basilikum in einer Schüssel verrühren.
6. Die Tomaten über Kreuz einritzen, kurz in kochendes Wasser legen, kalt abschrecken und enthäuten. Das Fruchtfleisch entkernen, würfeln und in die Suppe geben.
7. Die Suppe nochmals aufkochen lassen und die Knoblauch-Kräuter-Sauce darunterrühren.

Schneckensuppe

Für 4 Personen

12 Schnecken aus der Dose
400 ml Kalbsfond
1 Möhre
1 Petersilienwurzel
1 Schalotte
2 Knoblauchzehen
4 EL Butter
1/2 Bund Petersilie
100 g kleine, frische Champignons
125 ml trockener Riesling
1 EL Mehl
1/2 l Geflügel- oder Kalbsbrühe
200 g Sahne
1 Eigelb
Salz
etwas Cayennepfeffer
1 EL geschnittener Schnittlauch

Zubereitungszeit: ca. 3/4 Stunden

1. Die Schnecken aus der Dose abgießen. Den Sud auffangen und filtern, um eventuelle Kalkreste zu entfernen. Die Schnecken unter fließend kaltem Wasser abspülen und abtropfen lassen.
2. Die Schnecken in dem Kalbsfond etwa 10 Minuten kochen und anschließend 10 Minuten ziehen lassen.
3. Die Möhre und die Petersilienwurzel schälen, waschen und in Würfel von etwa 5 Millimeter Kantenlänge schneiden.
4. Die Schalotte und die Knoblauchzehen schälen, die Schalotte sehr fein würfeln und den Knoblauch sehr fein hacken.
5. Die Hälfte der Butter in einem Topf erhitzen und die Schalotten, den Knoblauch, die Möhren- und die Petersilienwurzelwürfel darin glasig dünsten.
6. Die Petersilie unter fließend kaltem Wasser abspülen, trockentupfen und fein hacken. Die Champignons putzen, mit einem feuchten Tuch abreiben und mit den Schnekken kleinhacken.
7. Beides mit der Petersilie zu dem gedünsteten Gemüse geben und mit dem Riesling und der aufgefangenen Schneckenbrühe ablöschen. Das Ganze bei starker Hitze aufkochen und etwa 3 Minuten kräftig kochen lassen.
8. Die restliche Butter mit dem Mehl zu einem Kloß verkneten. Die Brühe und die Hälfte der Sahne zu den Schnecken gießen und alles aufkochen.
9. Die Mehlbutter zwischen den Fingern zerbröseln und unter ständigem Rühren langsam in die Suppe geben. Die Suppe nun kochen lassen, bis die Mehlbutter gebunden hat.
10. Die restliche Sahne cremig rühren, das Eigelb darunterziehen und die Mischung langsam in die nicht mehr kochende Suppe einrühren.
11. Die Suppe mit Salz und Cayennepfeffer abschmecken und mit den Schnittlauchröllchen bestreut servieren.

(Foto oben)

Kopfsalatsuppe

Für 4 Personen

1 Zwiebel
2 EL Butter
200 g Kartoffeln
2 Kopfsalate
1 l Bouillon
3/4 TL Salz
schwarzer Pfeffer aus der Mühle
1 Prise geriebene Muskatnuß
200 g Sahne

Zubereitungszeit: ca. 1 Stunde

1. Die Zwiebel schälen und in Würfel schneiden. Die Butter in einem Topf erhitzen und die Zwiebelwürfel darin andünsten.
2. Die Kartoffeln schälen und würfeln, die Kopfsalate putzen, waschen und kleinschneiden.
3. Die Kartoffeln und den Salat zu den Zwiebeln geben und 3 bis 5 Minuten mitdünsten. Anschließend die Bouillon dazugießen, die Gewürze hinzugeben und alles etwa 1/2 Stunde kochen lassen.
4. Die Suppe durch ein Sieb passieren. Zum Schluß noch die Sahne hinein rühren.

Paprikacremesuppe

Für 4 Personen

1 Zwiebel
1/2 TL Butter
400 g rote Paprikaschoten
3/4 l Geflügelfond
125 g Sahne
125 ml trockener Weißwein
Rosenpaprikapulver
einige Spritzer Tabasco
Salz
Pfeffer
1 Stengel glatte Petersilie

Zubereitungszeit: ca. 25 Minuten

1. Die Zwiebel schälen und fein hacken. Die Butter in einem Topf erhitzen und die Zwiebeln darin glasig dünsten.
2. Die Paprikaschoten putzen, waschen, achteln und die Häute und die Kerne entfernen.
3. Den Geflügelfond und die Paprikaschoten in den Topf geben und alles etwa 4 Minuten köcheln lassen.
4. Die Paprikaschoten mit dem Mixer oder dem Pürierstab des Handrührgerätes fein pürieren und anschließend durch ein feines Sieb streichen.
5. Die Sahne und den Weißwein darunterziehen und die Paprikacremesuppe mit Rosenpaprika, Tabasco, Salz und Pfeffer abschmecken.
6. Die Suppe in vier vorgewärmte Suppentassen füllen und mit einem Petersilienblättchen dekorieren.

(Foto rechts: oben)

Tip

Ganz fein gehackte rohe Paprikawürfel eignen sich gut als Einlage. Sehr dekorativ sind auch kleine Kerbelblättchen, die man statt der Petersilie auf die Suppe legt.

Petersiliensuppe

Für 4 Personen

3 Schalotten
1 EL Butter
250 g Petersilienwurzeln
3/4 l Geflügelfond
125 g Sahne
4 EL trockener Weißwein
Salz
Pfeffer
geriebene Muskatnuß
1 Bund krause Petersilie
1 Stengel glatte Petersilie

Zubereitungszeit: ca. 1/2 Stunde

1. Die Schalotten schälen und fein hacken. Die Butter in einem Topf erhitzen und die Schalotten darin glasig dünsten.
2. Die Petersilienwurzel schälen, waschen, kleinschneiden und zu den Schalotten geben. Mit etwas Geflügelfond begießen, so daß das Gemüse bedeckt ist, und etwa 5 Minuten köcheln lassen.
3. Die Suppe mit dem Pürierstab des Handrührgerätes fein pürieren. Anschließend den restlichen Geflügelfond, die Sahne und den Weißwein dazugeben und die Suppe mit den Gewürzen abschmecken.
4. Die krause Petersilie waschen, trockentupfen, die Stiele entfernen und die Blätter mit dem Pürierstab fein pürieren.
5. Die Suppe erhitzen, die Petersilie darunterrühren und das Ganze nochmals abschmecken. Die Suppe nicht mehr kochen lassen, da sie sonst die grüne Farbe verliert.
6. Die Petersiliensuppe in vier vorgewärmte Suppentassen füllen und mit einem Blättchen glatter Petersilie dekorieren.

(Foto rechts: unten)

Tip

Als Einlage eignen sich Wachteleier aus dem Glas oder Shrimps.

Feine Linsensuppe

Für 4 Personen

1 Zwiebel
1 TL Butter
1 Bund Suppengrün
250 g getrocknete Linsen
3/4 l Rinderfond
100 g Crème fraîche
Salz
Pfeffer

Zubereitungszeit: ca. 1 Stunde

1. Die Zwiebel schälen und fein hacken. Die Butter in einem Topf erhitzen und die Zwiebeln darin glasig dünsten.
2. Das Suppengrün putzen, waschen und kleinschneiden.
3. Die Linsen mit dem Rinderfond in einen Kochtopf geben und etwa 40 Minuten kochen lassen.
4. Die Zwiebeln und das Suppengrün dazugeben und die Suppe weitere 6 Minuten kochen lassen.
5. Das Gemüse und die Linsen mit dem Pürierstab des Handrührgerätes fein pürieren.
6. Die Crème fraîche darunterrühren und die Suppe mit Salz und Pfeffer abschmecken.

Tip

Als Einlage eignen sich in Scheiben geschnittene Fasanenbrust, Hummerkrabbenschwänze ohne Schale oder kleine Hackfleischbällchen.

Grünkernklößchensuppe

Für 4 Personen

- 1/4 l Milch
- 80 g Butter
- Salz
- geriebene Muskatnuß
- 100 g feines Grünkernvollkornschrot
- 2 Eier
- 1 l Gemüsebrühe
- 2 EL gehackte Petersilie

Zubereitungszeit: ca. 40 Minuten

1. Die Milch mit der Butter, etwas Salz und Muskat zum Kochen bringen.
2. Das Grünkernvollkornschrot unter Rühren hineinstreuen und alles so lange rühren, bis sich der Teig als glatter Kloß vom Topfboden löst.
3. Den Teig etwas abkühlen lassen und die Eier nacheinander darunterrühren.
4. Die Gemüsebrühe zum Kochen bringen. Mit zwei nassen Kaffeelöffeln kleine Klößchen abstechen, diese vorsichtig in die heiße Gemüsebrühe geben und darin ungefähr 10 Minuten ziehen lassen.
5. Dann die Suppe mit der feingehackten Petersilie bestreuen.

Cremesuppe aus weißen Bohnen

Für 4 Personen

- 200 g weiße Bohnenkerne
- 2 Zwiebeln
- 40 g Möhre
- 40 g Lauch
- 40 g Staudensellerie
- 2 EL Butter
- 100 g Speck- oder Schinkenschwarte
- 1 1/2 l Bouillon
- 1 TL Salz, schwarzer Pfeffer
- 1 Prise geriebene Muskatnuß
- 200 g Sahne

Quellzeit: ca. 6 Stunden
Zubereitungszeit: ca. 1 1/4 Stunden

1. Die Bohnen etwa 6 Stunden in kaltem Wasser quellen lassen.
2. Die Zwiebeln schälen und in Würfel schneiden. Die Möhre, den Lauch und den Sellerie putzen, waschen und grob zerschneiden.
3. Die Butter in einem Topf erhitzen und das Gemüse darin kurz dünsten.
4. Die Bohnen abgießen, mit der Speckschwarte in den Topf geben und die Bouillon dazugießen. Mit Salz, Pfeffer und Muskat würzen.
5. Die Suppe etwa 1 Stunde kochen lassen. Dann die Speckschwarte herausnehmen und die Suppe mit dem Pürierstab des Handrührgerätes pürieren. Zum Schluß die Sahne darunterrühren.

(Foto rechts oben)

Sauerampfersuppe

Für 4 Personen

- 500 g Sauerampfer
- 1 l Rinderfond
- 2 Zwiebeln
- 1 TL Butter
- 3 Eigelb
- 100 g Crème fraîche
- 300 g Vollmilchjoghurt
- Salz, Pfeffer
- Cayennepfeffer
- geriebene Muskatnuß
- etwas Sojasauce

Zubereitungszeit: ca. 25 Minuten

1. Den Sauerampfer von den Stielen befreien, waschen und gut abtropfen lassen.
2. Den Rinderfond in einem Topf aufkochen, den Sauerampfer hineingeben, darin erhitzen und etwa 20 Minuten ziehen lassen.
3. Die Zwiebeln schälen und kleinschneiden. Die Butter in einer Pfanne erhitzen und die Zwiebeln darin glasig dünsten.
4. Den Rinderfond durch ein Sieb abgießen und auffangen. Den Sauerampfer mit den Zwiebeln fein pürieren und den Fond wieder dazugeben.
5. Die Eigelbe zusammen mit der Crème fraîche und dem Joghurt verquirlen und langsam in die Sauerampfersuppe einrühren.
6. Die Suppe mit Salz, Pfeffer, Cayennepfeffer, Muskat und etwas Sojasauce abschmecken und in vier vorgewärmte Suppentassen füllen.

(Foto rechts unten)

Haferschrotsuppe mit Gemüsestreifen

Für 4 Personen

- 200 g gemischtes Gemüse (Sellerie, Lauch und Möhren)
- 1 Zwiebel
- 2 EL Butter
- 4 EL feines Hafervollkornschrot
- 1 l Gemüsebrühe
- 6 EL Sahne
- Salz
- geriebene Muskatnuß
- etwas Majoran
- 2 EL gehackte Petersilie

Zubereitungszeit: ca. 35 Minuten

1. Das Gemüse putzen, schälen, waschen und in sehr feine Streifen schneiden. Die Zwiebel schälen und in kleine Würfel schneiden.
2. Die Butter in einem Topf erhitzen und das Gemüse und die Zwiebel darin andünsten. Das Hafervollkornschrot dazugeben und kurz anschwitzen lassen.
3. Die kalte Gemüsebrühe unter Rühren dazugeben, kurz aufkochen und das Ganze etwa 5 Minuten ausquellen lassen.
4. Inzwischen die Sahne cremig schlagen. Die Suppe mit Salz, Muskat und Majoran abschmecken.
5. Die Suppe in vier vorgewärmte Teller füllen, die Sahne als Klecks darauf geben und mit der feingehackten Petersilie bestreuen.

Tip

Garnieren Sie die Suppe mit einigen Kürbis- oder Pinienkernen.

Selleriesuppe mit Trüffeln

Für 4 Personen

1 Sellerieknolle (600 g)
100 g Zwiebeln
1 Knoblauchzehe
1 EL Butter
800 ml Gemüsebrühe
150 g Sahne
Salz, weißer Pfeffer
1 Prise geriebene Muskatnuß
30 g Trüffeln

Zubereitungszeit: ca. 1 Stunde

1. Die Sellerieknolle schälen und waschen. Drei Viertel der Knolle in grobe Würfel schneiden.
2. Die Zwiebeln und die Knoblauchzehe schälen und fein hakken. Die Butter in einem Topf erhitzen und beides mit den Selleriewürfeln darin kurz dünsten.
3. Den restlichen Sellerie in 2 Zentimeter große Rauten schneiden. Die Gemüsebrühe in einem Topf zum Kochen bringen, die Sellerierauten darin kurz blanchieren und als Einlage für die Suppe beiseite stellen.
4. Die Gemüsebrühe zu dem angedünsteten Sellerie geben und das Ganze etwa 1/2 Stunde leicht kochen lassen.
5. Die Sahne in die nicht mehr kochende Suppe einrühren und diese mit Salz, Pfeffer und Muskat würzen. Die Suppe nochmals aufkochen lassen und mit dem Pürierstab des Handrührgerätes ganz fein pürieren.
6. Die Selleriesuppe durch ein Sieb passieren und die Sellerierauten als Einlage hineingeben.
7. Die Trüffeln waschen und gründlich bürsten. Anschließend die Trüffeln hobeln oder in sehr dünne Scheiben schneiden und über die Suppe geben.

(Foto oben)

Feines Möhrensüppchen

Für 4 Personen

600 g Möhren
3 EL Butter
1/2 l Gemüsebrühe
Salz
frischgemahlener Pfeffer
1 Prise Zucker
3 EL feingehackter Kerbel
etwas Sekt
80 g Sahne

Zubereitungszeit: ca. 1/2 Stunde

1. Die Möhren schälen, waschen und anschließend in kleine Stücke schneiden.
2. Die Butter in einem Topf erhitzen und die Möhren darin glasig dünsten.
3. Die Gemüsebrühe dazugießen, die Suppe zum Kochen bringen und anschließend mit dem Pürierstab des Handrührgerätes oder im Mixer pürieren.

4. Die pürierte Suppe erneut erhitzen und mit Salz, Pfeffer und Zukker abschmecken.
5. Den feingehackten Kerbel in die Suppe einrühren und diese mit einem Schuß Sekt verfeinern.
6. Die Suppe vom Herd nehmen und die Sahne darunterziehen.

Tip

Statt der Möhren können Sie für diese Suppe auch Kürbisgemüse verwenden.

Avocadosuppe

Für 4 Personen

2 kleine reife Avocados
1 Knoblauchzehe
1 Schalotte
1 EL Butter
100 ml Weißwein
800 ml Gemüsebrühe
100 g Sahne
Salz
etwas Honig
weißer Pfeffer aus der Mühle
40 ml Noilly Prat (Wermutwein)
2 Tomaten

Zubereitungszeit: ca. 1/4 Stunde

1. Die Avocados schälen, halbieren, entkernen und das Fruchtfleisch in kleine Stücke schneiden. Ein Viertel davon für die Einlage beiseite legen.
2. Die Knoblauchzehe und die Schalotte schälen und fein hacken. Die Butter in einem Topf erhitzen und beides mit den Avocadostükken darin andünsten.
3. Das Gemüse mit dem Weißwein ablöschen, die Gemüsebrühe hinzugeben und alles etwa 5 Minuten kochen lassen.
4. Dann die Sahne in die nicht mehr kochende Suppe einrühren und diese mit Salz, etwas Honig, Pfeffer und dem Noilly Prat abschmecken.
5. Die Suppe mit dem Pürierstab des Handrührgerätes fein pürieren, bis sie leicht schaumig ist.
6. Die Tomaten über Kreuz einritzen, kurz in kochendes Wasser legen, kalt abschrecken und enthäuten. Das Fruchtfleisch entkernen, in kleine Würfel schneiden und mit der Avocadoeinlage vor dem Servieren in die Suppe geben.
(Foto oben)

Krebssuppe

Für 4 Personen

3/4 l Fischfond
12 Flußkrebse à 30 g
200 g gemischtes Gemüse (Möhren, Lauch, Sellerie, Zwiebeln)
2 EL Butter
1 EL Tomatenmark
1 Dillzweig
1 Thymianzweig
3 EL Cognac
80 ml Weißwein
125 g Sahne
2 EL Reismehl
Salz
schwarzer Pfeffer aus der Mühle
1 Prise Cayennepfeffer

Zubereitungszeit: ca. 1 Stunde

1. Den Fischfond in einem Topf aufkochen, die Krebse darin kurz blanchieren und wieder herausnehmen. Den Fischfond beiseite stellen.
2. Die Krebse aufbrechen, das Fleisch herauslösen und die Krebshüllen (Karkassen) in einer Schüssel oder einem Mörser zerstoßen.
3. Das Gemüse putzen, waschen und in Würfel schneiden. Die Butter in einem Topf erhitzen, das Gemüse darin andünsten und die zerstoßenen Krebskarkassen, das Tomatenmark, den Dill und den Thymian dazugeben. Das Ganze kurz köcheln lassen, den Cognac hinzugießen und das Ganze anschließend flambieren.
4. Den Weißwein und den Fischfond dazugießen und die Suppe etwa eine 3/4 Stunde kochen lassen.
5. Die Suppe durch ein Sieb passieren. Die Sahne mit dem Reismehl verrühren, das Gemisch in die Suppe geben und diese damit binden.
6. Das Krebsfleisch hineingeben und die Suppe mit Salz und Pfeffer abschmecken.

(Foto rechts: oben)

Königinsuppe

Für 4 Personen

50 g Knollensellerie
50 g Lauch
1 1/2 Zwiebeln
500 g Hähnchenkeulen
50 g Reis
1 Lorbeerblatt
1 Estragonzweig
1 1/4 l heller Geflügelfond
1 TL Salz
1 Prise geriebene Muskatnuß
weißer Pfeffer aus der Mühle
150 g Sahne

Zubereitungszeit: ca. 1 1/2 Stunden

1. Das Gemüse putzen, waschen und in grobe Stücke schneiden. Die Zwiebel schälen und ebenfalls in Stücke schneiden.
2. Die Hähnchenkeulen, den Reis, das zerkleinerte Gemüse, die Zwiebeln, das Lorbeerblatt und den Estragonzweig mit dem Geflügelfond in einen Topf geben und alles etwa 20 Minuten kochen lassen. Zwischendurch die Brühe einmal abschäumen.
3. Die Hähnchenkeulen herausnehmen, das Fleisch vom Knochen ablösen, die Haut abziehen und in Würfel schneiden. Die Hähnchenknochen und die Haut wieder in die Brühe geben und diese nochmals 1/2 Stunde kochen lassen.
4. Die Knochen und die Haut herausnehmen.
5. Die Suppe mit dem Pürierstab des Handrührgerätes fein pürieren, durch ein Sieb passieren, nochmals kurz aufkochen lassen und mit den Gewürzen abschmecken.
6. Die Sahne in die nicht mehr kochende Suppe einrühren und diese sofort vom Feuer nehmen. Anschließend die Hähnchenwürfel in die Suppe geben und kurz darin erwärmen.

(Foto rechts: unten)

Wildkraftbrühe »Diana«

Für 4 Personen

Für die Einlage

125 g Wildfleisch
100 g Sahne
Salz
schwarzer Pfeffer aus der Mühle
1 1/2 l Wildbrühe

Für die Wildkraftbrühe

100 g Zwiebeln
180 g Suppengemüse (Möhren, Lauch, Sellerie)
200 g Wildfleisch
3 Eiweiß
10 zerdrückte Wacholderbeeren
1 Rosmarinzweig
geriebene Muskatnuß
2 EL Madeira

Zubereitungszeit: ca. 2 Stunden

1. Für die Einlage das Wildfleisch kurz unter fließend kaltem Wasser abspülen, trockentupfen und in Würfel schneiden. Mit dem Mixer sehr fein pürieren und nach und nach die Sahne dazugeben.
2. Die Masse mit Salz und Pfeffer abschmecken und mit zwei Teelöffeln daraus Klößchen formen.
3. Etwas Wildbrühe erhitzen und die Klößchen darin kurz garen, anschließend herausnehmen und beiseite stellen.
4. Für die Wildkraftbrühe die Zwiebeln schälen, das Suppengemüse putzen, waschen und kleinschneiden. Beides mit dem Wildfleisch durch die mittlere Scheibe des Fleischwolfs drehen.
5. Die Masse mit den Eiweißen, den zerdrückten Wacholderbeeren und dem Rosmarin mischen, in einen Topf geben und die Wildbrühe dazugießen.
6. Das Ganze unter ständigem Rühren zum Kochen bringen und etwa 1 Stunde köcheln lassen.
7. Die Wildkraftbrühe mit Salz und Muskat würzen, durch ein Tuch passieren und mit dem Madeira verfeinern. Anschließend die Klößchen in die Brühe geben.

Kürbissuppe

Für 4 Personen

400 g Kürbis
200 g Möhren
1 Zwiebel
2 EL Butter
Currypulver
2 EL feines Hirsevollkornmehl
1 l Gemüsebrühe
frischgeriebener Ingwer
frischgemahlener weißer Pfeffer
Salz
1 EL Mandelblättchen
4 EL Crème fraîche

Zubereitungszeit: ca. 3/4 Stunden

1. Den Kürbis schälen, die Kerne und den holzigen Strunk entfernen und das Kürbisfleisch in kleine Stücke schneiden.
2. Die Möhren putzen, waschen und in kleine Würfel schneiden. Die Zwiebel schälen und sehr fein hacken.
3. Die Butter in einem Topf erhitzen und die Zwiebeln darin glasig dünsten.
4. Die Gemüsewürfel dazugeben und ebenfalls anschwitzen lassen. Das Currypulver und das Hirsevollkornmehl darüberstreuen und mit anschwitzen lassen.
5. Die kalte Gemüsebrühe dazugießen und unter Rühren aufkochen lassen. Die Suppe auf kleiner Flamme etwa 10 Minuten kochen lassen und dann im Mixer oder mit dem Pürierstab des Handrührgerätes pürieren.
6. Die Suppe mit Ingwer, Pfeffer und Salz abschmecken. Die Mandelblättchen in einer Pfanne ohne Fettzugabe leicht bräunen.
7. Die Crème fraîche als Klecks auf die Suppe geben und die Mandelblättchen darüberstreuen.

Zucchinicremesuppe mit Gemüseperlen

Für 4 Personen

150 g Möhren
550 g kleine Zucchini
3/4 l Geflügelfond
1 Zwiebel
1 TL Butter
125 g Sahne
Salz
Pfeffer
6 EL trockener Weißwein

Zubereitungszeit: ca. 3/4 Stunden

1. Die Möhren und einen Zucchino putzen und waschen. Mit einem Perlenausstecher kleine Kügelchen aus dem Gemüse ausstechen. Die Zucchinireste beiseite legen.
2. Den Geflügelfond in einem Topf erhitzen und die Gemüseperlen darin etwa 1 Minute bißfest garen.
3. Die Zwiebel schälen und fein hacken. Die Butter in einem Topf erhitzen und die Zwiebeln darin glasig dünsten.
4. Die restlichen Zucchini sorgfältig waschen und abtrocknen. Die Stielansätze entfernen und die ganzen Zucchini sowie die vom Ausstechen übriggebliebenen in Scheiben schneiden.
5. Das Gemüse mit etwas Geflügelfond angießen, so daß es bedeckt ist, und etwa 5 Minuten kochen lassen. Anschließend die Zucchinischeiben mit dem Mixer oder dem Pürierstab des Handrührgerätes fein pürieren.
6. Den restlichen Geflügelfond und die Sahne hinzugeben und darunterrühren.
7. Die Suppe mit Salz und Pfeffer würzen und mit dem Weißwein abschmecken.
8. Die Cremesuppe in vorgewärmte Suppentassen füllen und die Gemüseperlen darauf verteilen.
(Foto oben)

Spargelsuppe mit Pistaziensahne

Für 4 Personen

500 g frischer Spargel
1 TL Salz
2 TL Zucker
2 EL Butter
2–3 Schalotten
1 EL Reismehl
200 g Sahne
geriebene Muskatnuß
Pfeffer aus der Mühle
100 g geschlagene Sahne
40 g Pistazien

Zubereitungszeit: ca. 3/4 Stunden

1. Den Spargel waschen, von oben nach unten schälen und halbieren. Die Spargelspitzen in reichlich Wasser mit dem Salz und dem Zukker etwa 1/4 Stunde kochen lassen. Anschließend herausnehmen, kurz in Eiswasser legen und abkühlen lassen.
2. Die rohen Spargelenden in kleinere Stücke schneiden, die Schalotten fein hacken. Die Butter in einem Topf erhitzen und den Spargel und die Schalotten darin kurz dünsten. Die Spargelbrühe dazugießen und das Ganze etwa 1/4 Stunde kochen lassen.
3. Dann das Reismehl mit der Sahne verrühren und unter Rühren in die Suppe geben. Nochmals 5 Minuten köcheln lassen und dann mit dem Pürierstab des Handrührgerätes oder im Mixer fein pürieren.
4. Die Suppe mit etwas Muskat, Pfeffer, eventuell wenig Salz oder Zucker abschmecken und durch ein Sieb passieren. Die Spargelspitzen hinzugeben.
5. Die Pistazien fein hacken, mit der geschlagenen Sahne vorsichtig mischen und vor dem Servieren als Klecks auf die Suppe geben.

(Foto rechts)

Tip

Frischen Spargel erkennen Sie daran, daß die Schnittstellen noch feucht sind.

Klare Geflügelsuppe

Für 4 Personen

Für die Brühe

1/2 Zwiebel
2 Tomaten
150 g Suppengemüse
200 g Geflügelfleisch
2 Eiweiß
1 1/2 l Geflügelbrühe
4 cl Noilly Prat (Wermutwein)

Für die Einlage

100 g Geflügelfleisch
100 g Blattspinat
2 Eier
2 Eigelb
3 EL Sahne
Salz
geriebene Muskatnuß
Pfeffer aus der Mühle
Butter für die Form

Zubereitungszeit: ca. 1 1/2 Stunden

1. Für die Brühe die Zwiebel schälen, die Tomaten waschen und das Suppengemüse putzen und kleinschneiden. Das Gemüse mit dem Geflügelfleisch durch die mittelfeine Scheibe eines Fleischwolfs drehen.
2. Die Masse mit den Eiweißen mischen, mit der Geflügelbrühe in einem Topf unter ständigem Rühren aufkochen und etwa 1 Stunde köcheln lassen.
3. Inzwischen das Geflügelfleisch für die Einlage etwa 1/4 Stunde mit in die Brühe geben und anschließend wieder herausnehmen. Den Backofen auf 120 Grad vorheizen.
4. Den Spinat verlesen, waschen, kurz in kochendem Salzwasser blanchieren und fein pürieren. Mit den Eiern, den Eigelben und der Sahne mischen und mit Salz, Muskat und Pfeffer abschmecken.
5. Eine kleine Auflaufform ausfetten, die Spinatmasse hineingeben und im Wasserbad im Ofen etwa 1/2 Stunde garen. Danach auskühlen lassen und die gestockte Masse in Würfel schneiden.
6. Die Kraftbrühe durch ein Tuch passieren und mit Salz und Muskat abschmecken.
7. Das für die Einlage vorgesehene Geflügelfleisch in kleine Streifen schneiden und mit dem Spinatstich in die Geflügelkraftbrühe geben. Die Suppe mit dem Noilly Prat verfeinern.

(Foto oben)

Klare Linsensuppe

Für 4 Personen

200 g getrocknete Linsen
1 1/2 l Fleischbrühe
200 g Rinderbeinfleisch
180 g Suppengemüse (Möhren, Lauch, Sellerie)
3 Eiweiß
1/2 Zwiebel
2 Estragonzweige
120 g Gemüsewürfel (Möhren, Lauch, Sellerie)
Salz
geriebene Muskatnuß

Quellzeit: ca. 12 Stunden
Zubereitungszeit: ca. 2 Stunden

1. Die Linsen über Nacht in kaltem Wasser quellen lassen. Am nächsten Tag die Linsen abgießen und abspülen, mit der Fleischbrühe in einen Topf geben und etwa 1 Stunde kochen lassen.
2. Das Suppengemüse putzen, kleinschneiden und mit dem Beinfleisch durch die mittelfeine Scheibe des Fleischwolfs drehen. Dann die Eiweiße dazugeben, das Ganze mit 1/4 Liter kaltem Wasser verrühren und kalt stellen.
3. Die Hälfte der Linsen für die Einlage aus der Fleischbrühe nehmen und beiseite stellen. Die Fleischmischung unter ständigem Rühren in die Linsenbrühe geben.
4. Die Zwiebel schälen, würfeln, kurz in einer trockenen Pfanne rösten und mit dem Estragon in die Brühe geben. Die Linsensuppe unter vorsichtigem Rühren aufkochen und etwa 1 Stunde ziehen lassen.
5. Die Gemüsewürfel in kochendem Salzwasser blanchieren. Die Linsenbrühe durch ein Tuch passieren und anschließend die Gemüsewürfel und die Linsen als Einlage hinzufügen. Die Suppe mit Salz und Muskat abschmecken.

(Foto rechts)

Tomatensuppe mit Grießnockerln

Für 4 Personen

Für die Suppe

600 g Tomaten
1 große Zwiebel
2 EL Butter
2 EL Tomatenmark
1 EL Vollkornmehl
1/2 l Gemüsebrühe
125 g Crème fraîche
Salz
frischgemahlener Pfeffer
1 Bund Pfefferminze

Für die Grießnockerln

60 g Butter
1 Ei
120 g Grieß
Salz
frischgemahlener weißer Pfeffer
Öl

Außerdem

3 EL geschnittener Schnittlauch

Zubereitungszeit: ca. 1 Stunde
Ruhezeit: ca. 1/2 Stunde

1. Für die Suppe die Tomaten über Kreuz einritzen, kurz in kochendes Wasser legen, kalt abschrecken und enthäuten. Die Früchte entkernen und kleinschneiden.
2. Die Zwiebel schälen und fein hacken. Die Butter in einem Topf erhitzen und die Zwiebeln darin glasig dünsten.
3. Die Tomaten dazugeben, das Tomatenmark darunterziehen, alles mit dem Mehl bestäuben und unter ständigem Rühren die Gemüsebrühe hinzugießen.
4. Die Suppe bei mittlerer Hitze 10 bis 15 Minuten köcheln lassen, anschließend durch ein Sieb streichen.
5. Die Suppe in einem Topf nochmals erhitzen, dann mit der Crème fraîche verfeinern und mit Salz und Pfeffer würzen. Die Pfefferminze waschen, trockentupfen, fein hakken und dazugeben.
6. Für die Nockerln die Butter schaumig rühren und das Ei und den Grieß darunterziehen (siehe erstes kleines Foto unten).
7. Die Masse mit Salz und Pfeffer abschmecken und zugedeckt etwa 10 Minuten ziehen lassen.
8. Anschließend mit einem Teelöffel aus der Masse gleichmäßige Nokkerln formen (siehe zweites kleines Foto unten) und diese auf einem geölten Teller im Kühlschrank nochmals 20 Minuten ruhen lassen.
9. Erst dann die Nockerln in leicht kochendem Salzwasser 10 Minuten vorsichtig garziehen lassen.
10. Die Tomatensuppe in vier Tellern anrichten. Die Nockerln aus dem Salzwasser nehmen, gut abtropfen lassen, in die Suppe geben und diese sofort mit dem gehackten Schnittlauch servieren.
(Foto rechts)

Zucchinisuppe

Für 4 Personen

400 g Zucchini
1 Zwiebel
3 Knoblauchzehen
2 EL Olivenöl
3/4 l kräftige Fleischbrühe
125 ml trockener Weißwein
Salz
2 EL Butter
1 TL gehackte Petersilie
1 EL gehobelte Haselnüsse
125 g Sahne
4 Scheiben Stangenweißbrot
weißer Pfeffer aus der Mühle
1 Prise geriebene Muskatnuß

Zubereitungszeit: ca. 25 Minuten

1. Die Zucchini putzen, waschen und grob raffeln.
2. Die Zwiebel und die Knoblauchzehen schälen und fein würfeln.
3. Das Öl in einem Topf erhitzen und die Zwiebel- und ein Drittel der Knoblauchwürfel darin glasig dünsten. Die Zucchiniraspel hinzufügen, kurz andünsten und die Fleischbrühe und den Wein dazugießen. Alles zugedeckt etwa 10 Minuten köcheln lassen. Den Grill vorheizen.
4. Den restlichen Knoblauch im Mörser mit etwas Salz zu einem Brei zerdrücken und diesen mit der Butter verkneten. Die Petersilie ebenfalls darunterkneten.
5. Die Haselnüsse in einer Pfanne ohne Fettzugabe leicht rösten. Die Sahne sehr steif schlagen.
6. Die Suppe mit dem Pürierstab des Handrührgerätes oder im Mixer fein pürieren und erhitzen.
7. Die Weißbrotscheiben entrinden, mit der Knoblauch-Kräuter-Butter bestreichen und für 3 Minuten unter den vorgeheizten Grill schieben, bis die Butter zerläuft.
8. Die Schlagsahne unter die Suppe ziehen und diese mit Salz, Pfeffer und Muskat abschmecken.
9. Die Suppe in Suppentassen füllen, mit je einem Knoblauchcroûton belegen und mit den Nüssen bestreuen.

Pot au feu von Meeresfrüchten

Für 4 Personen

8 Jakobsmuscheln
20 Miesmuscheln
20 Venusmuscheln
800 ml Fischfond
4 Gambas
500 g frische Crevetten
oder 200 g gekochte und ausgelöste Crevetten
200 g gemischtes Gemüse (Sellerie, Möhren und Lauch)
6 EL Olivenöl
Salz, weißer Pfeffer
4 cl Noilly Prat (Wermutwein)
einige Safranfäden

Zubereitungszeit: ca. 35 Minuten

1. Die frischen Jakobsmuscheln öffnen, putzen und den Rogen abtrennen. Das weiße Muskelfleisch in Scheiben schneiden.
2. Die Mies- und die Venusmuscheln sortieren, d. h. schon geöffnete Muscheln wegwerfen. Die restlichen im kochenden Fischfond garen. Nicht geöffnete Muscheln wegwerfen. Aus den restlichen Muscheln das Fleisch herauslösen. Die Gambashüllen aufbrechen, dann das Fleisch herauslösen, halbieren und die Därme entfernen. Die frischen Crevetten ebenfalls aufbrechen und das Fleisch herauslösen.
3. Das Gemüse putzen, waschen und in Streifen schneiden. Das Olivenöl in einem Topf erhitzen und das Gemüse darin andünsten. Das Ganze leicht salzen und pfeffern und die Safranfäden hinzugeben.
4. Das Gemüse mit dem Wermut ablöschen und diesen fast ganz einkochen lassen, dann den Fischfond hinzugießen und alles etwa 2 Minuten kochen lassen.
5. Das Jakobsmuschelfleisch und die Garnelen dazugeben und 2 Minuten im Sud ziehen lassen. Dann die Muscheln und die Krevetten hinzugeben und in der Brühe erwärmen.

(Foto oben)

Gemüserahmsuppe mit Miesmuscheln

Für 4 Personen

1 kg Miesmuscheln
½ l Fischfond
2 Möhren
1 kleine Sellerieknolle
2 Schalotten
1 Stange Lauch
2 EL Butter
1 Knoblauchzehe
800 ml Fleischbrühe
Salz
weißer Pfeffer
2 gekochte Kartoffeln
200 g Sahne

Zubereitungszeit: ca. 25 Minuten

1. Die Muscheln waschen, putzen und bereits geöffnete wegwerfen. Anschließend die Muscheln in dem Fischfond etwa 5 Minuten dämpfen und das Fleisch aus den Schalen lösen. Nicht geöffnete Muscheln nicht weiterverwenden.

2. Die Möhren, den Sellerie und die Schalotten schälen und waschen. Das Gemüse in feine Streifen, die Schalotten in Würfel schneiden. Den Lauch putzen, waschen und ebenfalls in feine Streifen schneiden.
3. Die Butter in einem Topf erhitzen und das Gemüse sowie die Schalotten darin andünsten.
4. Die Knoblauchzehe schälen, zerdrücken und dazugeben. Alles weiterdünsten, mit der Fleischbrühe auffüllen, salzen, pfeffern und etwa 5 Minuten durchkochen lassen.
5. Die gekochten Kartoffeln schälen, mit der Sahne im Mixer pürieren und in die Brühe geben, um eine leichte Bindung zu erzielen.
6. Das Muschelfleisch in der Suppe erwärmen, die Suppe aber nicht mehr kochen lassen, da die Muscheln sonst zäh werden.
7. Die Suppe nochmals abschmecken und in vier vorgewärmten Suppentassen servieren.
(Foto rechts: unten)

Curryrahmsuppe von Bouchotmuscheln

Für 4 Personen

1 1/2 kg Bouchotmuscheln
(Miesmuscheln)
100 g Zwiebeln
200 g Suppengemüse
3 EL Olivenöl
1 Lorbeerblatt
1/4 l trockener Weißwein
Salz
weißer Pfeffer
2 Stangen Lauch
2 EL Butter
Currypulver
1/2 l Fischfond
300 g Sahne
2 Eigelb
etwas Zitronensaft

Zubereitungszeit: ca. 1 Stunde

1. Die Muscheln waschen, putzen und bereits geöffnete wegwerfen.
2. Die Zwiebeln schälen und in Scheiben schneiden. Das Suppengemüse putzen, waschen und in feine Streifen schneiden.
3. Das Öl in einem großen Topf erhitzen, das Gemüse und die Zwiebeln darin andünsten, das Lorbeerblatt, den Wein und 125 Milliliter Wasser hinzugeben.
4. Die Flüssigkeit kurz aufkochen, würzen und etwa 5 Minuten durchkochen lassen.
5. Die Muscheln hinzugeben, alles zum Kochen bringen und etwa 10 Minuten garen, bis sich die Muscheln öffnen.
6. Die Muscheln herausnehmen, solche, die sich nicht geöffnet haben, wegwerfen, von den restlichen das Fleisch aus den Schalen lösen.
7. Den Muschelfond ruhen lassen, dann durch ein Tuch passieren; so setzt sich eventuell vorhandener Sand im Sud ab.
8. Den Lauch putzen, waschen und in Streifen schneiden. Die Butter in einem Topf erhitzen und den Lauch darin andünsten. Einen knappen Teelöffel Curry dazugeben, kurz mitdünsten und das Ganze mit 200 Milliliter Muschelfond und dem Fischfond ablöschen. Die Flüssigkeit etwas einkochen lassen.
9. Zwei Drittel der Sahne dazugeben, alles aufkochen lassen, das Muschelfleisch in die Suppe geben und darin erwärmen.
10. Die restliche Sahne mit den Eigelben verquirlen und in die nicht mehr kochende Suppe rühren.
11. Die Suppe mit Salz und Zitronensaft abschmecken und dann servieren.
(Foto oben: oben)

Rahmsuppe von Meeresfrüchten unter der Haube

Für 4 Personen

500 g Miesmuscheln
500 ml Fischfond
4 große frische Champignons
2 Schalotten
1 TL Butter
400 g Sahne
etwas Zitronensaft
Salz
frischgemahlener Pfeffer
80 g ausgelöste und geputzte Jakobsmuscheln
80 g Tintenfisch
80 g ausgelöste Crevetten
400 g TK-Blätterteig
2 Eigelb

Zubereitungszeit: ca. 1 Stunde

1. Die Miesmuscheln waschen, putzen und bereits geöffnete wegwerfen. Anschließend die Muscheln mit der Schale in dem Fischfond etwa 5 Minuten dämpfen und das Fleisch herauslösen. Nicht geöffnete Muscheln wegwerfen. Den Sud beiseite stellen.
2. Die Champignons putzen, mit einem feuchten Tuch abreiben und in dünne Scheiben schneiden.
3. Die Schalotten schälen und fein hacken. Die Butter in einem Topf erhitzen und die Schalotten darin andünsten, bis sie Flüssigkeit abgeben.
4. Die Sahne und den Fischfond dazugeben, alles kurz aufkochen, mit Zitronensaft, Salz und Pfeffer abschmecken und abkühlen lassen. Den Backofen auf 200 Grad vorheizen.
5. Das Jakobsmuschelfleisch in Scheiben schneiden; den Tintenfisch putzen und in feine Ringe schneiden. Die Jakobsmuscheln, den Tintenfisch, die Miesmuscheln und die ausgelösten Crevetten in vier feuerfeste Suppentassen verteilen und die abgekühlte Fischsuppe bis 2 Zentimeter unter den Suppentassenrand angießen.
6. Den Blätterteig nach Packungsanweisung auftauen lassen und etwa 4 Millimeter dick ausrollen. Eine leere Suppentasse auf den Teig setzen und diesen 2 Zentimeter vom Rand entfernt ausschneiden.
7. Noch drei weitere Blätterteigkreise ausschneiden. Die Eigelbe mit 2 Eßlöffeln Wasser verquirlen, den Teig und die Tassenränder gleichmäßig damit bestreichen, die Teigdeckel über die gefüllten Suppentassen legen und die Ränder kräftig andrücken.
8. Den Teig nochmals mit etwas Eigelb bepinseln, und die Suppe mit der Haube im Ofen 15 bis 20 Minuten goldbraun backen. Dann sofort servieren.

(Foto rechts: oben)

Tip

Den Fischfond müssen Sie für dieses Rezept nicht extra zubereiten. Im Handel kann man auch fertigen bekommen. Wenn Sie ihn selbst machen möchten, stellen Sie gleich eine größere Menge her, und frieren Sie den Rest portionsweise ein.

Selleriecremesuppe mit Austern

Für 4 Personen

1 kleine Sellerieknolle
2 kleine Äpfel
2 Schalotten
2 EL Butter
Salz
weißer Pfeffer
etwas trockener Weißwein
400 ml heller Kalbsfond oder Geflügelbrühe
400 g Sahne
16 frische Austern
etwas Zitronensaft
einige Dillzweige zum Garnieren

Zubereitungszeit: ca. 3/4 Stunden

1. Den Sellerie, die Äpfel und die Schalotten schälen. Die Äpfel vierteln, entkernen und zusammen mit dem Sellerie und den Schalotten kleinschneiden.
2. Die Butter in einem Topf erhitzen, die Obst- und die Gemüsestükke darin andünsten, salzen, leicht pfeffern und mit einem Schuß trokkenem Weißwein ablöschen.
3. Den Kalbsfond oder die Geflügelbrühe und die Sahne hinzugeben und die Suppe etwa 1/4 Stunde köcheln lassen.
4. Inzwischen die Austern waschen und vorsichtig öffnen. Das Austernwasser in einer kleinen Kasserolle bei mittlerer Hitze erwärmen, die Austern hinzugeben und etwa 5 Minuten darin ziehen lassen. Anschließend in vier vorgewärmte Suppentassen verteilen.
5. Das Austernwasser durch ein Tuch gießen und zur Suppe geben. Die Suppe im Mixer pürieren, durch ein Spitzsieb passieren und mit Zitronensaft, Salz und Pfeffer abschmecken.
6. Die Suppe über die Austern gießen und mit den Dillzweigen garnieren.

(Foto rechts: unten)

Eierflaumsüppchen

Für 4 Personen

1 Zwiebel
2 EL Sesamöl
1 Möhre
1 kleine Stange Lauch
100 g eingeweichte chinesische Morcheln
3/4 l Gemüsebrühe
2 EL Sojasauce
1 Prise Ingwerpulver
Salz
frischgemahlener Pfeffer
1 Prise Zucker
4 cl Sherry
4 Eiweiß
4 Eigelb
3 EL gehackter Schnittlauch

Zubereitungszeit: ca. 35 Minuten

1. Die Zwiebel schälen und in Scheiben schneiden. Das Öl in einem Topf erhitzen und die Zwiebel darin glasig dünsten.
2. Die Möhre schälen, den Lauch putzen, waschen und beides in Scheiben schneiden. Die chinesischen Morcheln leicht ausdrücken und in dünne Streifen schneiden.
3. Das Gemüse und die Pilze zu den Zwiebelwürfeln geben und kurz mitdünsten.
4. Die Gemüsebrühe dazugießen, die Suppe mit der Sojasauce, dem Ingwer, Salz und Pfeffer und dem Zucker abschmecken und zugedeckt etwa 5 Minuten köcheln lassen.
5. Die Suppe mit dem Sherry abschmecken. Die Eiweiße verquirlen und durch ein Sieb in die kochende Suppe geben. Diese weitere 5 Minuten köcheln lassen.
6. Die Suppe auf vier Teller verteilen, mit je einem rohen Eigelb garnieren und mit dem Schnittlauch bestreut servieren.

Saucen

So lautet das Zauberwort in jeder Küche, denn Saucen vollenden den Geschmack und runden die Gerichte vollends ab. Mit ausgewählten Zutaten, etwas Kreativität und Fingerspitzengefühl lassen sich leicht die raffiniertesten Kreationen zaubern.

Béchamelsauce

Für 6 Personen

2 Schalotten
40 g Butter
50 g Mehl
1/4 l Kalbsfond
1/2 l Vollmilch
250 g Sahne
4 EL trockener Weißwein
1 Lorbeerblatt
1 Msp. weißer Pfeffer
1 Msp. geriebene Muskatnuß

Zubereitungszeit: ca. 1 1/4 Stunden

1. Die Schalotten schälen und fein hacken. Die Butter in einem Topf erhitzen und die Schalotten darin glasig dünsten.
2. Das Mehl dazugeben und unter ständigem Rühren anschwitzen lassen, aber nicht bräunen.
3. Den Kalbsfond mit der Milch verrühren und die Flüssigkeit unter ständigem Rühren langsam in den Topf gießen. Es dürfen sich keine Klümpchen bilden.
4. Die Sauce bei schwacher Hitze etwa 1/2 Stunde einkochen lassen, dann die Sahne, den Weißwein und das Lorbeerblatt dazugeben.
5. Die Sauce noch 1/4 Stunde köcheln lassen, dann durch ein Sieb passieren und mit Pfeffer und Muskat abschmecken.

(Foto rechts: oben)

Holländische Sauce

Für 4–6 Personen

4 Eigelb
1 TL Weinessig
3 EL Wasser
150 g Butter
1/2 TL Salz
1 Msp. Zucker
1 Msp. weißer Pfeffer
Saft von 1/2 Zitrone

Zubereitungszeit: ca. 40 Minuten

1. Die Eigelbe mit dem Essig und dem Wasser in einer kleinen Schüssel schaumig schlagen.
2. Anschließend die Sauce im heißen Wasserbad mit einem Schneebesen behutsam rühren, bis sie gebunden ist.
3. Die Butter bei milder Hitze schmelzen lassen und lauwarm löffelweise in die Sauce geben. Alles gut verrühren.
4. Die Sauce mit den Gewürzen und dem Zitronensaft würzig abschmecken.

(Foto rechts: unten)

Tip

Besonders gut wird die Holländische Sauce, wenn Sie vor dem Servieren noch ein wenig steifgeschlagene Sahne und einen Schuß Sojasauce darunterrühren. Die Sauce paßt gut zu Gemüse und zu hellem Fleisch.

Mexikanische Sauce

Für 4 Personen

3 kleine Pfefferschoten
je 1 rote und grüne Paprikaschote
1 Bund Schnittlauch
1 Bund Petersilie
1 Thymianzweig
2 große Zwiebeln
4 EL Butter
250 g Sahne
1 EL Zitronensaft
3 EL Tomatenmark
1 TL Tabasco
1 TL Worcestersauce
Salz, Cayennepfeffer

Zubereitungszeit: ca. 1/2 Stunde

1. Die Pfefferschoten putzen, waschen, halbieren und entkernen. Die Paprikaschoten ebenfalls putzen, waschen, halbieren, die Kerne und die Häute entfernen und das Fruchtfleisch in Würfel schneiden.
2. Die Pfeffer- und die Paprikaschoten mit den Kräutern im Mixer pürieren. Die Zwiebeln schälen und in kleine Würfel schneiden.
3. Die Butter in einem Topf erhitzen und die Zwiebeln darin glasig dünsten. Das Gemüsepüree dazugeben und kurz aufkochen lassen.
4. Die Sahne mit dem Zitronensaft und dem Tomatenmark gut verrühren, mit dem Tabasco und der Worcestersauce abschmecken, salzen und nach Geschmack mit Cayennepfeffer würzen.
5. Die Sahnemischung zu dem Gemüsepüree geben und alles etwa 3 Minuten köcheln lassen.

(Foto Seite 75: unten)

Buttersauce

Für 4–6 Personen

6 EL Weißwein
1 kleiner Estragonzweig
3 Eigelb
200 g Butter
Saft von 1/2 Zitrone
1 Msp. weißer Pfeffer
1/2 TL Salz
4 EL heißes Wasser

Zubereitungszeit: ca. 40 Minuten

1. Den Weißwein zusammen mit dem Estragonzweig bei mittlerer Hitze auf etwa 2 Eßlöffel Sud einkochen lassen. Den Estragonzweig herausnehmen und den Sud abkühlen lassen.
2. Sobald der Sud lauwarm ist, die Eigelbe hineinrühren und mit dem Schneebesen schaumig schlagen.
3. Die Sauce bei geringster Wärmezufuhr langsam erwärmen und die Butter flöckchenweise hineinrühren. Achten Sie darauf, daß die Sauce völlig glatt ist, bevor Sie die nächsten Butterflöckchen hinzufügen.
4. Die Sauce mit dem Zitronensaft, Pfeffer und dem Salz abschmecken und das heiße Wasser zur Stabilisierung darunterrühren.

(Foto rechts: Mitte)

Steinpilzsauce

Für 4 Personen

2 Zwiebeln
3 EL Butter
250 g frische Steinpilze
100 g Sahne
Salz
frischgemahlener weißer Pfeffer
geriebene Muskatnuß
1 Eigelb
100 g saure Sahne
2 EL feingehackter Dill

Zubereitungszeit: ca. 20 Minuten

1. Die Zwiebeln schälen und in kleine Würfel schneiden. Die Butter in einem Topf erhitzen und die Zwiebeln darin glasig dünsten.
2. Die Steinpilze putzen, mit einem feuchten Tuch abreiben und kleinschneiden.
3. Die Pilze zu den Zwiebelwürfeln geben, kurz mitschmoren und mit der Sahne ablöschen.
4. Die Sahne etwas einkochen lassen und die Sauce mit den Gewürzen abschmecken.
5. Das Eigelb verquirlen und unter die Sauce ziehen.
6. Den Topf von der Herdplatte nehmen, die saure Sahne in die Sauce einrühren und den gehackten Dill darunterrühren.

(Foto oben)

Sauce Hermitage

Für 4 Personen

1 Knoblauchzehe
2 Schalotten
1 große Zwiebel
3 EL Nußöl
3 EL Speckwürfel
1 EL Rindermark
1 Thymianzweig
1 Estragonzweig
1 Lorbeerblatt
Salz
1/2 TL frischer, grüner Pfeffer
700 ml kräftiger Rotwein
3 EL geschlagene Sahne

Zubereitungszeit: ca. 1 Stunde

1. Die Knoblauchzehe, die Schalotten und die Zwiebel schälen und grob hacken.
2. Das Öl in einem Topf erhitzen und alles mit den Speckwürfeln und dem Rindermark darin glasig dünsten.
3. Die Hitze herunterschalten und die Gewürze hinzufügen.
4. Den Rotwein dazugießen und die Sauce bei gleichbleibender Hitze etwa eine 3/4 Stunde auf die Hälfte einkochen lassen. Dabei ab und zu umrühren.
5. Die Sauce durch ein Haarsieb passieren und vor dem Servieren die geschlagene Sahne darunterrühren.

(Foto rechts: Mitte)

Bologneser Sauce

Für 4 Personen

4 Tomaten
1/2 Dose geschälte Tomaten (350 g)
1 große Zwiebel
1 Möhre
1/4 Sellerieknolle
3 EL Tomatenmark
etwas feingehacktes Selleriegrün
2 Lorbeerblätter
8 Nelken
je 1 Zweig Thymian und Estragon
1 Knoblauchzehe
600 g gemischtes Rind- und Kalbfleisch oder Rinderhackfleisch
100 g Speck
1 TL Zucker

Zubereitungszeit: ca. 4 Stunden

1. Die Tomaten über Kreuz einritzen, kurz in kochendes Wasser legen, kalt abschrecken und enthäuten. Die geschälten Tomaten abtropfen lassen. Das Fruchtfleisch von den Kernen befreien und in grobe Würfel schneiden.
2. Die Zwiebel schälen und fein hacken. Die Möhre und den Sellerie schälen, beides waschen und fein hacken.
3. Die Tomatenwürfel mit dem Gemüse, dem Tomatenmark, dem Selleriegrün und den Kräutern in einen Topf geben.
4. Die Knoblauchzehe schälen, zerdrücken, dazugeben und alles unter ständigem Rühren 1/4 Stunde einkochen lassen.
5. Das Fleisch durch die mittlere Scheibe des Fleischwolfs drehen (oder Hackfleisch nehmen). Den Speck in kleine Würfel schneiden.
6. Den Speck in einer Pfanne auslassen und das Hackfleisch darin mit anbraten.
7. Das Fleisch zu den Tomaten geben und alles etwa 3 Stunden köcheln lassen.
8. Die Sauce mit dem Zucker abschmecken und das Lorbeerblatt und die Nelken entfernen.

(Foto rechts: oben)

Lavendelblütensauce

Für 4 Personen

- 1 Knoblauchzehe
- 1 Schalotte
- 3 EL Butter
- Saft von 1/2 Zitrone
- 4 EL trockener Weißwein
- 1 EL getrocknete rosa Lavendelblüten
- 1 Msp. Salz
- 1 Msp. Zucker
- etwas Pfeffer
- 125 g Sahne

Zubereitungszeit: ca. 20 Minuten

1. Die Knoblauchzehe und die Schalotte schälen und beides fein hacken.
2. Die Butter in einem Topf erhitzen und beides darin glasig dünsten. Anschließend mit dem Zitronensaft beträufeln und mit dem Weißwein ablöschen.
3. Die Lavendelblüten hineingeben, alles umrühren, die Sauce erhitzen und mit den Gewürzen abschmecken.
4. Die Sahne in die Sauce einrühren und kurz aufkochen lassen.

(Foto rechts: Mitte)

Tip

Servieren Sie die Sauce zu gedünstetem Fisch.

Sardellensauce

Für 4 Personen

- 8 Knoblauchzehen
- 80 ml Olivenöl
- 5 Sardellenfilets
- 80 g saure Sahne
- 2 EL feingehackter Dill
- Salz, weißer Pfeffer

Zubereitungszeit: ca. 20 Minuten

1. Die Knoblauchzehen schälen und zerdrücken. Die Sardellenfilets in winzige Würfel schneiden.
2. Das Öl in einem Topf erhitzen und den Knoblauch darin dünsten, die Sardellenfilets dazugeben. Abkühlen lassen.
3. Die saure Sahne mit dem Dill, der kalten Sardellen-Knoblauch-Masse, Salz und Pfeffer verrühren.

(Foto Seite 70/71: Mitte)

Saloniki-Sauce

Für 4 Personen

- 8 Knoblauchzehen
- Salz
- 150 g Tomatenmark
- 1 EL Aceto balsamico (Weinessig)
- 2 EL Saft von getrockneten Pflaumen
- 1 EL scharfer Senf
- 80 ml Fleischbrühe
- Pfeffer

Zubereitungszeit: ca. 20 Minuten

1. Die Knoblauchzehen schälen, zerdrücken und mit den übrigen Zutaten gut verrühren.
2. Die Mischung in eine Pfanne geben und etwa 10 Minuten unter ständigem Rühren einkochen lassen.

(Foto Seite 70/71: links)

Pistaziensauce

Für 6 Personen

- 2 Tomaten
- 2 große Zwiebeln
- 100 g Butter
- 1 Thymianzweig
- 3/4 l Geflügelfond
- 250 g saure Sahne
- 1 Msp. Salz
- geriebene Muskatnuß
- 100 g gehackte Pistazien
- 3 Eigelb

Zubereitungszeit: ca. 1/2 Stunde

1. Die Tomaten waschen, kurz in kochendes Wasser legen, kalt abschrecken und enthäuten. Die Kerne entfernen und das Fruchtfleisch würfeln. Die Zwiebeln schälen und ebenfalls würfeln.
2. Die Butter in einem Topf erhitzen und beides darin andünsten.
3. Den Thymianzweig dazugeben, mit dem Geflügelfond ablöschen und die Sauce einige Minuten kochen lassen.
4. Die Sauce mit der Hälfte der sauren Sahne verrühren und mit den Gewürzen abschmecken. Die Pistazien hineinrühren.
5. Die restliche Sahne mit den Eigelben schaumig schlagen und unter die Sauce ziehen, die Sauce darf aber nicht mehr kochen.

(Foto rechts: oben)

Tip

Servieren Sie die Sauce zu Kalbfleisch oder zu Geflügel.

Hagebuttensauce

Für 6 Personen

- 1 EL Rosinen
- 6 Wacholderbeeren
- 1 EL Rum
- 250 g Hagebuttenmark
- 125 ml Portwein
- 6 EL Sahne
- 1 EL frischgepreßter Orangensaft
- Salz
- Pfeffer

Zubereitungszeit: ca. 25 Minuten

1. Die Rosinen und die Wacholderbeeren mit dem Rum bedecken und darin 1/4 Stunde marinieren.
2. In der Zwischenzeit das Hagebuttenmark mit dem Portwein verrühren und zusammen mit der Sahne kurz aufkochen lassen.
3. Den Orangensaft dazugießen und das Ganze mit den Gewürzen abschmecken.
4. Die Rummarinade hineinrühren und die Sauce nochmals kurz aufkochen lassen.

(Foto rechts: unten)

Knoblauch-Tomaten-Sauce

Für 4 Personen

- 10 Knoblauchzehen
- Salz
- 500 g Tomaten
- 2 Stangen Staudensellerie
- 5 EL Olivenöl
- 2 EL gehackte Petersilie
- 5 EL Tomatenmark
- 1/2 l Fleischbrühe
- 2 EL feingeschnittene Basilikumblätter
- weißer Pfeffer

Zubereitungszeit: ca. 40 Minuten

1. Die Knoblauchzehen schälen und mit etwas Salz und Olivenöl zerstoßen, so daß daraus eine breiige Masse entsteht.
2. Die Tomaten über Kreuz einritzen, kurz in kochendes Wasser legen, kalt abschrecken und enthäuten. Die Kerne entfernen und das Fruchtfleisch in Würfel schneiden.
3. Den Staudensellerie putzen, waschen und in feine Streifen schneiden.
4. Das Öl in einer Pfanne erhitzen und die Knoblauchmasse darin kurz anschmoren.
5. Die Tomaten dazugeben und alles kräftig rühren. Nun die Selleriescheiben und die gehackte Petersilie dazugeben.
6. Das Tomatenmark mit der Fleischbrühe verrühren, in die Pfanne geben und alles gut schmoren und eindampfen lassen. Zum Schluß die gehackten Basilikumblätter hinzugeben und die Sauce mit Pfeffer und Salz würzen.

(Foto Seite 70/71: rechts)

Tip

Diese Sauce paßt zu Lamm- und Rindfleisch ebenso gut wie zu Nudelgerichten.

Griechische Knoblauchsauce

Für 4–6 Personen

- 500 g gekochte Kartoffeln
- 80 ml Olivenöl
- 3 Eigelb
- 200 g Sahne
- 10 Knoblauchzehen
- etwas Weißweinessig
- Salz
- Pfeffer

Zubereitungszeit: ca. 40 Minuten

1. Die Kartoffeln pellen, würfeln und mit dem Öl, den Eigelben und der Sahne mit dem Mixer oder dem Pürierstab des Handrührgerätes zu einem Püree verarbeiten.
2. Die Knoblauchzehen schälen, zerdrücken und mit dem Püree gut verrühren.
3. Die Sauce mit Essig, Salz und Pfeffer abschmecken.

(Foto rechts: unten)

Tip

Diese Sauce paßt gut zu Salaten und Gemüsen, zu Fisch und eignet sich auch als Brotaufstrich.

Pflaumensauce aus Arabien

Für 4 Personen

- 250 g getrocknete Pflaumen
- 3 Knoblauchzehen
- 1/2 TL Zimt
- Salz
- weißer Pfeffer
- 2 EL feingehackte Petersilie
- 1 EL feingehackte Pfefferminze

Quellzeit: ca. 12 Stunden
Zubereitungszeit: ca. 20 Minuten

1. Die Trockenpflaumen ungefähr 12 Stunden in kaltem Wasser quellen lassen und dann im selben Wasser weich kochen.
2. Anschließend die Pflaumen durch ein Sieb streichen.
3. Die Knoblauchzehen schälen, zerdrücken und mit dem Zimt zu dem Pflaumenmus geben. Die Sauce mit Salz und Pfeffer pikant abschmecken.
4. Die Sauce abkühlen lassen und erst dann die feingehackten Kräuter daruntermischen.

(Foto rechts: oben)

Tip

Diese Sauce paßt zu allen Lamm- und Hammelgerichten.

Aioli

Für 4 Personen

- 6 Knoblauchzehen
- 2 Eigelb
- 1 TL scharfer Senf
- 80 ml Olivenöl
- 2 EL Zitronensaft
- Salz

Zubereitungszeit: ca. 1/2 Stunde

1. Die Knoblauchzehen schälen, zerdrücken und mit den Eigelben und dem Senf in einer Schüssel gut verrühren.
2. Dann das Öl langsam dazugeben und die Sauce kräftig rühren. Mit dem Zitronensaft und etwas Salz abschmecken.

(Foto rechts: Mitte)

Tip

Diese Knoblauchsauce aus Südfrankreich paßt zu allem, von der Fischsuppe bis zur Pellkartoffel. Achten Sie jedoch genau wie bei der Mayonnaise darauf, daß alle Zutaten Zimmertemperatur haben.

Pfirsichsauce

Für 4 Personen

150 g eingelegte unreife Walnüsse
1 EL Zitronensaft
2 EL Grand Marnier
8 vollreife, saftige Pfirsiche
6 EL Puderzucker
2 EL Zucker

Zubereitungszeit: ca. 20 Minuten

1. Die Walnüsse mit dem Zitronensaft und dem Grand Marnier beträufeln und etwa 10 Minuten ziehen lassen.
2. In der Zwischenzeit die Pfirsiche enthäuten, entkernen und im Mixer pürieren.
3. Die Walnüsse hinzufügen und alles im Mixer nochmals pürieren.
4. Die Sauce mit dem Zucker abschmecken.

Tip

Servieren Sie die Sauce zu frischen Früchten.

Feigensauce

Für 4 Personen

3–4 frische Feigen
2 EL Cashewnüsse
2 EL Sultaninen
6 EL Sesamöl
1 Spritzer Tabasco
1 EL trockener Wermut

Zubereitungszeit: ca. 1/4 Stunde

1. Die Feigen schälen und in feine Würfel schneiden. Die Nüsse und die Sultaninen fein hacken.
2. Die Feigen, die Nüsse und die Sultaninen mit dem Öl gut verrühren und die Sauce mit dem Tabasco und dem Wermut abschmecken.

Erdbeersauce

Für 4 Personen

6 EL Puderzucker
125 ml Wasser
100 ml Kaffee
350 g frische Erdbeeren
1 EL Eierlikör
1 TL Zitronensaft
1 EL Himbeergeist

Zubereitungszeit: ca. 1/2 Stunde

1. Den Zucker mit dem Wasser und dem Kaffee auf kleiner Flamme erwärmen und schmelzen lassen.
2. Die Erdbeeren putzen, waschen und mit einer Gabel zerdrücken.
3. Die Erdbeeren in die Flüssigkeit geben und alles etwa 3 Minuten köcheln lassen.
4. Die Sauce in eine Schüssel umfüllen und erkalten lassen. Die restlichen Zutaten gut darunterrühren und die Sauce bis zum Servieren in den Kühlschrank stellen.

Schokoladensauce

Für 6 Personen

125 ml Läuterzucker (Zuckersirup)
6 EL Kakao
1/4 l Milch
120 g Blockschokolade
4 cl Kaffeelikör
40 g Butter

Zubereitungszeit: ca. 25 Minuten

1. Den Läuterzucker mit dem Kakao und der Milch aufkochen.
2. Die Blockschokolade zerkleinern, dazugeben und alles unter ständigem Rühren nochmals kurz aufkochen lassen.
3. Den Kaffeelikör dazugeben und die Sauce vom Herd nehmen. Ist die Sauce sehr dickflüssig, noch etwas Milch darunterrühren. Dann die Butter hineinrühren. Die Sauce nicht mehr kochen lassen und kalt stellen.
(Foto links oben)

Vanillesauce

Für 6 Personen

1 Vanillestange
100 ml Milch
100 g Sahne
4 Eigelb
60 g Zucker
2 EL geschlagene Sahne

Zubereitungszeit: ca. 1/2 Stunde

1. Die Vanillestange der Länge nach durchschneiden und das Mark herausschaben.
2. Das schwarze Mark mit der Milch und der Sahne aufkochen lassen.
3. Die Eigelbe und den Zucker mit dem Schneebesen cremig rühren.
4. Die Vanillemilch abseihen, langsam zur Eigelbmasse gießen und so lange unter Rühren erhitzen, bis eine cremige Bindung entstanden ist. Flockt das Eigelb aus, den Topf in Eiswasser stellen und die Sauce mit dem Schneebesen sehr schnell durchschlagen.
5. Die Sauce kalt stellen und erst vor dem Servieren die geschlagene Sahne darunterziehen.
(Foto links unten)

Tip

Die Vanillesauce schmeckt gut zu roter Grütze und Pudding. Die warme Variante paßt prima zu süßen Aufläufen, Germknödeln und warmem Apfelstrudel.

Hauptgerichte mit Fleisch und Wild

Angefangen von knusprigen Braten und leckeren Schmorgerichten bis hin zu Kurzgebratenem und feinen Gerichten mit Wild zeigt sich hier das Fleisch stets von seiner besten Seite. Mit leckeren Beilagen und Saucen kombiniert, laden die Rezepte ein, nach Herzenslust zu schlemmen und zu genießen.

Saltimbocca

Für 4 Personen

8 kleine dünne Kalbsschnitzel à 80 g
8 dünne Scheiben Parmaschinken
8 große Salbeiblätter
Salz
Pfeffer aus der Mühle
1–2 EL Mehl
50 g Butter
125 ml Weißwein

Zubereitungszeit: ca. 20 Minuten

1. Die Kalbsschnitzel waschen, mit Küchenpapier trockentupfen und mit einem großen Messer flachstreichen. Mit je einer Scheibe Schinken belegen. Die Salbeiblätter waschen, trockentupfen und je ein Salbeiblatt auf ein Schnitzel legen.
2. Die Schnitzel zusammenklappen und mit Holzspießen zustekken. Salzen, pfeffern und im Mehl wenden.
3. Die Butter in einer großen Pfanne erhitzen und die Schnitzel darin auf jeder Seite 2 Minuten braten. Dann herausnehmen und warm stellen.
4. Den Bratensatz mit dem Weißwein ablöschen, die Sauce aufkochen lassen und mit Salz und Pfeffer abschmecken. Zu den Saltimbocca servieren.

(Foto Seite 82/83: unten)

Boeuf Stroganoff

Für 4 Personen

600 g Rinderfilet
2 Zwiebeln
250 g Champignons
2 EL Zitronensaft
2 Gewürzgurken
50 g Butterschmalz
Salz
schwarzer Pfeffer aus der Mühle
200 g Crème fraîche
1–2 TL scharfer Senf

Zubereitungszeit: ca. 1 Stunde

1. Das Fleisch kurz waschen, mit Küchenpapier trockentupfen und in dünne Streifen schneiden. Die Zwiebeln schälen und in dünne Ringe schneiden.
2. Die Champignons putzen, mit einem feuchten Tuch abreiben und in Scheiben schneiden. Mit dem Zitronensaft beträufeln. Die Gurken in feine Streifen schneiden.
3. Das Butterschmalz in einer Pfanne erhitzen. Das Fleisch darin portionsweise etwa 5 Minuten braten, anschließend herausnehmen, salzen und pfeffern.
4. Dann die Zwiebelringe im Bratfett andünsten. Die Pilze dazugeben und alles etwa 5 Minuten dünsten.
5. Die Crème fraîche und den Senf zur Zwiebel-Pilz-Mischung geben. Die Gurkenstifte und das Fleisch darunterheben. Alles erhitzen und mit Senf, Salz und Pfeffer abschmecken.

(Foto Seite 82/83: oben)

Sauerbraten auf Feinschmecker Art

Für 6 Personen

Für die Marinade
700 ml Rotwein
125 ml Rotweinessig
1 Zwiebel
1 Möhre
4 Pfefferkörner
1 Lorbeerblatt
1 Nelke

Für den Braten
1 kg Rindfleisch zum Braten
Salz
Pfeffer aus der Mühle
3 EL Butterschmalz
125 ml Rinderfond
100 g kalte Butter
2 EL Rosinen

Marinierzeit: 4 Tage
Zubereitungszeit: ca. 2 Stunden

1. Für die Marinade den Rotwein und den Rotweinessig in einen Topf geben.
2. Die Zwiebel und die Möhre schälen, kleinschneiden und mit den Pfefferkörnern, dem Lorbeerblatt und der Nelke in den Weinsud geben. Diesen aufkochen und die entstandene Marinade in einer Schüssel abkühlen lassen.
3. Das Fleisch kurz waschen, mit Küchenpapier trockentupfen und in die Marinade legen; es muß mit der Flüssigkeit bedeckt sein. Das Ganze dann an einem kühlen Ort etwa 4 Tage ziehen lassen.
4. Das Rindfleisch aus der Marinade nehmen, abtropfen lassen und mit Küchenkrepp trockentupfen. Die Marinade beiseite stellen. Den Backofen auf 200 Grad vorheizen.
5. Das Fleisch mit Salz und Pfeffer würzen und rundherum in einem Bräter im Butterschmalz anbraten.
6. Den Rinderfond und die Marinade angießen und den Braten etwa 1 1/4 Stunden im Backofen garen.
7. Anschließend den Sauerbraten aus dem Fond nehmen, auf ein Holzbrett legen, mit Alufolie abdekken und ruhen lassen.
8. Den Bratenfond bis auf knapp 1/4 Liter einkochen lassen und die kalte Butter in kleinen Portionen mit dem Pürierstab des Handrührgerätes einarbeiten.
9. Die Rosinen unter die Sauce rühren, anschließend nochmals abschmecken. Nun das Fleisch in Scheiben schneiden und mit der Sauce anrichten.

(Foto rechts)

Tip

Dazu paßt sehr gut Wirsinggemüse mit Kartoffelklößen.

Rinderschmorbraten auf italienische Art

Für 8 Personen

Für die Marinade

- 4 Zwiebeln
- 3 Knoblauchzehen
- 1 Möhre
- 1 Rosmarinzweig
- 4 Thymianzweige
- 1/2 TL schwarze Pfefferkörner
- gut 1/2 l kräftiger Rotwein
- 1 EL Sherry- oder sehr guter Rotweinessig

Für den Braten

- 1 1/2 kg Rinderschmorbraten aus der Keule
- Salz
- 50 g Butterschmalz
- 200 g kleine, dunkle Champignons
- 1/4 Bund Kerbel
- 150 g Kalbsbratwurstbrät
- 3 EL Butter
- 1 TL dunkler Saucenbinder
- 100 g Crème double
- schwarzer Pfeffer aus der Mühle
- 1 Prise Zucker

Marinierzeit: 2–3 Tage
Zubereitungszeit: ca. 1 1/2 Stunden

1. Den Braten mit einem Tuch abreiben und eventuelle Sehnen entfernen. Das Fleisch in ein Steingutgefäß legen.
2. Die Zwiebeln und die Knoblauchzehen schälen und längs vierteln. Die Möhre schälen und grob würfeln. Den Rosmarin und den Thymian abspülen. Alles zusammen mit den Pfefferkörnern über das Fleisch geben und soviel Wein dazugießen, bis das Fleisch gut bedeckt ist. Den Essig hinzufügen. Den Braten zugedeckt an einem kühlen Ort 2 bis 3 Tage durchziehen lassen. Dabei das Fleisch hin und wieder wenden, damit die Marinade gut einziehen kann.
3. Das Fleisch aus der Marinade nehmen, mit Küchenpapier gründlich trockentupfen, mit Salz einreiben und im heißen Butterschmalz in einem Bräter rundherum kräftig anbraten.
4. Die Marinade durchsieben. Das Gemüse gut abtropfen lassen, zum Fleisch geben und mitrösten. Die Marinade langsam seitlich angießen. Das Fleisch zugedeckt bei nicht zu starker Hitze 1 1/4 Stunden schmoren.
5. Die Champignons putzen und mit einem feuchten Tuch abreiben. Die Stielenden abschneiden. Die Champignons je nach Größe halbieren oder vierteln.
6. Den Kerbel waschen, trockentupfen, fein hacken und mit dem Kalbsbratwurstbrät verkneten. Mit angefeuchteten Händen aus der Masse haselnußgroße Klößchen formen und diese in der heißen Butter rundherum braun braten. Dann herausnehmen und beiseite stellen.
7. Die Champignons im restlichen Bratfett unter Rühren braten, bis sie eben beginnen, Saft abzugeben. Mit den Klößchen mischen und warm halten.
8. Das Fleisch aus dem Fond nehmen und mit Alufolie bedeckt warm stellen. Den Saucenbinder in den Fond einstreuen und diesen nochmals aufkochen lassen. Dann durch ein Sieb streichen, dabei das Gemüse kräftig ausdrücken. Die Sauce erneut aufkochen lassen und die Crème double nach und nach mit dem Schneebesen hineinrühren, dabei nicht mehr kochen. Mit Salz, Pfeffer und Zucker würzen.
9. Das Fleisch in Scheiben schneiden, auf einer vorgewärmten Servierplatte anrichten, die Klößchen-Champignon-Mischung danebengeben und das Fleisch mit etwas Sauce überziehen. Die restliche Sauce getrennt dazu reichen.

Tip

Große Schmorbraten oder Schmorgerichte mit langer Garzeit sind ideal, wenn Gäste kommen. Denn während das Fleisch gart, hat man genügend Zeit, den Tisch zu dekken oder eine kleine Vorspeise zu richten und sich selbst auf die Gäste einzustimmen. Bei Braten ist es übrigens immer zu empfehlen, große Stücke zu nehmen, auch wenn die Personenzahl kleiner sein sollte. Sie bleiben einfach saftiger. Und Reste lassen sich gut weiterverwenden, zum Beispiel grobgewürfelt als Ragout, zu dem man eventuelle Saucenreste nehmen kann oder eine andere Sauce auf der Basis einer dunklen Mehlschwitze mit Rinderfond und Wein zubereitet.

Rinderschmorbraten

Für 4 Personen

- 600 g Rindfleisch aus der Keule oder Schulter
- Salz
- Pfeffer aus der Mühle
- 3 EL Butterschmalz
- 1/2 l Rotwein
- 2 Zwiebeln
- 1 Knoblauchzehe
- 1 EL Tomatenmark
- 1 EL Butter
- 250 g Sahne

Zubereitungszeit: ca. 2 Stunden

1. Das Rindfleisch kurz waschen, mit Küchenpapier trockentupfen, mit Salz und Pfeffer würzen und rundherum in einem Bräter mit dem Butterschmalz anbraten. Mit dem Rotwein ablöschen.
2. Die Zwiebeln und die Knoblauchzehe schälen, fein hacken und mit dem Tomatenmark in der Butter andünsten.
3. Diese Mischung zum Braten geben und das Fleisch etwa 1 1/2 Stunden schmoren lassen.
4. Das Fleisch aus dem Bräter nehmen und mit Alufolie lose abgedeckt ruhen lassen.
5. Den Fleischfond durch ein Sieb streichen und mit der Sahne sämig einkochen lassen. Mit Salz und Pfeffer abschmecken.
6. Das Fleisch in Scheiben schneiden und mit der Sauce anrichten.

Burgunderschmorbraten

Für 4–6 Personen

Für den Braten

1 kg gespickter Rinderbraten
Salz, schwarzer Pfeffer
5 EL Olivenöl
500 g kleingehackte Kalbsknochen
1 Kalbs- oder Schweinsfuß
4 Zwiebeln
1 Möhre
50 g Lauch
50 g Staudensellerie
2 Knoblauchzehen
2 EL Tomatenmark
2 Thymianzweige
1 Rosmarinzweig
1/2 l Rotwein (Burgunder)
1/2 l Rinderfond

Für die Sauce

150 g Perlzwiebeln
150 g Möhren
150 g weiße Rüben (Navetten)
150 g Staudensellerie
4 EL Butter
geriebene Muskatnuß
2 EL gehackte Petersilie

Zubereitungszeit: ca. 2 3/4 Stunden

1. Den Rinderbraten kurz waschen, mit Küchenpapier trockentupfen und mit Salz und Pfeffer würzen. In einer Schmorpfanne in dem Olivenöl rundherum anbraten und herausnehmen.
2. Die Kalbsknochen und den Kalbs- oder den Schweinsfuß im Bratfett hellbraun rösten.
3. Die Zwiebeln, die Möhre, den Lauch und den Staudensellerie putzen, waschen und in Würfel schneiden. Zu den Knochen geben und ebenfalls braun rösten. Die Knoblauchzehen schälen, fein hakken, mit dem Tomatenmark, dem Thymian und dem Rosmarin zum Gemüse und zu den Knochen geben und kurz mitrösten. Den Backofen auf 180 Grad vorheizen.
4. Das Röstgemüse und die Knochen mit dem Rotwein ablöschen und den Wein leicht einkochen lassen. Den Fond angießen und alles aufkochen.
5. Den Braten in den Fond legen, die Schmorpfanne abdecken und das Fleisch im Ofen 2 Stunden schmoren lassen. Den Braten herausnehmen, aufschneiden und warm stellen.
6. Vom Kalbs- oder Schweinsfuß die Schwarte abziehen und in Streifen schneiden.
7. Die Perlzwiebeln, die Möhren und die Navetten schälen und zusammen mit dem gewaschenen Staudensellerie in 4 Zentimeter lange und 1 Zentimeter breite Stifte schneiden.
8. Die Butter in einen Topf geben, die Perlzwiebeln darin kurz anschwitzen lassen und das andere Gemüse dazugeben.
9. Die Bratensauce durch ein Sieb zu dem Gemüse passieren und die Schwartenstreifen daruntermischen. Alles nochmals 1/4 Stunde kochen lassen und mit Salz, Pfeffer und Muskat abschmecken.
10. Die Sauce über das Fleisch geben und das Ganze mit der Petersilie bestreuen.

(Foto oben)

Entrecôtes in Senfsauce

Für 4 Personen

2 Entrecôtes à 400 g
schwarzer Pfeffer aus der Mühle
½ Knoblauchzehe
4 Estragonzweige
2 EL Distel- oder Erdnußöl
65 g Butter
Salz
5 cl Cognac oder Weinbrand
100 ml trockener Weißwein
3 TL Dijon- oder Löwensenf
1 Prise gemahlener Piment
4 EL Sahne
2 EL Crème double

Zubereitungszeit: ca. 25 Minuten

1. Die Entrecôtes kurz waschen, mit Küchenkrepp abtupfen und den Fettrand alle 2 Zentimeter bis zum Fleisch einschneiden. Das Fleisch reichlich pfeffern und den Pfeffer kräftig einmassieren.
2. Die Knoblauchzehe schälen und fein hacken. Die Estragonblättchen abzupfen, waschen und mit Küchenpapier trockentupfen.
3. Das Öl und knapp die Hälfte der Butter in einer gußeisernen Pfanne erhitzen. Die Fleischscheiben auf jeder Seite bei großer Hitze kurz anbraten, dann leicht salzen und pro Seite etwa 5 Minuten bei milder Hitze braten.
4. Die Pfanne vom Herd nehmen. Den Cognac oder den Weinbrand in einer Kelle erwärmen, über das Fleisch gießen, mit einem langen Streichholz anzünden und ausbrennen lassen. Das Fleisch herausnehmen und warm stellen.
5. Den Bratensatz mit dem Wein ablöschen und loskochen, die restliche Butter hineingeben und die Mischung unter Rühren aufkochen lassen. Durch ein Spitzsieb in einen kleinen Topf gießen.
6. Etwas Salz, den Senf, die Estragonblättchen, den Piment und den Knoblauch hinzufügen und alles erhitzen, aber nicht kochen lassen. Die Sahne und die Crème double in kleinen Portionen mit dem Schneebesen hineinrühren, bis die Sauce schaumig ist.
7. Das Fleisch schräg in etwa 1 Zentimeter dicke Scheiben schneiden, anrichten und mit der Sauce überziehen.

(Foto oben)

Gefülltes Rinderfilet

Für 4 Personen

Für das Fleisch
1 kg Rinderfilet
100 g Edelpilzkäse
100 g Parmaschinken in dünnen Scheiben
1 TL eingelegte grüne Pfefferkörner
Olivenöl zum Braten

Für die Sauce
100 g durchwachsener, geräucherter Speck
4 Knoblauchzehen, Salz
2 Zwiebeln
8 Tomaten
2 EL Butter
1 Bund Basilikum
Pfeffer aus der Mühle
Saft von 1 Zitrone

Zubereitungszeit: ca. 40 Minuten

1. Das Rinderfilet kurz waschen, mit Küchenpapier trockentupfen und der Länge nach so einschneiden, daß das Fleisch an einer Seite noch ein wenig zusammenhängt.
2. Den Käse in Scheiben schneiden. Den Schinken und den Käse auf das Filet legen und mit den Pfefferkörnern bestreuen.
3. Das Filet anschließend zusammenklappen und mit einem Küchengarn wie eine Roulade zusammenbinden. Den Backofen auf 220 Grad vorheizen.
4. Etwas Olivenöl in einer Pfanne erhitzen, das Fleisch darin rundherum gut anbraten und dann im Backofen weitere 15 bis 20 Minuten braten.
5. In der Zwischenzeit den Speck in kleine Würfel schneiden. Die Knoblauchzehen schälen und mit Salz zerreiben. Die Zwiebeln schälen und fein hacken.
6. Die Tomaten waschen, über Kreuz einritzen und kurz in heißes Wasser legen. Anschließend in kaltem Wasser abschrecken und enthäuten. Die Tomaten vierteln, entkernen und die Viertel in Würfel schneiden.
7. Die Butter erhitzen und den Speck darin ausbraten. Den Knoblauch und die Zwiebeln dazugeben und glasig dünsten. Die Tomatenwürfel hinzufügen.
8. Die Basilikumblätter abzupfen, waschen und mit Küchenpapier trockentupfen. Das Basilikum unter die Sauce ziehen und diese mit Salz, Pfeffer und dem Zitronensaft abschmecken.
9. Das Fleisch in Scheiben schneiden und mit der Sauce überziehen. (Foto oben)

Rinderfilet mit Zwiebelpüree

Für 4 Personen

8 Scheiben Rinderfilet (à 90 g)
schwarzer Pfeffer aus der Mühle
4 TL Olivenöl
250 g Schalotten
2 Knoblauchzehen
1 Handvoll Kerbel
1/2 Bund Petersilie
80 g Butter
Salz
2 Eigelb
2 EL Crème double
2 EL Kokosraspel
1 EL Semmelbrösel
4 cl Cognac oder Calvados
1/8 l Rinderfond
100 g Sahne
einige Spritzer Worcestersauce

Zubereitungszeit: ca. 1 Stunde

1. Die Fleischscheiben kurz waschen, mit Küchenpapier trockentupfen, mit Küchengarn rund in Form binden und reichlich pfeffern. Den Pfeffer und pro Fleischseite 1/2 Teelöffel Öl kräftig einmassieren und das Fleisch 1/2 Stunde ruhen lassen.
2. In der Zwischenzeit die Schalotten schälen und in feine Würfel schneiden. Die Knoblauchzehen schälen und fein hacken. Die Kräuter waschen, die Blättchen abzupfen, trockentupfen und ebenfalls fein hacken.
3. Die Schalotten in etwa der Hälfte der Butter glasig dünsten und schwach salzen. Die restliche Butter kühl stellen. Den Knoblauch, den Kerbel und die Petersilie zu den Schalotten geben, alles so lange dünsten, bis die Schalotten weich sind.
4. Die Mischung vom Herd nehmen, mit den Eigelben, der Crème double, den Kokosraspeln und den Semmelbröseln verrühren und mit Salz und Pfeffer würzen.
5. Die Filetscheiben in einer trokkenen, heißen Pfanne auf jeder Seite einige Sekunden anbraten, dann wieder herausnehmen. Den Boden der Pfanne mit sehr wenig Öl bedecken, das Öl stark erhitzen und das Fleisch pro Seite 1 bis 2 Minuten darin braten. Herausnehmen, erst dann salzen und warm stellen.
6. Das Bratfett abgießen, den Bratensatz mit dem Cognac oder dem Calvados ablöschen. Den Rinderfond und die Sahne angießen und bei starker Hitze etwas einkochen lassen. Mit etwas Worcestersauce und Salz abschmecken und die Sauce durch ein Sieb in einen Topf geben.
7. Die Filets anrichten, mit dem Zwiebelpüree bedecken und im Backofen bei starker Oberhitze oder im Grill knapp 3 Minuten überbacken, bis das Püree eine zarte Kruste hat.
8. Die Sauce in der Zwischenzeit aufkochen, vom Herd ziehen und die restliche Butter in kleinen Flokken mit dem Schneebesen hineinrühren. Die Sauce getrennt zum Filet reichen.
(Foto oben)

Rinderfilet in schwarzer Bohnensauce

Für 4 Personen

4 Scheiben Rinderfilet (à 200 g)
8 Wolkenohrpilze
1 1/2 EL gesalzene schwarze Bohnenpaste
2 EL Sojasauce
150 ml Fleischbrühe
1 TL Zucker
1 TL Speisestärke
einige Spritzer Chiliöl
2 Knoblauchzehen
Salz
4 EL Erdnußöl
1 Bund Frühlingszwiebeln

Marinierzeit: ca. 2 Stunden
Zubereitungszeit: ca. 1/2 Stunde

1. Die Rinderfilets waschen, mit Küchenpapier trockentupfen und in eine Schüssel geben. Die Pilze in viel warmem Wasser einweichen.
2. Für die Marinade die Bohnenpaste mit der Sojasauce, der Fleischbrühe, dem Zucker, der Speisestärke und dem Chiliöl verrühren.
3. Die Knoblauchzehen schälen und mit dem Salz zerreiben. Den Knoblauch zur Marinade geben.
4. Die Marinade über das Fleisch gießen und dieses mindestens 2 Stunden ziehen lassen.
5. Anschließend die Filets herausnehmen und mit Küchenkrepp trockentupfen.
6. Das Erdnußöl in einer Pfanne erhitzen und die Filets darin je nach Geschmack braten, herausnehmen und warm stellen.
7. Die Pilze aus dem Wasser nehmen und kleinschneiden. Dann die Frühlingszwiebeln putzen, waschen und in kleine Stückchen schneiden.
8. Die Pilze und die Zwiebeln ins verbliebene Bratfett geben, kurz andünsten, die Marinade angießen und alles 5 Minuten köcheln lassen.
9. Die Filets in dünne Scheiben schneiden, mit der Sauce überziehen und sofort servieren.

Tip

Die schwarze Bohnenpaste bekommen Sie in Chinaläden. Sie besteht aus Sojabohnen, Chili, Zucker und Salz. Sie ist zwar sehr scharf, aber in Maßen verwendet, eine ausgezeichnete Würzsauce. Gut verschlossen hält diese Paste im Kühlschrank sehr lange.

Chateaubriand mit Mischpilzen

Für 4 Personen

500 g gemischte Pilze
2 Zwiebeln
1 Bund glatte Petersilie
1 Thymianzweig
2 Rinderfilets à 350 g
schwarzer Pfeffer aus der Mühle
4 EL Butterschmalz
Salz
2 EL Crème fraîche

Zubereitungszeit: ca. 3/4 Stunden

1. Die Pilze nur kurz waschen, damit sie nicht zuviel Wasser ziehen, dann putzen und in Scheiben schneiden. Die Zwiebeln schälen und würfeln.
2. Die Kräuter waschen, die Blättchen von den Stielen zupfen, trokkentupfen und fein hacken.
3. Das Fleisch waschen, mit Küchenpapier trockentupfen und mit Pfeffer einreiben. 2 Eßlöffel Butterschmalz in einer Pfanne stark erhitzen. Das Fleisch darin rundherum kurz anbraten. Dann abgedeckt bei mittlerer Hitze weitere 15 Minuten braten. Aus der Pfanne nehmen, salzen, in Alufolie wickeln und warm stellen.
4. Das restliche Fett in der Pfanne erhitzen. Die Zwiebeln und die Pilze hinzufügen und kurz dünsten, bis die Pilze Saft ziehen.
5. Die Kräuter zusammen mit der Crème fraîche unter die Pilze ziehen und alles abschmecken. Das Fleisch in Scheiben schneiden und mit den Pilzen servieren.
(Foto oben)

Marinierte Steaks

Für 4 Personen

Für die Marinade

- 75 ml Sonnenblumenöl
- 12 Tropfen Tabasco
- 2 cl Cognac

Für die Steaks

- 4 Rinderfiletsteaks à 200 g
- 8 dünne Scheiben durchwachsener Speck
- Pfeffer aus der Mühle

Marinierzeit: ca. 12 Stunden
Zubereitungszeit: ca. 25 Minuten

1. Das Öl, den Tabasco und den Cognac zu einer Marinade verrühren und die Steaks zugedeckt über Nacht darin ziehen lassen.
2. Am nächsten Tag zunächst den Grill vorheizen. Die Steaks aus der Marinade nehmen, abtropfen lassen, mit Küchenpapier trockentupfen und 3 bis 4 Minuten von jeder Seite im Backofen grillen.
3. Die Speckstreifen 2 Minuten mitgrillen oder in einer Pfanne ausbraten. Kreuzweise über die fertigen Steaks legen und mit Pfeffer würzen.

(Foto links unten)

Variation

Sehr gut schmeckt auch folgende Variation mit einer Rotweinmarinade: Verrühren Sie zwei feingehackte Zwiebeln, 2 Eßlöffel Zitronensaft, fünf zerdrückte Knoblauchzehen, ein Lorbeerblatt, etwa 1/2 Teelöffel scharfen Senf, 75 Milliliter trockenen Rotwein, 150 Milliliter Olivenöl und etwas Salz. Lassen Sie das Fleisch darin etwa 3 Stunden ziehen.

Wacholdersteaks

Für 4 Personen

Für die Marinade

- 5 Wacholderbeeren
- 125 ml Gin
- 1 TL Worcestersauce

Für die Steaks

- 4 Rinderfiletsteaks à 200 g
- Salz
- 4 TL Butter

Marinierzeit: ca. 4 Stunden
Zubereitungszeit: ca. 20 Minuten

1. Die Wacholderbeeren im Mörser zerstoßen oder fein hacken. Mit dem Gin und der Worcestersauce zu einer Marinade verrühren.
2. Die Steaks kurz waschen, mit Küchenpapier trockentupfen, mit der Marinade einreiben und übereinanderlegen. Sollte etwas von der Marinade übrig sein, diesen Rest über die Steaks geben. Die Steaks in Alufolie verpacken und 4 Stunden im Kühlschrank ziehen lassen.
3. Anschließend den Grill vorheizen. Die Steaks aus der Marinade nehmen, mit Küchenpapier trockentupfen und pro Seite 2 bis 4 Minuten im Backofen grillen. Erst jetzt salzen und die Butter darübergeben.

(Foto links oben)

Kalbsmedaillons auf Kerbelschaum

Für 4 Personen

- 1/4 l brauner Kalbsfond
- 150 g Crème fraîche
- Salz
- Pfeffer aus der Mühle
- 1 Handvoll Kerbelblättchen
- 8 Kalbsmedaillons
- 4 EL Butter

Zubereitungszeit: ca. 3/4 Stunden

1. Den Kalbsfond bis auf wenige Eßlöffel einkochen lassen.
2. Die Crème fraîche darunterrühren und die Sauce eventuell noch etwas einkochen lassen, bis die gewünschte Konsistenz erreicht ist. Dann mit Salz und Pfeffer würzen.
3. Den Kerbel waschen, mit Küchenpapier trockentupfen und acht schöne Blättchen für die Garnitur beiseite legen. Den restlichen Kerbel pürieren.
4. Die Kalbsmedaillons mit Salz und Pfeffer würzen und von jeder Seite, je nach Dicke der Medaillons, etwa 1 1/2 Minuten in der Butter braten.
5. Die Sauce nochmals erhitzen, die pürierten Kerbelblättchen darunterrühren, die Sauce mit Salz und Pfeffer abschmecken und dann mit dem Pürierstab des Handrührgerätes kurz aufschlagen.
6. Die Sauce auf vorgewärmte Teller gießen und die Kalbsmedaillons auf dem Saucenspiegel anrichten. Mit Kerbelblättchen garnieren.

Tip

Wenn Ihnen eine Sauce gerinnt, ist sie meist zu fett. Geben Sie in einem solchen Fall etwas kaltes Wasser hinzu, und schlagen Sie die Sauce mit dem Pürierstab erneut auf.

Pochiertes Rinderfilet auf Estragonsauce

Für 4 Personen

3/4 l brauner Rinderfond
100 g kalte Butter
Salz
Pfeffer aus der Mühle
600 g Rinderfilet
2 EL Butter zum Braten
4 EL trockener Weißwein
1 EL feingehackter Estragon
1 TL Estragonblättchen

Zubereitungszeit: ca. 3/4 Stunden

1. Den Backofen auf 200 Grad vorheizen. 1/4 Liter des Rinderfonds auf knapp die Hälfte einkochen lassen und die kalte Butter in kleinen Portionen mit dem Pürierstab des Handrührgerätes einarbeiten.
2. Mit Salz und Pfeffer würzen und die Sauce abschmecken.
3. Das Rinderfilet kurz waschen, mit Küchenpapier trockentupfen und ebenfalls mit Salz und Pfeffer würzen. Rundherum in der heißen Butter anbraten.
4. Den restlichen Rinderfond mit dem Weißwein aufkochen lassen und mit Salz und Pfeffer würzen.
5. Das Fleisch hineinlegen und im Backofen etwa 18 Minuten, je nach Dicke, pochieren. Das Fleisch sollte innen noch rosa sein.
6. Das Fleisch aus dem Fond nehmen und auf ein Holzbrett legen, locker mit Alufolie abdecken und 6 Minuten ruhen lassen.
7. Die Sauce erhitzen, den feingehackten Estragon darunterrühren und die Sauce nochmals pikant abschmecken.
8. Das Fleisch in Scheiben schneiden und die Sauce angießen. Mit einigen Estragonblättchen garniert servieren.

Tip

Grundsätzlich muß Fleisch nach dem Garen je nach Größe etwa 5 Minuten ruhen, damit beim Aufschneiden kein Fleischsaft verlorengeht.

Kalbskoteletts mit Kräutern

Für 4 Personen

200 g Champignons
2 kleine Zwiebeln
200 g Sauerampfer
60 g Butter oder Margarine
4 Kalbskoteletts à 200 g
Salz
weißer Pfeffer aus der Mühle
3–4 EL Weißwein
2 EL feingehackte Petersilie
2 EL feingehackter Kerbel
100 g Crème fraîche
100 g Käse

Zubereitungszeit: ca. 35 Minuten

1. Die Champignons putzen, mit einem feuchten Tuch abreiben und in Scheiben schneiden. Die Zwiebeln schälen und fein hacken. Den Sauerampfer waschen, verlesen und in feine Streifen schneiden.
2. Die Champignons in 1 Eßlöffel Butter 5 bis 6 Minuten dünsten, gelegentlich umrühren, dann herausnehmen. Die Zwiebeln in 2 Eßlöffeln Butter glasig dünsten. Den Sauerampfer dazugeben. Einige Minuten dünsten, dann herausnehmen und mit den Champignons in eine große, flache und gefettete Auflaufform füllen. Den Backofen auf 200 Grad vorheizen.
3. In der restlichen Butter die gewaschenen und trockengetupften Koteletts von beiden Seiten anbraten, salzen und pfeffern und auf die Champignon-Masse legen.
4. Den Bratensatz mit etwas Weißwein ablöschen, loskochen und über die Koteletts gießen. Die Kräuter darüberstreuen. Dann die Crème fraîche darauf geben und den Käse darüberreiben. Die Kalbskoteletts im Backofen etwa 10 Minuten überbacken.

(Foto oben)

Kalbsschnitzel normannische Art

Für 4 Personen

4 Kalbsschnitzel à 175 g
2 säuerliche Äpfel
Salz
weißer Pfeffer aus der Mühle
Mehl zum Bestäuben
50 g Butter
2 cl Calvados
200 g Sahne
50 g Crème double

Zubereitungszeit: ca. ½ Stunde

1. Die Kalbsschnitzel kurz waschen, mit Küchenpapier trockentupfen und den Fettrand einritzen.
2. Die Äpfel schälen, mit einem Ausstecher die Kerngehäuse entfernen und die Äpfel in etwa 1 Zentimeter dicke Scheiben schneiden.
3. Die Schnitzel mit Salz und Pfeffer würzen und dünn mit Mehl bestäuben. Etwa die Hälfte der Butter in einer großen Pfanne erhitzen und die Schnitzel darin auf jeder Seite etwa 3 Minuten anbraten.
4. Den Calvados leicht erwärmen, über die Schnitzel gießen, anzünden und mit der Sahne ablöschen.
5. Die Crème double in die Sauce einrühren und die Schnitzel etwa 10 Minuten schmoren lassen.
6. Inzwischen in einer anderen Pfanne die restliche Butter erhitzen und die Apfelscheiben darin auf beiden Seiten goldbraun braten; sie sollen aber nicht zerfallen.
7. Die Schnitzel aus der Sauce nehmen, auf einer vorgewärmten Platte anrichten, mit den Apfelscheiben umlegen und warm stellen.
8. Die Sahnesauce in den Schmorfond der Äpfel einrühren und alles noch ein wenig cremig einkochen lassen. Die Sauce mit Salz und Pfeffer abschmecken und das Fleisch damit überziehen.

(Foto rechts)

Kalbsröllchen in Currycreme

Für 4 Personen

8 kleine Kalbsschnitzel à 70 g
1 EL Kräutersenf
weißer Pfeffer aus der Mühle
4 Salbeiblätter
4 Möhren
2 Stangen Lauch
Salz, 1 EL Mehl
1 EL Sonnenblumenöl
½ l Gemüsebrühe
½ Apfel
Currypulver
1 kleines Stück frischer Ingwer

Zubereitungszeit: ca. 1 ¼ Stunden

1. Die Kalbsschnitzel leicht flachklopfen, mit dem Kräutersenf bestreichen und mit Pfeffer würzen.
2. Die Salbeiblätter waschen, trokkentupfen und fein schneiden. Gleichmäßig auf die Kalbsschnitzel verteilen.
3. Die Möhren schälen, längs in acht Streifen schneiden und in wenig Wasser bißfest dünsten. Den Lauch putzen, halbieren und gut waschen. In Streifen schneiden, in kochendem Wasser blanchieren und kurz kalt abschrecken. Die Gemüseabfälle beiseite legen.
4. Die Möhren- und die Lauchstreifen auf die Schnitzel verteilen und diese zusammenrollen. Mit Zahnstochern zusammenstecken und mit wenig Salz würzen.
5. Die Kalbsröllchen mit dem Mehl bestäuben, von allen Seiten im heißen Öl goldgelb anbraten und anschließend herausnehmen. Den Backofen auf 180 Grad vorheizen.
6. Den Bratensatz mit wenig Gemüsebrühe ablöschen, die gewaschenen Gemüseabfälle dazugeben. Den Apfel waschen, vom Kerngehäuse befreien, in Stücke schneiden und hinzufügen. Alles kurz dünsten, mit Curry würzen und die restliche Gemüsebrühe angießen.
7. Alles gut durchkochen lassen. Die Kalbsröllchen hinzufügen und im Backofen etwa 35 Minuten garen.
8. Die Kalbsröllchen herausnehmen und die Sauce durch ein Sieb in einen Topf passieren. Eventuell nochmals mit Salz, Pfeffer und Curry abschmecken und mit frisch geriebenem Ingwer abrunden.
9. Die Sauce zu den Kalbsröllchen servieren.

Kalbsrollbraten

Für 8 Personen

Für die Füllung
1 Zwiebel
1 kleine Stange Lauch
1 Bund Petersilie
250 g Rinderhackfleisch
2 Eigelb
Salz
Pfeffer aus der Mühle
250 g Champignons
gemahlener Kümmel
3 EL Butter
getrockneter Salbei
getrockneter Rosmarin

Für den Braten
1 kg Kalbfleisch von der
Brust oder vom Sattel
1 EL Dijonsenf
3 EL Butterschmalz
1/4 l Rinderfond
1 Bund Suppengrün
125 ml trockener Weißwein
100 g Crème double
100 g Crème fraîche

Zubereitungszeit: ca. 1 1/2 Stunden

1. Die Zwiebel schälen und fein hacken. Vom Lauch die Enden abschneiden, die Stange längs halbieren und unter fließendem Wasser waschen. Ganz fein schneiden.
2. Von der Petersilie die Stiele abschneiden, die Petersilienblätter waschen und fein hacken.
3. Das Rinderhackfleisch mit der Zwiebel, dem Lauch, der Petersilie und den Eigelben mischen. Mit Salz und Pfeffer würzen.
4. Die Champignons putzen, mit einem feuchten Tuch abreiben, kleinschneiden, mit Salz, Pfeffer und einem Hauch Kümmel würzen und in der Butter dünsten.
5. Die Hackfleischmasse mit den Champignons mischen, leicht mit Salbei und Rosmarin würzen und nochmals abschmecken.
6. Das Kalbfleisch kurz waschen, auf einer Arbeitsplatte ausbreiten, mit Küchenpapier trockentupfen und mit Salz und Pfeffer würzen. Mit dem Dijonsenf bestreichen und die Hackfleisch-Champignon-Masse darauf verteilen. Das Kalbfleisch aufrollen und mit Baumwollgarn zusammenbinden (siehe erstes Foto unten).
7. Den Backofen auf 200 Grad vorheizen. Das Butterschmalz in einem Bräter erhitzen und den Kalbsrollbraten rundherum darin anbraten (siehe zweites Foto unten).
8. Den Rinderfond angießen, den Bräter auf die unterste Schiene in den Backofen stellen und den Braten etwa 40 Minuten braten.
9. Das Suppengrün waschen, putzen, kleinschneiden, zum Fleisch geben und alles weitere 10 Minuten schmoren.
10. Den Braten herausnehmen, auf ein Holzbrett legen, locker mit Alufolie abdecken und 10 Minuten ruhen lassen.
11. Den Weißwein in den Bräter gießen und aufkochen lassen. Anschließend den Saucenfond mit dem Suppengrün durch ein Sieb streichen und die Crème double und die Crème fraîche darunterrühren.

12. Die Sauce auf die gewünschte Konsistenz einkochen lassen und mit dem Pürierstab des Handrührgerätes aufschlagen. Mit Salz und Pfeffer würzen und abschmecken.
13. Das Fleisch in Scheiben schneiden und auf einer vorgewärmten Platte anrichten. Die Sauce separat zu dem Kalbsrollbraten servieren. (siehe zweites Foto unten)

Tip

Dazu passen Kartoffelklöße oder Butternudeln und Gemüse der Saison.

Gefüllter Schweinebauch mit Honigkruste

Für 4 Personen

100 g Rinderleber
100 g gemischtes Hackfleisch
1 Zwiebel
2 Knoblauchzehen
Salz
2 in Wasser eingeweichte Brötchen
1 Ei
2 EL Mehl
1 TL abgeriebene Schale einer
unbehandelten Zitrone
1 EL gerebelter Majoran
Pfeffer aus der Mühle
$1\frac{1}{2}$ kg Schweinebauch
Öl zum Braten
$\frac{1}{4}$ l Weißwein
4 EL Honig
2 EL Tomatenketchup
1 TL Paprikapulver
einige Tropfen Tabasco

Zubereitungszeit: ca. $1\frac{3}{4}$ Stunden

1. Die Rinderleber durch die feine Scheibe des Fleischwolfs drehen und mit dem Hackfleisch in eine Schüssel geben.
2. Die Zwiebel und die Knoblauchzehen schälen, die Zwiebel fein hacken, die Knoblauchzehen mit etwas Salz zerreiben. Die Brötchen gut ausdrücken. Die Zwiebeln, den Knoblauch, die Brötchen, das Ei, das Mehl, die Zitronenschale und den Majoran zur Leber-Hackfleisch-Mischung geben und diese mit Salz und Pfeffer abschmecken.
3. Den Schweinebauch kurz waschen, mit Küchenpapier trockentupfen und eine Tasche in das Fleisch schneiden. Salzen und pfeffern. Den Backofen auf 220 Grad vorheizen.
4. Die Hackfleischmasse in die Tasche füllen und diese mit Küchengarn zunähen.
5. Etwas Öl in einem Bräter erhitzen und das Fleisch darin auf allen Seiten gut anbraten. Anschließend im Backofen $1\frac{1}{4}$ Stunden braten, dabei mit dem Weißwein mehrmals begießen.
6. Den Honig mit dem Ketchup, dem Paprikapulver und dem Tabasco verrühren und den Braten etwa 10 Minuten vor Garende damit bestreichen.

(Foto oben)

Schweinenacken mit Käsekruste

Für 4 Personen

$1^1/_4$ kg Schweinenacken
4 Knoblauchzehen
Salz
Pfeffer aus der Mühle
75 ml Olivenöl
1 EL gerebelter Oregano
1 TL getrockneter Salbei
1 EL gerebeltes Basilikum
1 EL abgeriebene Schale einer unbehandelten Zitrone
4 cl Weinbrand
Öl zum Braten
$^1/_4$ l Rotwein
$^1/_2$ Bund Petersilie
$^1/_2$ Bund Schnittlauch
2 Tomaten
200 g Bel Paese (italienischer Weichkäse)

Marinierzeit: ca. 12 Stunden
Zubereitungszeit: ca. 1 $^1/_2$ Stunden

1. Das Fleisch kurz abwaschen und mit Küchenkrepp trockentupfen.
2. Die Knoblauchzehen schälen, in kleine Stifte schneiden und das Fleisch damit spicken. Anschließend mit Salz und Pfeffer würzen.
3. Das Öl mit den getrockneten Kräutern, der Zitronenschale und dem Weinbrand verrühren und das Fleisch in diese Marinade legen. Mindestens 12 Stunden marinieren und dabei mehrmals wenden.
4. Den Backofen auf 220 Grad vorheizen. Etwas Öl in einem Bräter erhitzen und das Fleisch darin auf allen Seiten anbraten, im Backofen etwa 1 Stunde garen, dabei mehrmals mit etwas Rotwein begießen.
5. Die Kräuter waschen, mit Küchenpapier trockentupfen und fein hacken. Die Tomaten waschen, über Kreuz einritzen und kurz in kochendes Wasser legen. Anschließend herausnehmen, abschrecken und enthäuten. Die Tomaten vierteln, entkernen und das Tomatenfleisch fein würfeln. Den Käse fein reiben.
6. Die Kräuter mit den Tomaten und dem Käse mischen.
7. Diese Mischung auf dem Braten verteilen und 10 Minuten überbacken.

(Foto oben)

Italienisches Milchgulasch

Für 4 Personen

800 g Schweinenacken ohne Knochen
3 Knoblauchzehen
Salz
60 g Schweineschmalz
3 Zwiebeln
200 g Champignons
3/4 l Milch
1 EL getrockneter Rosmarin
Pfeffer aus der Mühle
1/2 Bund Petersilie

Zubereitungszeit: ca. 2 Stunden

1. Das Fleisch kurz abwaschen, mit Küchenpapier trockentupfen und in mundgerechte Würfel schneiden. Die Knoblauchzehen schälen und mit Salz zerreiben.
2. Das Schweineschmalz erhitzen und den Knoblauch darin kurz andünsten.
3. Das Fleisch dazugeben und auf allen Seiten kräftig anbraten.
4. Die Zwiebeln schälen, in dünne Scheiben schneiden, zum Fleisch geben und mitbraten.
5. Die Champignons putzen, mit einem feuchten Tuch abreiben und zum Fleisch geben. Die Milch erhitzen und ebenfalls zum Fleisch geben.
6. Den Rosmarin dazugeben und das Gulasch zugedeckt bei geringer Hitze etwa 1 1/4 Stunden köcheln lassen.
7. Anschließend den Deckel abnehmen und das Gulasch bei starker Hitzezufuhr unter ständigem Rühren so lange kochen lassen, bis die Sauce sämig eingekocht ist.
8. Mit Salz und Pfeffer abschmekken. Die Petersilie waschen, mit Küchenpapier trockentupfen und fein hacken, dann als Garnitur über das Gulasch streuen.

(Foto oben)

Schinken im Brotteig

Für 8 Personen

Für den Teig

300 g Roggenmehl (Type 997)
300 g dunkles Weizenmehl (Type 1050)
100 g Weizenvollkornschrot
1 Würfel Hefe (42 g)
1 TL Zucker
knapp 1/2 l lauwarmes Wasser
2 TL Salz

Für den Schinken

1 1/4 kg gekochter Hinterschinken
1 TL grobgeschroteter schwarzer Pfeffer
8 Gewürznelken
400 g Weinsauerkraut
Mehl zum Ausrollen
2 kleine Lorbeerblätter

Zeit zum Gehen: ca. 3/4 Stunden
Zubereitungszeit: ca. 1 1/2 Stunden

1. Die beiden Mehlsorten in eine Schüssel sieben und mit dem Schrot mischen. In die Mitte eine Mulde drücken und die Hefe hineinbröckeln. Mit dem Zucker, etwas Wasser und etwas Mehl vom Rand verrühren und mit einem Tuch bedeckt etwa 1/4 Stunde an einem warmen Ort gehen lassen, bis der Hefeansatz Blasen bildet.
2. Das restliche Wasser und das Salz hinzufügen und alles zu einem glatten Teig verkneten. Nochmals 20 Minuten abgedeckt gehen lassen. Der Teig sollte den doppelten Umfang erreicht haben.
3. Von dem Schinken die Schwarte, jedoch nicht die Fettschicht abschneiden. Den Schinken mit dem Pfeffer einreiben und die Nelken, gleichmäßig verteilt, in die Fettschicht stecken. Den Backofen auf 200 Grad vorheizen.
4. Das Weinsauerkraut gut abtropfen lassen. Den Teig nochmals kräftig durchkneten, dann auf einer bemehlten Arbeitsfläche etwa 1 Zentimeter dick ausrollen. Die Teigplatte sollte so groß sein, daß man den Schinken darin leicht einwickeln kann.
5. Den Schinken in die Mitte des Teiges legen und die Oberseite mit dem Weinsauerkraut belegen. Die Lorbeerblätter halbieren und auf das Kraut geben.
6. Die Teigränder mit Wasser einpinseln, über den Schinken ziehen und gut zusammendrücken. Den Schinken auf ein mit Backtrennpapier belegtes Backblech setzen und mit einem Tuch bedeckt 10 Minuten gehen lassen.
7. Den Schinken im Backofen etwa 1 Stunde backen. 10 Minuten vor Ende der Backzeit die Oberfläche mit Wasser einstreichen, dann wird sie schön glänzend.
(Foto oben)

Tip

Um zu verhindern, daß der Brotteig am Boden durch das Sauerkraut weich wird, kann man unter den Schinken eine große Backoblate legen.

Feinschmeckerkoteletts

Für 4 Personen

12 Lammkoteletts
4 Knoblauchzehen
Salz
1 EL gerebelter Majoran
1 TL gerebelter Thymian
1 TL abgeriebene Schale einer unbehandelten Zitrone
60 ml Olivenöl
4 Tomaten
4 frische Pfirsiche
1 Bund Oregano
Pfeffer aus der Mühle
200 g Mozzarella

Marinierzeit: ca. 2 Stunden
Zubereitungszeit: ca. 1/2 Stunde

1. Die Lammkoteletts kurz waschen, mit Küchenpapier trockentupfen und in eine Schüssel legen.
2. Die Knoblauchzehen schälen, mit Salz zerreiben und mit dem Majoran, dem Thymian, der Zitronenschale und dem Öl verrühren. Diese Marinade über das Fleisch gießen und die Koteletts im Kühlschrank mindestens 2 Stunden marinieren.
3. In der Zwischenzeit die Tomaten und die Pfirsiche über Kreuz einritzen, kurz in heißes Wasser legen und anschließend mit kaltem Wasser abschrecken. Die Tomaten und die Pfirsiche enthäuten und in Scheiben schneiden.
4. Den Oregano waschen, mit Küchenpapier trockentupfen und die Blättchen fein schneiden.
5. Die Koteletts aus der Marinade nehmen, in einer Pfanne oder auf dem Holzofengrill auf beiden Seiten kurz braten.
6. Die Koteletts mit den Tomaten und den Pfirsichen belegen. Mit Salz, Pfeffer und dem Oregano bestreuen.
7. Den Käse in Scheiben schneiden, auf die Koteletts legen und diese im Ofen oder unter dem Grill überbacken.

(Foto links)

Schweineschulter mit Kräuterkruste

Für 6 Personen

2 EL weiche Butter
1 EL geriebene Brötchen oder Semmelbrösel
3 EL feingehackte Kräuter (Petersilie, Estragon, Beifuß)
Salz
Pfeffer aus der Mühle
1 kg Schweineschulter
2 EL Butterschmalz
1/4 l trockener Weißwein
80 g kalte Butter
Sojasauce

Zubereitungszeit: ca. 1 1/2 Stunden

1. Die weiche Butter mit den geriebenen Brötchen- oder den Semmelbröseln und den Kräutern mischen und die Masse leicht mit Salz und Pfeffer würzen. Den Backofen auf 200 Grad vorheizen.
2. Die Schweineschulter kurz waschen und mit Küchenpapier trockentupfen. Mit Salz und Pfeffer würzen und in einem Bräter rundherum in dem heißen Butterschmalz anbraten.
3. Den Weißwein angießen, den Bräter auf die mittlere Schiene des Backofens stellen und das Fleisch etwa 50 Minuten braten.
4. 12 Minuten vor Ende der Bratzeit die vorbereitete Kräutermasse auf dem Fleisch verteilen, glattstreichen und das Fleisch fertiggaren.
5. Die Schweineschulter 10 Minuten mit Alufolie abgedeckt ruhen lassen.
6. Den Bratenfond in einen kleinen Kochtopf gießen und die kalte Butter in kleinen Portionen mit dem Pürierstab des Handrührgerätes einarbeiten.
7. Die Sauce mit Salz, Pfeffer und etwas Sojasauce würzen und abschmecken.
8. Das Fleisch in Scheiben schneiden und mit der Sauce servieren.

(Foto auf dem Umschlag)

Überbackene Schweineschnitzel mit Roquefortsauce

Für 4 Personen

1/4 l brauner Rinderfond
100 g Crème double
3 EL trockener Weißwein
50 g Roquefort (französischer Blauschimmelkäse)
Salz, Pfeffer aus der Mühle
etwas Zitronensaft
1 Stange Lauch
60 g Butter
4 Schweineschnitzel

Zubereitungszeit: ca. 1 Stunde

1. Den Rinderfond bis auf wenige Eßlöffel einkochen lassen.
2. Die Crème double und den Weißwein dazugeben, aufkochen lassen und eventuell noch etwas reduzieren, bis die Sauce dickflüssig geworden ist.
3. Den Roquefort kleinschneiden und mit dem Pürierstab des Handrührgerätes in die Sauce rühren, bis sie vollkommen glatt ist.
4. Die Sauce mit Salz, Pfeffer und einigen Tropfen Zitronensaft würzen und abschmecken.
5. Vom Lauch die Enden abschneiden, die Stange längs halbieren und unter fließendem Wasser waschen. Den Lauch in dünne Scheiben schneiden und in leicht gesalzenem Wasser etwa 1 Minute blanchieren. Anschließend in leicht gesalzenem Eiswasser abschrecken.
6. Den Lauch in etwas flüssiger Butter schwenken und mit den Gewürzen abschmecken.
7. Die Schweineschnitzel kurz waschen, mit Küchenpapier trockentupfen und mit Salz und Pfeffer würzen. Die restliche Butter in einer Bratpfanne erhitzen und die Schnitzel ganz kurz darin anbraten.
8. Die Schnitzel in die Fettpfanne des Backofens legen und mit dem Lauch bedecken. Den Backofen auf 200 Grad vorheizen.
9. Die Schnitzel mit der Roquefortsauce überziehen, kurz vor dem Servieren auf der mittleren Schiene des Backofens etwa 5 Minuten überbacken.

(Foto oben)

Tip

Statt Roquefort können Sie auch einen anderen Blauschimmelkäse nehmen, z. B. Gorgonzola oder Bavaria blue.

Servieren Sie zu dem Gericht feine Butternudeln und einen grünen Salat.

Hammelkoteletts mit Kartoffeln

Für 4 Personen

1 1/2 kg Kartoffeln	
1 große Zwiebel	
3 Knoblauchzehen	
4 große Hammelkoteletts	
Salz, Pfeffer aus der Mühle	
60 g Butter	
1 Thymianzweig	
1 Lorbeerblatt	
3/4 l Wasser	

Zubereitungszeit: ca. 1 1/4 Stunden

1. Die Kartoffeln und die Zwiebel schälen und beides in dicke Scheiben schneiden. Die Knoblauchzehen schälen und fein hacken. Die Hammelkoteletts kurz waschen und trockentupfen.
2. Die Kartoffeln, die Zwiebelscheiben und die Hammelkoteletts salzen und pfeffern.
3. Die Koteletts in wenig Butter von beiden Seiten kräftig anbraten. Den Backofen auf 220 Grad vorheizen.
4. Eine feuerfeste Form mit der Butter einfetten und den Boden mit dem Knoblauch, dem Thymian, dem Lorbeerblatt und den Zwiebelscheiben auslegen.
5. Die Hammelkoteletts darauf legen und mit den Kartoffelscheiben abdecken.
6. Das Wasser angießen, die restliche Butter in Flöckchen darauf setzen und das Ganze im Backofen etwa eine 3/4 Stunde garen.

(Foto oben)

Toskanische Lammkeule

Für 4 Personen

250 g rote Bohnen
Salz
1 kg Lammkeule ohne Knochen
4 Knoblauchzehen
1 EL gerebelter Thymian
1 EL gemahlener Rosmarin
1 EL getrockneter Oregano
75 ml Olivenöl
1 große Dose geschälte Tomaten
150 ml Rotwein
Pfeffer aus der Mühle

Quellzeit: ca. 12 Stunden
Zubereitungszeit: ca. 1 3/4 Stunden

1. Die Bohnen über Nacht quellen lassen.
2. Am nächsten Tag in reichlich Salzwasser in etwa 1 1/2 Stunden nicht zu weich kochen.
3. In der Zwischenzeit die Lammkeule kurz waschen, mit Küchenpapier trockentupfen und eventuell mit Küchengarn in Form binden.
4. Die Knoblauchzehen schälen, mit etwas Salz zerreiben, mit den Kräutern und dem Öl zu einer Marinade verrühren.
5. Die Keule gleichmäßig mit der Knoblauchmarinade einstreichen und in einem Schmortopf auf allen Seiten kräftig anbraten.
6. Die Tomaten mit der Flüssigkeit durch ein Sieb in den Topf passieren, den Rotwein angießen.
7. Die Lammkeule zugedeckt bei mittlerer Hitze etwa 1 1/2 Stunden schmoren lassen.
8. Kurz vor Garende die abgetropften Bohnen dazugeben.
9. Zum Schluß das Ganze mit Salz und Pfeffer nochmals abschmecken.

(Foto oben)

Lammkoteletts mit Rosmarinbutter

Für 4 Personen

12 Lammkoteletts
Salz
Pfeffer aus der Mühle
1 Knoblauchzehe
100 g Butter
½ TL Rosmarinspitzen

Zubereitungszeit: ca. 25 Minuten

1. Die Lammkoteletts waschen, mit Küchenpapier trockentupfen und mit Salz und Pfeffer würzen.
2. Die Knoblauchzehe schälen, halbieren und eine Bratpfanne damit ausreiben.
3. Etwas Butter erhitzen. Die Hälfte der Lammkoteletts hineingeben und sie von jeder Seite etwa 1 Minute braten. Mit den anderen Lammkoteletts anschließend in gleicher Weise verfahren.
4. Die restliche Butter mit den Rosmarinspitzen erhitzen.
5. Die Lammkoteletts auf vorgewärmten Tellern anordnen und mit der Rosmarinbutter überziehen.

(Foto oben)

Tip

Dazu passen sehr gut ein Kartoffelgratin und grüne Bohnen.
Nehmen Sie lieber Koteletts mit etwas mehr Fett, dann bleiben sie beim Braten saftiger und zarter.

Lammragout mit Thymiansauce

Für 4 Personen

2 Zwiebeln
2 Knoblauchzehen
1 EL Butter
600 g Lammfleisch aus der Schulter
Salz
Pfeffer aus der Mühle
4 EL Butterschmalz
1 EL Tomatenmark
125 ml brauner Lammfond
60 ml Weißwein
1 Lorbeerblatt
1 Zweig Thymian
3 Tomaten
80 g kalte Butter

Zubereitungszeit: ca. 1 1/4 Stunden

1. Die Zwiebeln und die Knoblauchzehen schälen, fein hacken und in der Butter glasig dünsten.
2. Das Fleisch kurz waschen, mit Küchenpapier trockentupfen, in mundgerechte Würfel schneiden und mit Salz und Pfeffer würzen.
3. Das Butterschmalz in einem Kochtopf erhitzen und das Fleisch in mehreren Portionen rundherum kräftig anbraten. Das Tomatenmark dazugeben und anschwitzen lassen.
4. Den Lammfond, die Zwiebel-Knoblauch-Mischung, den Weißwein, das Lorbeerblatt und den Thymianzweig zum Fleisch geben und alles etwa 35 Minuten köcheln lassen.
5. Die Tomaten über Kreuz einritzen, kurz in kochendes Wasser legen, kalt abschrecken und enthäuten. Die Tomaten vierteln, entkernen und in kleine Würfel schneiden.
6. Das Lorbeerblatt und den Thymianzweig aus dem Lammragout nehmen.
7. Die kalte Butter in kleinen Portionen mit dem Pürierstab des Handrührgerätes in die Sauce einrühren und die Tomatenwürfel darunterziehen.
8. Das Lammragout erhitzen und abschmecken.

(Foto oben)

Tip

Lammfleisch wird zarter, wenn Sie es einige Tage vor der Zubereitung in geschmacksneutrales Öl einlegen.

Lammfilets in Käsesauce

Für 4 Personen

800 g Lammfilets
4 Knoblauchzehen
Salz
1 Zwiebel
250 g Austernpilze
60 ml Olivenöl
Pfeffer aus der Mühle
2 EL Mehl
150 ml Weißwein
1/4 l Fleischbrühe
150 g Pecorino
(italienischer Schafskäse)
geriebene Muskatnuß
einige Tropfen Worcestersauce
2 EL Zitronensaft
2 EL gehackter Schnittlauch

Zeit zum Durchziehen: ca. 2 Stunden
Zubereitungszeit: ca. 3/4 Stunden

1. Die Lammfilets kurz waschen und mit Küchenpapier trockentupfen. Die Knoblauchzehen schälen, mit Salz zerreiben. Die Filets kräftig mit dem Knoblauch einreiben und mindestens 2 Stunden einwirken lassen.
2. Die Zwiebel schälen und fein hacken. Die Pilze nur kurz waschen, damit sie nicht zuviel Wasser ziehen, und putzen.
3. Die Filets im erhitzten Öl je nach Geschmack braten, herausnehmen, salzen, pfeffern und warm stellen.
4. Im restlichen Bratfett die Zwiebeln und die Pilze glasig dünsten. Mit dem Mehl bestäuben und mit dem Weißwein ablöschen. Die Fleischbrühe angießen und alles zugedeckt 10 Minuten köcheln lassen.
5. Den Käse fein reiben, unter die Sauce mischen und diese mit Salz, Pfeffer, Muskat, Worcestersauce und dem Zitronensaft abschmecken.
6. Das Fleisch anrichten, mit der Sauce überziehen und mit dem feingehackten Schnittlauch bestreut servieren.
(Foto rechts)

Lammrückenfilet in Wirsing und Blätterteig

Für 4 Personen

600 g Lammrückenfilet
ohne Knochen und Sehnen
etwas Sonnenblumenöl
1/4 l brauner Lammfond
100 g kalte Butter
Salz
Pfeffer aus der Mühle
2 EL Butterschmalz
6 große Wirsingblätter
600 g TK-Blätterteig
1 Eiweiß
1 Eigelb
1/2 TL Butter zum Fetten der Platte

Marinierzeit: 2 Tage
Zubereitungszeit: ca. 1 Stunde

1. Das Lammrückenfilet kurz waschen und mit Küchenpapier trockentupfen. Mit etwas Sonnenblumenöl bestreichen, in eine Schüssel legen, mit Frischhaltefolie abdecken und das Fleisch 2 Tage marinieren.
2. Den Lammfond auf die Hälfte einkochen lassen und die kalte Butter in kleinen Portionen mit dem Pürierstab des Handrührgerätes einarbeiten. Mit Salz und Pfeffer würzen.
3. Das Fleisch abtropfen lassen, mit Küchenpapier trockentupfen und mit Salz und Pfeffer würzen.
4. Rundherum in Butterschmalz kurz anbraten und abkühlen lassen.
5. Die Wirsingblätter etwa 2 Minuten in leicht gesalzenem Wasser blanchieren und anschließend in leicht gesalzenem Eiswasser abschrecken. Die dicken Blattrippen flachschneiden.
6. Die Wirsingblätter gut abtropfen lassen und mit Küchenpapier trokkentupfen. Den Backofen auf 250 Grad vorheizen.
7. Den Blätterteig nach Packungsanweisung auftauen lassen, die Platten leicht übereinanderlegen und zu einer Teigplatte ausrollen, daß das Lammrückenfilet darin eingeschlagen werden kann.
8. Das Lammrückenfilet in die Wirsingblätter wickeln und auf den Blätterteig legen. Den Blätterteig über dem Fleisch zusammenfalten und die Enden vor dem Zusammendrücken mit dem Eiweiß bestreichen.
9. Aus den Blätterteigresten kleine Verzierungen stechen und die Blätterteigrolle damit belegen. Diese zuletzt mit dem Eigelb bestreichen.
10. Eine Edelstahlplatte mit Butter ausstreichen und die Blätterteigrolle darauf legen. Das Lammrückenfilet auf der mittleren Schiene des Backofens etwa 10 Minuten backen.
11. Anschließend an einem warmen Ort (z.B. auf der geöffneten Backofentür bei ausgeschaltetem Backofen) etwa 6 Minuten ruhen lassen.
12. Das Fleisch auf einem Holzbrett möglichst mit einem Elektromesser in Scheiben schneiden und auf vorgewärmten Tellern anrichten. Die Sauce erhitzen und dazu reichen.

Tip

Dazu passen sehr gut Petersilienkartöffelchen und Bohnengemüse.

und diese weiterkochen, bis sie die gewünschte Konsistenz erhalten hat.
9. Die Sauce mit Salz, Pfeffer und Johannisbeergelee würzen und abschmecken. Den Backofen auf 200 Grad vorheizen.
10. Das Rehfleisch kurz waschen, mit Küchenpapier trockentupfen und mit Salz und Pfeffer würzen. Rundherum kurz in Butterschmalz anbraten. Die Fettpfanne des Backofens mit Butter ausstreichen.
11. Das Rehfleisch auf die Fettpfanne legen und mit den Speckscheiben bedecken. Die Fettpfanne auf die mittlere Schiene des Backofens stellen und das Rehfleisch je nach Größe der Fleischstücke 8 bis 15 Minuten braten. (Kleine Fleischstücke erst später dazulegen.)
12. Dann das Fleisch auf ein Holzbrett legen und etwa 6 Minuten ruhen lassen. Anschließend in Scheiben schneiden und auf vorgewärmten Tellern anrichten.
13. Die Sauce erhitzen und an das Fleisch gießen.
(Foto links)

Filetierte Rehkeule auf Thymiansauce

Für 8 Personen

1 Rehkeule
125 ml Sonnenblumenöl
1 Zwiebel
1 Möhre
½ Stange Lauch
50 g Knollensellerie
4 EL Butter
3 EL Butterschmalz
2 Thymianzweige
1 Lorbeerblatt
½ l Rotwein (Burgunder)
250 g Sahne
100 g Crème fraîche
1 EL rotes Johannisbeergelee
Butterschmalz zum Anbraten
Butter zum Einfetten
250 g frischer Speck in dünnen Scheiben

Marinierzeit: ca. 24 Stunden
Zubereitungszeit: ca. 3 ¼ Stunden

1. Die Rehkeule enthäuten, von den Sehnen befreien und das Fleisch in die einzelnen Muskelstränge zerteilen.
2. Das Rehfleisch mit dem Sonnenblumenöl dick bestreichen und in eine Schüssel legen. Mit Frischhaltefolie abdecken und etwa 1 Tag ruhen lassen.
3. Das Gemüse sorgfältig putzen, kleinschneiden und in der Butter kräftig anrösten.
4. Die Rehknochen zerhacken und die Rehfleischabfälle zerteilen. Beides in Butterschmalz anbraten.
5. Das Röstgemüse, die Thymianzweige, das Lorbeerblatt und den Rotwein dazugeben.
6. So viel Wasser angießen, daß alle Zutaten bedeckt sind, und etwa 2 Stunden köcheln lassen.
7. Den Fond anschließend durch ein Sieb gießen und sämig einkochen lassen.
8. Die Sahne und die Crème fraîche unter die reduzierte Sauce rühren

Wildschweingulasch

Für 4 Personen

Für die Marinade
1 Zwiebel
1 Möhre
1 kleine Stange Lauch
1 l trockener Rotwein
1 Thymianzweig
6 Wacholderbeeren
8 Pfefferkörner
Salz

Für das Gulasch
600 g Wildschweinfleisch aus der Schulter ohne Knochen und Sehnen
250 g Sahne
Salz
Pfeffer aus der Mühle
4 EL Butterschmalz
gerebelter Majoran

Marinierzeit: ca. 10 Stunden
Zubereitungszeit: ca. 2 Stunden

1. Die Zwiebel schälen und in dünne Scheiben schneiden.
2. Die Möhre und den Lauch putzen, waschen und ebenfalls in Scheiben schneiden.
3. Den Rotwein mit den restlichen Zutaten für die Marinade in einen Kochtopf geben, etwa 10 Minuten kochen und dann erkalten lassen.
4. Das Wildschweinfleisch waschen, mit Küchenpapier trockentupfen und in mundgerechte Würfel schneiden. In die Marinade legen und etwa 10 Stunden darin ziehen lassen.
5. Das Fleisch aus der Marinade nehmen, abtropfen lassen und mit Küchenpapier trockentupfen. Die Marinade durch ein Sieb gießen.
6. Die Sahne sämig einköcheln lassen.
7. Das Fleisch mit Salz und Pfeffer würzen und in dem Butterschmalz rundherum kräftig anbraten. Mit etwas Marinade ablöschen und etwa 1 Stunde im geschlossenen Kochtopf sanft schmoren lassen.
8. Den Saucenfond abgießen und auf 125 Milliliter einkochen lassen. Mit der reduzierten Sahne mischen. Eventuell die Sauce noch ein wenig einkochen lassen, bis sie die gewünschte Konsistenz erhalten hat.
9. Die Sauce mit Salz, Pfeffer und Majoran würzen.
10. Das Fleisch in die Sauce geben und alles nochmals erhitzen.

(Foto rechts)

Hasenrückenfilet in Wacholderrahm

Für 4 Personen

2 Hasenrückenfilets ohne Knochen
Sonnenblumenöl
1/4 l brauner Wildfond
6 Wacholderbeeren
150 g Crème fraîche
Salz
Pfeffer aus der Mühle
2 EL Butterschmalz

Marinierzeit: ca. 10 Stunden
Zubereitungszeit: ca. 3/4 Stunden

1. Die Hasenrückenfilets kurz waschen, mit Küchenpapier trockentupfen und mit Sonnenblumenöl bestreichen. In eine Schüssel legen und mit Frischhaltefolie abdecken. Über Nacht ruhen lassen, damit das Fleisch zarter wird.
2. Den Wildfond mit den Wacholderbeeren bis auf wenige Eßlöffel einkochen lassen.
3. Die Wacholderbeeren entfernen und die Crème fraîche unter den Fond rühren. Eventuell noch ein wenig einkochen lassen, bis die Sauce die gewünschte Konsistenz erhalten hat. Die Sauce mit Salz und Pfeffer würzen und abschmecken. Den Backofen auf 200 Grad vorheizen.
4. Die Hasenrückenfilets mit Küchenpapier trockentupfen und mit Salz und Pfeffer würzen.
5. Das Butterschmalz in einer Bratpfanne erhitzen und die Hasenrückenfilets darin rundherum kurz anbraten.
6. Die Bratpfanne mit dem Fleisch auf die mittlere Schiene des Backofens stellen und das Fleisch je nach Dicke der Filets etwa 5 Minuten braten.
7. Die Hasenrückenfilets aus dem Backofen nehmen und auf einem Holzbrett, lose mit Alufolie abgedeckt, 5 Minuten ruhen lassen.
8. Das Fleisch in Scheiben schneiden und auf vorgewärmten Tellern anrichten. Den Wacholderrahm erhitzen, nochmals abschmecken und an das Fleisch gießen.

Tip

Hasenfleisch wird zarter, wenn Sie es vor der Zubereitung mit geschmacksneutralem Öl bestreichen und dann mehrere Stunden ziehen lassen.

Kaninchen mit Backpflaumen

Für 4 Personen

- 1 küchenfertiges Kaninchen mit Leber (ca. 1 1/2 kg)
- 375 ml kräftiger Rotwein
- 50 ml halbtrockener Sherry (Amontillado)
- 1 kräftiger Schuß Rotweinessig
- Salz
- 150 g Schalotten
- 2 Knoblauchzehen
- 10 schwarze Pfefferkörner
- 10 Korianderkörner
- 1 Lorbeerblatt
- 2 Thymianzweige
- 5 Petersilienzweige
- 200 g entsteinte Backpflaumen
- 5 cl Zwetschgenwasser
- 125 g magerer Räucherspeck
- 80 g Blutwurst ohne Speck
- 50 g Butter
- 2 EL Mehl
- weißer Pfeffer aus der Mühle
- 2 EL Johannisbeergelee
- 2–3 EL Crème fraîche
- Cayennepfeffer

Marinierzeit: ca. 12 Stunden
Zubereitungszeit: ca. 2 Stunden

1. Das Kaninchen in acht Stücke teilen, kurz waschen, mit Küchenpapier trockentupfen und in einer Steingutschüssel mit dem Rotwein, dem Sherry und etwas Essig übergießen. Die Marinade leicht salzen.
2. Vier Schalotten und die Knoblauchzehen schälen, die Schalotten fein würfeln, die Knoblauchzehen grob hacken. Die Pfeffer- und die Korianderkörner im Mörser zerstoßen und alles in die Marinade geben.
3. Das Lorbeerblatt mit den Kräutern zu einem Strauß binden und ebenfalls in die Marinade geben. Das Kaninchen zugedeckt über Nacht darin ziehen lassen.
4. Die Backpflaumen in einem Schälchen mit dem Zwetschgenwasser übergießen und ebenfalls bis zum nächsten Tag zugedeckt durchziehen lassen.
5. Am nächsten Tag den Räucherspeck fein würfeln. Die Blutwurst aus dem Darm lösen und zusammen mit der zuvor abgespülten und trockengetupften Kaninchenleber fein hacken. Die restlichen Schalotten schälen und ebenfalls fein hacken.
6. Die Butter in einem Schmortopf zerlassen, den Speck und die Schalottenwürfel darin glasig braten. Herausnehmen und die Kaninchenstücke im Bratfett rundherum kräftig braun anbraten. Mit dem Mehl bestäuben und gut durchrühren. Mit Salz und Pfeffer würzen.
7. Die Marinade durch ein Sieb zum Kaninchen gießen und das Ganze zugedeckt 1 Stunde schmoren lassen.
8. Danach die Speck-Zwiebel-Mischung, die Blutwurst-Leber-Mischung und die Backpflaumen hinzufügen und alles noch 20 Minuten schmoren lassen.
9. Die Sauce mit dem Johannisbeergelee und der Crème fraîche verfeinern und mit Salz und Cayennepfeffer beliebig scharf abschmecken.

(Foto rechts: unten)

Kaninchen in Weinsauce

Für 4 Personen

- 1 küchenfertiges Kaninchen (ca. 2 kg)
- Salz
- weißer Pfeffer aus der Mühle
- 4 EL Butter
- 2 EL Distelöl
- 2 kleine Salbeiblätter
- 1 Rosmarinzweig
- 4 Thymianzweige
- 6 Knoblauchzehen
- knapp 1/4 l trockener Weißwein
- 4 Fleischtomaten
- 4 EL Crème fraîche

Zubereitungszeit: ca. 55 Minuten

1. Das Kaninchen in acht Stücke teilen, kurz waschen, mit Küchenpapier trockentupfen und mit Salz und Pfeffer einreiben.
2. Die Butter und das Öl in einem Bräter erhitzen und die Kaninchenstücke darin rundherum scharf anbraten.
3. Den Salbei, den Rosmarin und den Thymian abspülen und mit Küchenpapier trockentupfen. Die Rosmarinnadeln und die Thymianblätter abstreifen.
4. Die Knoblauchzehen schälen, zerdrücken und zu den Kaninchenstücken geben. Den Wein angießen, die Kräuter hinzufügen. Den Wein bei starker Hitze um gut die Hälfte einkochen lassen. Den Backofen auf 175 Grad vorheizen.
5. Die Tomaten über Kreuz einritzen, kurz in kochendes Wasser legen, kalt abschrecken und enthäuten. Die Tomaten vierteln, entkernen, würfeln und zum Fleisch geben. Das Ganze mit Salz und Pfeffer würzen.
6. Das Kaninchen zugedeckt im Backofen noch 1/2 Stunde schmoren lassen.
7. Den Fond dann etwas entfetten und mit der Crème fraîche verrühren. Mit Salz und Pfeffer beliebig nachwürzen.

(Foto rechts: oben)

AGNIEZ
Crème de foie au poivre vert
100g
LEVER CREME MET GROENE PEPER

Hauptgerichte mit Geflügel

Für Feinschmecker sind Geflügelgerichte die feinste Art zu genießen. So vielfältig die Zubereitungsmöglichkeiten sind, so mannigfaltig sind auch die vorgestellten Speisen. Hier vereinen sich exotische Geflügelgerichte mit Festtagsbraten und Feinem mit Wildgeflügel zu einer erlesenen Auswahl an Gaumenfreuden.

Kräuterhähnchen

Für 2 Personen

- 1 kleines Hähnchen
- 1 Zwiebel
- 1 Rosmarin- oder Estragonzweig
- 60 g Butter
- 2 EL Honig
- Salz
- schwarzer Pfeffer aus der Mühle
- 1 EL Butter
- 100 g Sahne oder
- 3 EL Crème fraîche

Zubereitungszeit: ca. 50 Minuten

1. Das Hähnchen waschen und mit Küchenpapier trockentupfen. Die Zwiebel schälen, fein hacken. Die Kräuter waschen, mit Küchenpapier trockentupfen und fein hakken. Etwa ein Drittel der Kräutermenge beiseite legen.
2. Die Zwiebeln, die restlichen Kräuter und die Butter in das Hähnchen füllen. Den Backofen auf 160 Grad vorheizen.
3. Das Hähnchen in eine gefettete Kasserolle legen, den Honig darüberträufeln, das Hähnchen mit Salz und Pfeffer würzen und mit einigen Butterflöckchen belegen. Die Kasserolle mit Alufolie abdecken und das Hähnchen etwa $1/2$ Stunde im Backofen braten. Zwischendurch das Hähnchen immer wieder mit dem Bratensaft begießen. Gegebenenfalls etwas Wasser dazugießen.
4. Dann die Alufolie entfernen, die restlichen Kräuter über das Hähnchen streuen und alles bei 190 Grad weiterbraten, bis das Hähnchen goldbraun ist. Zwischendurch immer wieder mit Bratensaft begießen.
5. Das Hähnchen aus der Kasserolle nehmen und warm stellen. Den Bratensaft in eine Saucenpfanne gießen und die Sahne oder die Crème fraîche einrühren. Dabei die Sauce so lange einkochen lassen, bis sie sämig ist.
6. Das Hähnchen zerteilen und mit der Sauce übergießen.

(Foto rechts)

Sonntagshähnchen

Für 4 Personen

- 2 kleine Hähnchen mit Mägen
- und Lebern
- 1 Zwiebel
- 100 g gekochter Schinken
- 300 g geschälte Tomaten aus der Dose
- 120 g Butter
- 50 g Pecorino
- 1 Knoblauchzehe
- 150 g Semmelbrösel
- 50 g Sultaninen
- 2 Eier
- 1 TL abgeriebene Schale
- einer unbehandelten Zitrone
- 1 EL gerebelter Oregano
- Salz, weißer Pfeffer
- 1 TL Paprikapulver, edelsüß
- $1/4$ l Fleischbrühe

Zubereitungszeit: ca. 1 $3/4$ Stunden

1. Die Hähnchen waschen, trokkentupfen und salzen und pfeffern.
2. Die Mägen und die Lebern fein hacken. Die Zwiebel schälen und fein hacken. Den Schinken fein würfeln. Die Tomaten mit der Flüssigkeit durch ein Sieb passieren.
3. 4 Eßlöffel Butter in einer Pfanne erhitzen und die Innereien darin kurz anbraten. Die Zwiebeln und den Schinken dazugeben und kurz mitschwitzen lassen. Mit den Tomaten ablöschen und erkalten lassen.
4. Den Käse fein reiben. Die Knoblauchzehe schälen und fein hakken. Mit den Semmelbröseln, den Sultaninen und den Eiern unter die Tomatenmasse geben.
5. Mit der Zitronenschale, dem Oregano, Salz und Pfeffer würzen. Den Ofen auf 200 Grad vorheizen.
6. Die Masse in die Hähnchen füllen, diese mit Garn zunähen.
7. Die restliche Butter schmelzen lassen, das Paprikapulver hineinrühren und die Hähnchen damit bestreichen.
8. Die Hähnchen in eine Kasserolle setzen und 1 $1/4$ Stunden garen.
9. Während der Garzeit die Hähnchen mehrmals mit der Buttermischung bestreichen und mit der Fleischbrühe ablöschen.

Wiener Hähnchenkeulen in Specksauce

Für 4 Personen

Für die Hähnchenkeulen

- 4 Hähnchenkeulen
- Salz, schwarzer Pfeffer
- 2 Eier
- 100 g Mehl
- Fett zum Fritieren
- 100 g Semmelbrösel
- 2 EL abgeriebene Schale
- einer unbehandelten Zitrone
- 2 EL gehackte Zitronenmelisse

Für die Sauce

- 2 EL Butter
- 100 g durchwachsener,
- geräucherter Speck
- 2 kleine Zwiebeln
- 125 ml Rotwein
- 450 ml Bratensauce (Fertigprodukt)
- 1 Msp. gerebelter Thymian
- 1 Prise Zucker

Zubereitungszeit: ca. $1/2$ Stunde

1. Die Hähnchenkeulen kurz waschen, mit Küchenpapier trockentupfen, salzen und pfeffern. Die Eier in einem tiefen Teller verquirlen. Das Fritierfett erhitzen.
2. Die Hähnchenkeulen zuerst in dem Mehl, anschließend in den Eiern wenden.
3. Die Semmelbrösel mit der Zitronenschale und der Zitronenmelisse mischen und die Hähnchenkeulen damit panieren.
4. Die Keulen anschließend im heißen Fett etwa 10 Minuten fritieren.
5. Für die Sauce in der Zwischenzeit die Butter in einer Pfanne erhitzen. Den Speck in Streifen schneiden und darin ausbraten.
6. Die Zwiebeln schälen, fein hakken, zu dem Speck geben und im Fett glasig dünsten.
7. Mit dem Rotwein ablöschen und die Bratensauce angießen. Mit Thymian, Zucker, Salz und Pfeffer abschmecken.
8. Die Hähnchenkeulen in der Sauce anrichten.

Gefüllte Poularde auf chinesische Art

Für 4 Personen

1 Poularde
1 TL schwarze Pfefferkörner
1/2 Stange Lauch
1/2 Zwiebel
1/2 rote Paprikaschote
2 EL Sesamöl
50 g Sojabohnenkeimlinge
2 Eier
1 Msp. Ingwerpulver
etwa 2 kg Salz

Zubereitungszeit: ca. 2 1/4 Stunden

1. Die küchenfertige Poularde kurz waschen und mit Küchenpapier sehr gründlich innen und außen trockentupfen. Den Pfeffer im Mörser grob zerstoßen.
2. Den Lauch, die Zwiebel und die Paprikaschote putzen, waschen und in dünne Streifen schneiden. Das Sesamöl erhitzen und die Gemüsestreifen darin unter Rühren kräftig anbraten.
3. Die Sojabohnenkeimlinge darunterrühren und kurz mitbraten.
4. Die Eier in einer Schüssel verquirlen und mit Ingwerpulver und dem Pfeffer würzen.
5. Die Eiermasse zum Gemüse geben und unter ständigem Rühren stocken lassen.
6. Die Gemüse-Eier-Füllung in die Poularde geben und diese zunähen. Den Backofen auf 200 Grad vorheizen.
7. Den Boden eines entsprechend großen Topfes mit etwas Salz bedecken und die Poularde darauf legen.
8. Das restliche Salz so darüber verteilen, daß die Poularde vollständig damit bedeckt ist.
9. Den Topf in den Backofen schieben und dann die Poularde etwa 1 1/2 Stunden garen. Anschließend den Topf herausnehmen, das Salz entfernen und die Poularde sofort servieren.

(Foto oben)

Hähnchenbrustfilets mit grünem Pfeffer

Für 4 Personen

4 Hähnchenbrustfilets
Salz
Pfeffer aus der Mühle
3 EL Öl
2 Zwiebeln
2 EL Kräuterbutter
2 TL grüne Pfefferkörner
2 EL Honig
Saft von 1 Zitrone
4 Zitronen
200 ml Sekt
300 ml Bratensaft (Fertigprodukt)
einige Zweige Zitronenmelisse
1 Prise Speisewürze
2 TL Speisestärke

Zubereitungszeit: ca. 1/2 Stunde

1. Die Hähnchenbrustfilets kurz waschen, mit Küchenpapier trokkentupfen, salzen und pfeffern. In einer Pfanne mit etwas Öl von allen Seiten anbraten. Herausnehmen und warm stellen.
2. Die Zwiebeln schälen und fein hacken. Die Kräuterbutter in die Pfanne geben und die Zwiebelwürfel darin glasig dünsten.
3. Die Pfefferkörner, den Honig und den Zitronensaft dazugeben und alles aufkochen lassen.
4. Die Zitronen so schälen, daß die weiße Innenhaut mitentfernt wird. Die Filets herausschneiden und in die Sauce geben.
5. Mit Sekt ablöschen und den Bratensaft angießen.
6. Die Zitronenmelisse waschen, mit Küchenpapier trockentupfen und die Blätter fein schneiden. Unter die Sauce ziehen, mit Salz, Pfeffer und Speisewürze abschmekken. Die Speisestärke mit etwas Wasser verrühren, die Sauce damit aufkochen lassen, bis sie bindet.
7. Die Hähnchenbrustfilets mit der Sauce überziehen und servieren.

Coq au vin

Für 4 Personen

1 Mastpoularde (ca. 1 1/4 kg)
Salz
weißer Pfeffer aus der Mühle
4 Schalotten
2 Knoblauchzehen
70 g Butter
2 EL Traubenkern- oder Distelöl
1/2 Bund Petersilie
2 Thymianzweige
1 kleines Lorbeerblatt
700 ml roter Burgunder
1 EL Mehl
125 g kleine Zwiebeln
1 kräftige Prise Zucker
125 g kleine, weiße Champignons
etwas Zitronensaft
50 g Crème fraîche

Zubereitungszeit: ca. 1 1/4 Stunden

1. Die Poularde nach Belieben in vier oder acht Stücke teilen, kurz waschen und mit Küchenpapier trockentupfen. Mit Salz und Pfeffer einreiben.
2. Die Schalotten und die Knoblauchzehen schälen und sehr fein hacken.
3. Etwa 2 Eßlöffel Butter und das Öl in einem Bräter erhitzen, die Geflügelteile, die Schalotten und den Knoblauch hineingeben und von allen Seiten goldgelb anbraten.
4. In der Zwischenzeit die Petersilie und den Thymian abspülen, mit Küchenpapier trockentupfen und mit dem Lorbeerblatt zu einem kleinen Sträußchen (Bouquet garni) binden.
5. Von dem Burgunder 1/2 Tasse abnehmen. Den restlichen Wein zu dem Geflügel gießen und aufkochen lassen. Mit dem abgenommenen Wein das Mehl verrühren und in die Sauce geben. Das Bouquet garni hinzufügen. Die Poulardenteile zugedeckt etwa 1/2 Stunde schmoren lassen.
6. Dann die Stücke herausnehmen und mit Alufolie bedeckt beiseite stellen. Das Bouquet garni entfernen.
7. Die Sauce im offenen Topf bei starker Hitze in 25 Minuten um etwa die Hälfte einkochen lassen. Dabei häufig umrühren.
8. In der Zwischenzeit die Zwiebeln schälen, in 2 Eßlöffeln Butter rundherum zart bräunen, nun mit Zucker bestreuen und diesen leicht karamelisieren lassen. Etwas Wasser (es kann auch Wein sein) angießen und die Zwiebelchen darin weichdünsten. Mit Salz und Pfeffer würzen.
9. Die Champignons putzen, mit einem feuchten Tuch abreiben und in der restlichen Butter hell anschwitzen lassen. Mit etwas Zitronensaft beträufeln und im eigenen Saft kurz schmoren lassen. Ebenfalls leicht salzen und pfeffern.
10. Die Sauce nun mit der Crème fraîche verfeinern, mit Salz und Pfeffer abschmecken und die Hähnchenteile darin erwärmen. Dabei sollte die Sauce aber möglichst nicht mehr kochen.
11. Den Coq au vin in einer tiefen Servierplatte mit der Sauce anrichten und mit den Zwiebelchen und den Champignons umlegen.

(Foto oben)

Hähnchenragout mit Shrimps

Für 4 Personen

1/4 l Geflügelfond
100 g Crème double
2 EL Crème fraîche
1 EL Tomatenmark
1 EL Sherry
Salz
Pfeffer aus der Mühle
Rosenpaprikapulver
1 Bund Schnittlauch
150 g Möhren
75 g feine grüne Erbsen
3 Hähnchenbrüstchen ohne Haut und Knochen
2 EL Butter
150 g Shrimps

Zubereitungszeit: ca. 1 Stunde

1. Den Geflügelfond bis auf wenige Eßlöffel einkochen lassen und die Crème double, die Crème fraîche, das Tomatenmark und den Sherry dazugeben.
2. Die Sauce mit Salz, Pfeffer und Rosenpaprikapulver würzen und abschmecken.
3. Den Schnittlauch waschen, mit Küchenpapier trockentupfen und die Halme in Röllchen schneiden.
4. Die Möhren putzen, waschen und in Scheiben schneiden. In leicht gesalzenem Wasser etwa 4 Minuten bißfest kochen. Anschließend in leicht gesalzenem Eiswasser abschrecken und abtropfen lassen.
5. Die Erbsen ebenfalls in leicht gesalzenem Wasser je nach Größe etwa 3 Minuten bißfest kochen und in leicht gesalzenem Eiswasser abschrecken. Bei der Verwendung tiefgefrorener Erbsen benötigt man nur 1 Minute zum Blanchieren.
6. Die Hähnchenbrüstchen von den Sehnen befreien, kurz waschen und mit Küchenpapier trockentupfen. Das Fleisch in mundgerechte Würfel schneiden.
7. Das Fleisch mit Salz und Pfeffer würzen und in kleinen Mengen jeweils etwa 2 Minuten unter wiederholtem Wenden in der Butter braten.
8. Das Fleisch, das Gemüse und die Shrimps unter die Sauce heben, alles erhitzen und abschmecken.
9. Mit dem Schnittlauch bestreuen und das Ganze servieren.

(Foto links)

Marinierte Hähnchenkeulen

Für 4 Personen

6 EL Tomatenmark
3 Knoblauchzehen
2 EL Honig
Salz
schwarzer Pfeffer aus der Mühle
1 TL getrockneter Thymian
1 EL Olivenöl
8 Hähnchenkeulen

Marinierzeit: ca. 1 Stunde
Zubereitungszeit: ca. 40 Minuten

1. Das Tomatenmark in einen Topf geben. Die Knoblauchzehen schälen, zerdrücken und dazugeben. Den Honig darunterrühren und alles bei milder Hitze erwärmen. Salz, Pfeffer, den Thymian und das Olivenöl darunterrühren.
2. Die Hähnchenkeulen waschen, mit Küchenpapier trockentupfen und nebeneinander auf ein mit Alufolie (glänzende Seite nach oben) ausgelegtes Backblech legen. Dann gleichmäßig mit der Marinade bepinseln und mindestens 1 Stunde marinieren.
3. Den Backofen auf 200 Grad vorheizen. Dann die Hähnchenkeulen auf der mittleren Schiene etwa 1/2 Stunde garen. Falls nötig, mit Alufolie abdecken. Die Hähnchenkeulen heiß oder kalt servieren.

Geschmorte Hähnchenkeulen

Für 4 Personen

100 g fetter Speck,
in 3 mm dicken Scheiben
5 EL Cognac oder Weinbrand
4 Hähnchenkeulen
Salz, weißer Pfeffer
200 g kleine Schalotten
250 g kleine Champignons
8 Artischockenherzen aus dem Glas
50 g Butter
4 EL Olivenöl
1 EL Mehl
125 ml Geflügelfond
1/4 l halbtrockener Weißherbst
oder ein anderer Rosé
1/2 Lorbeerblatt
4 Thymianzweige

Marinierzeit: ca. 12 Stunden
Zubereitungszeit: ca. 55 Minuten

1. Die Speckscheiben quer in Streifen schneiden, mit 2 Eßlöffeln Cognac oder Weinbrand übergießen und zugedeckt über Nacht ziehen lassen.
2. Am nächsten Tag die Keulen kurz waschen, mit Küchenpapier abtupfen, mit den marinierten Speckstreifen spicken und mit Salz und Pfeffer einreiben.
3. Die Schalotten schälen. Die Champignons putzen und mit einem feuchten Tuch abreiben. Die Artischockenherzen vierteln.
4. 2 Eßlöffel Butter und das Öl in einem großen Bräter erhitzen. Die Hähnchenkeulen darin rundherum knusprig braun anbraten. Den restlichen Cognac oder Weinbrand in einer Kelle erwärmen, anzünden und brennend über die Keulen gießen. Sobald der Alkohol ausgebrannt ist, die Keulen aus dem Bräter nehmen.
5. Die Schalotten und die Champignons im restlichen Bratfett so lange unter Rühren braten, bis die Schalotten glasig sind. Das Mehl darüberstäuben, unterrühren und alles mit dem Geflügelfond und dem Rosé ablöschen. Die Artischockenherzen und das Lorbeerblatt hinzufügen und die Hähnchenkeulen wieder in den Topf geben. Alles zunächst zugedeckt 1/4 Stunde, dann offen 5 bis 10 Minuten schmoren lassen.
6. Die Thymianblättchen von den Zweigen zupfen und erst in den letzten 10 Minuten dazugeben. Das Lorbeerblatt entfernen, die Hähnchenkeulen aus der Sauce nehmen. Die Sauce mit Salz und Pfeffer abschmecken und vom Herd nehmen. Nun die restliche Butter in kleinen Flocken einschwenken. Die Keulen in der Sauce servieren. (Foto oben)

Hähnchenbrüstchen mit Champignonfarce in Portweinsauce

Für 4 Personen

4 Hähnchenbrüstchen
Salz, Pfeffer aus der Mühle
60 g Butter
250 g Champignons
2 Schalotten
100 g Sahne
2 Eier
4 Mangoldblätter
1/4 l Geflügelfond
3 EL Portwein
3 EL Sherry
150 g Crème fraîche

Zubereitungszeit: ca. 50 Minuten

1. Die Hähnchenbrüstchen kurz waschen, mit Küchenpapier trokkentupfen, mit Salz und Pfeffer würzen und von beiden Seiten kurz in 2 Eßlöffeln Butter anbraten.
2. Die Champignons putzen, mit einem feuchten Tuch abreiben und kleinschneiden.
3. Die Schalotten schälen, fein hakken und in der restlichen Butter andünsten. Die Champignons dazugeben, 5 Minuten mitdünsten und anschließend vom Herd nehmen.
4. Die Sahne und die Eier dazugeben, alles fein pürieren und mit Salz und Pfeffer abschmecken.
5. Die Mangoldblätter waschen, die dicken Rippen herausschneiden und den Mangold in leicht gesalzenem Wasser 1 Minute blanchieren. Anschließend in leicht gesalzenem Eiswasser abschrecken und abtropfen lassen. Den Backofen auf 200 Grad vorheizen.
6. Die Mangoldblätter in der Größe der Hähnchenbrüstchen mit einem Teil der Champignonfarce bestreichen. Die Hähnchenbrüstchen darauf setzen und die restliche Farce darauf verteilen.
7. Die Mangoldblätter um die Hähnchenbrüstchen wickeln.
8. Die Mangoldrollen auf eine Edelstahlplatte legen und auf der mittleren Schiene des Backofens 7 bis 10 Minuten garen.
9. In der Zwischenzeit den Geflügelfond bis auf wenige Eßlöffel einkochen lassen und den Portwein, den Sherry und die Crème fraîche dazugeben. Die Sauce eventuell noch etwas einkochen lassen, bis die gewünschte Konsistenz erreicht ist.
10. Die Mangoldrollen aus dem Backofen nehmen und 5 Minuten mit Alufolie locker abgedeckt ruhen lassen.
11. Schräg mit einem elektrischen Messer in Scheiben schneiden und auf flachen, vorgewärmten Tellern anrichten. Die Portweinsauce angießen und servieren.

Hähnchenbrüstchen mit Paprikastreifen

Für 4 Personen

1/4 l Geflügelfond
250 g Sahne
Salz
Rosenpaprikapulver
3 cl Sherry
2 cl Whisky
Saft von 1 Zitrone
1 rote Paprikaschote
Pfeffer aus der Mühle
50 g Butter
4 Hähnchenbrüstchen

Zubereitungszeit: ca. 25 Minuten

1. Den Geflügelfond mit der Sahne so lange einkochen lassen, bis eine sämige Sauce entstanden ist.
2. Mit Salz und Rosenpaprikapulver würzen. Den Sherry, den Whisky und einige Tropfen Zitronensaft dazugeben und dann die Sauce abschmecken.
3. Die Paprikaschote waschen, vierteln und die Kerne und die Häute entfernen.
4. Das Fruchtfleisch in Streifen schneiden und mit Salz und Pfeffer würzen. 1 Minute in 3 Eßlöffeln Butter andünsten und in die Sauce geben.
5. Die Hähnchenbrüstchen kurz waschen, mit Küchenpapier trokkentupfen, mit Salz und Pfeffer würzen und je nach Größe von jeder Seite etwa 2 Minuten in der restlichen Butter braten. Das Fleisch sollte innen noch leicht rosa sein.
6. Die Sauce auf vorgewärmten Tellern verteilen und das Fleisch darauf setzen.

(Foto rechts: oben)

Hähnchengeschnetzeltes

Für 4 Personen

1 Zwiebel
50 g Butter
150 g Champignons
Salz
Pfeffer aus der Mühle
600 g Hähnchenbrustfilets
175 g Crème fraîche
1 EL feingehackte Petersilie

Zubereitungszeit: ca. 1/2 Stunde

1. Die Zwiebeln schälen, fein hakken und in wenig Butter andünsten.
2. Die Champignons putzen und mit einem feuchten Tuch abreiben, in Scheiben schneiden. Mit Salz und Pfeffer würzen, zu den Zwiebelwürfeln geben und etwa 1 Minute mitdünsten.
3. Die Hähnchenbrustfilets waschen, mit Küchenpapier trockentupfen, in längliche Streifen schneiden und mit Salz und Pfeffer würzen. In kleinen Portionen unter wiederholtem Wenden in der restlichen Butter braten.
4. Die Zwiebelwürfel, die Champignons und die Crème fraîche zum Fleisch geben, alles erhitzen und mit Salz und Pfeffer würzen und abschmecken.
5. Das Hähnchengeschnetzelte in eine vorgewärmte Schüssel füllen und mit der Petersilie bestreuen.

(Foto rechts: unten)

Tip

Die eingemachten Entenkeulen können Sie im Kühlschrank einige Tage aufbewahren und bei Bedarf später noch braten.

Entenbrust mit Backpflaumen

Für 4 Personen

- 150 g entkernte Backpflaumen
- 300 ml trockener französischer Rotwein
- 4 Entenbrüste à 200 g
- Salz
- schwarzer Pfeffer aus der Mühle
- 3 EL Olivenöl
- 4 Schalotten
- 300 ml Bratensaft (Fertigprodukt)
- 2 EL Butter

Zubereitungszeit: ca. 3/4 Stunden

1. Die Backpflaumen in dem Rotwein aufkochen lassen und beiseite stellen. Den Backofen auf 200 Grad vorheizen.
2. Die Entenbrüste kurz waschen, mit Küchenpapier trockentupfen und mit Salz und Pfeffer würzen.
3. 2 Eßlöffel Olivenöl in einer Pfanne erhitzen. Die Entenbrüste zuerst auf der Fleischseite knusprig braten, wenden und dann im Ofen 10 Minuten braten. Die Brüste aus der Pfanne nehmen und warm stellen. Das Fleisch muß noch etwas blutig sein, denn es zieht während des Warmhaltens noch durch.
4. Die Schalotten schälen und fein hacken, mit dem restlichen Olivenöl in die Pfanne geben, andünsten und mit dem Rotwein der Backpflaumen ablöschen. Die Sauce einkochen lassen.
5. Den Bratensaft und die Backpflaumen dazugeben und 10 Minuten kochen lassen. Anschließend vom Feuer nehmen und die Butter unter die Sauce rühren.
6. Die Entenbrust in Scheiben schneiden und die Sauce extra servieren.

(Foto oben)

Eingemachte Entenkeulen mit Pfifferlingen

Für 4 Personen

Für die Entenkeulen

- 4 Entenkeulen à 300 g
- 1 TL Salz
- schwarzer Pfeffer aus der Mühle
- 50 g Möhren
- 50 g Lauch
- 2 Zwiebeln
- 50 g Knollensellerie
- 1 1/2 kg Enten- oder Schweineschmalz
- 1 Salbeizweig
- 2 Rosmarinzweige
- 1 Bund Thymian
- 2 Knoblauchzehen

Für die Pfifferlinge

- 600 g Pfifferlinge
- 6 Schalotten
- 1 Knoblauchzehe
- 1 EL Enten- oder Schweineschmalz
- Salz
- schwarzer Pfeffer aus der Mühle
- 2 EL feingehackte Petersilie

Zeit zum Ziehen: ca. 12 Stunden
Zubereitungszeit: ca. 1 1/2 Stunden

1. Die Entenkeulen kurz waschen, mit Küchenpapier trockentupfen, mit Salz und Pfeffer würzen und etwa 12 Stunden kühl stellen.
2. Das Gemüse putzen, waschen und in Würfel schneiden.
3. Das Enten- oder Schweineschmalz in einem Topf auf etwa 100 Grad erhitzen. Die Entenkeulen, das Gemüse, die Kräuter und die geschälten Knoblauchzehen in das Schmalz legen und 40 Minuten bei milder Hitze ziehen lassen. Vom Herd nehmen und kalt stellen. Die Keulen können Sie im Fett kühl aufbewahren und bei Bedarf im Ofen bei 200 Grad in 1/2 Stunde knusprig braten, oder Sie können sie auch kalt essen.
4. Die Pfifferlinge putzen und kurz waschen, damit sie nicht zuviel Wasser ziehen. Die Schalotten und die Knoblauchzehe schälen und fein hacken. Das Schmalz in einem Topf erhitzen und die Schalotten und den Knoblauch darin anschwitzen.
5. Die Pfifferlinge dazugeben, mit Salz und Pfeffer würzen und 10 Minuten dünsten, zum Schluß die Petersilie darüberstreuen. Die Pilze mit den Entenkeulen (kalt oder knusprig gebraten) servieren.

Ente mit Orangen

Für 4 Personen

1 Ente mit Hals und Magen
(ca. 1,8 kg)
Salz, schwarzer Pfeffer
3 EL Olivenöl
3 Zwiebeln
50 g Möhren
50 g Lauch
50 g Knollensellerie
1 Bund Thymian
1/4 l Rotwein
300 ml Geflügelfond
3 unbehandelte Orangen
1 EL Orangenlikör
1 EL Zucker
2 EL Butter

Zubereitungszeit: ca. 2 Stunden

1. Die Ente kurz waschen, mit Küchenpapier trockentupfen, den Magen, den Hals und die Flügel entfernen und kleinschneiden. Die Ente innen und außen salzen und pfeffern. Dann den Backofen auf 200 Grad vorheizen.
2. Das Olivenöl in einer Pfanne erhitzen und die Ente auf allen Seiten kurz darin anbraten. Den Hals, den Magen und die Flügel dazugeben und das Ganze im Ofen ungefähr 40 Minuten braten.
3. Das Gemüse putzen, waschen, kleinschneiden und mit dem Thymian zur Ente geben. Nochmals 40 Minuten im Ofen braten, das Gemüse zwischendurch wenden.
4. Die Ente herausnehmen und warm stellen. Die Pfanne auf den Herd stellen, das Fett abschöpfen und den Bratensatz mit dem Rotwein ablöschen. Den Geflügelfond dazugeben und bis auf die Hälfte einkochen lassen.
5. Von den gewaschenen Orangen mit einem Juliennereißer die Schale abschälen, im heißen Wasser kurz aufkochen lassen und abseihen. Von einer Orange die weiße Haut abziehen, die Orange in Scheiben schneiden und auf die Ente legen.
6. Die restlichen beiden Orangen auspressen, den Saft und den Orangenlikör zur Sauce geben und diese nochmals etwas einkochen lassen.
7. Die Orangenjulienne mit dem Zucker und der Butter in einem kleinen Topf karamelisieren lassen. Die Sauce durch ein Sieb zu der Orangenjulienne passieren und abschmecken. (Foto oben)

Variation

Sie können an die Sauce auch 1 Teelöffel grüne Pfefferkörner geben. Das macht sie würziger.

Tip

In den Wintermonaten sollten Sie Blutorangen verwenden. Sie geben dem Gericht eine besondere Note. Reichen Sie zur Ente buntes Gemüse und einen leichten trockenen Rosé.

Gefüllter Gänsebraten

Für 10 Personen

Für die Füllung

- 1 altbackenes Brötchen
- 1/2 l Apfelsaft
- 1 Zwiebel
- 250 g Kalbsleber
- 2 Eier
- 800 g Rinderhackfleisch
- Salz, Pfeffer aus der Mühle
- gerebelter Majoran
- gerebelter Thymian
- 1 Apfel

Außerdem

- 1 Gans (ca. 5 1/2 kg)
- 250 g Sahne
- 200 g Crème double
- 1 TL Calvados

Zubereitungszeit: ca. 3 1/2 Stunden

1. Das Brötchen in der Hälfte des Apfelsaftes einweichen, die Zwiebel schälen und fein hacken.
2. Die Kalbsleber in 3 Zentimeter lange, dünne Streifen schneiden.
3. Das Brötchen ausdrücken und mit der Zwiebel und den Eiern unter das Rinderhackfleisch mischen. Mit den Gewürzen abschmecken.
4. Den Apfel schälen, das Kerngehäuse entfernen und das Fruchtfleisch in kleine Würfel schneiden.
5. Die Kalbsleberstreifen und die Apfelwürfel unter das Rinderhackfleisch mischen und die Masse nochmals mit den Gewürzen abschmecken. Den Backofen auf 200 Grad vorheizen.
6. Die Gans innen und außen kalt abspülen und mit Küchenpapier trockentupfen. Innen mit Salz, Pfeffer, Majoran und Thymian würzen, außen nur mit Salz einreiben.
7. Die Gans mit der Rinderhackfleischmasse füllen, mit Küchengarn zunähen und mit der Brustseite nach unten in einen Bräter legen. 1/2 Liter heißes Wasser angießen und die Gans etwa 1 Stunde im Backofen braten.
8. Die Haut unterhalb der Keulen mit einer Nadel einstechen, damit das Fett besser herausfließen kann.
9. Die Gans wenden und weitere 1 1/2 Stunden braten. 10 Minuten vor Ende der Bratzeit kaltes Salzwasser (1 Eßlöffel Salz auf 1 Tasse Wasser) über die Gans streichen, damit die Haut schön knusprig wird, und bei 250 Grad fertiggaren.
10. Die Gans aus dem Backofen nehmen und 10 Minuten ruhen lassen.
11. Die Bratflüssigkeit in einen anderen Kochtopf geben, das Fett abschöpfen und die Flüssigkeit durch ein Sieb gießen.
12. Den Bratenfond mit dem restlichen Apfelsaft und der Sahne auf die gewünschte Konsistenz einkochen lassen. Die Crème double darunterrühren, alles erhitzen und mit Salz und Pfeffer würzen. Mit etwas Calvados abrunden und die Sauce abschmecken.
13. Die gefüllte Gans portionieren und mit der Sauce servieren.

(Foto rechts)

Geschmorte Gans mit Feigen

Für 4 Personen

- 1 junge Gans (ca. 2 1/2 kg)
- 1 TL Salz
- 1/2 TL weißer Pfeffer aus der Mühle
- 1 1/2 EL gerebelter Majoran
- 1 1/2 EL gerebelter Thymian
- 150 ml Essig
- 1/4 l Rotwein
- 1 Zwiebel
- 2 Möhren
- 1 kleiner Staudensellerie
- 1 Zucchino
- 300 g geschälte Tomaten aus der Dose
- 1/4 l Fleischbrühe
- 1 Prise Zucker
- 4 frische Feigen

Zubereitungszeit: ca. 2 1/2 Stunden

1. Den Backofen auf 200 Grad vorheizen. Die Gans abwaschen, mit Küchenpapier trockentupfen, salzen, pfeffern und mit je 1 Eßlöffel gerebeltem Majoran und Thymian einreiben.
2. Den Essig in einen großen Bräter geben und die Gans hineinlegen. In den Backofen schieben und etwa 1 1/2 Stunden garen. Während der Garzeit die Gans mehrmals mit etwas Rotwein begießen.
3. In der Zwischenzeit das Gemüse putzen, waschen und kleinschneiden. Mit den geschälten Tomaten zu der Gans geben und diese nochmals 1/2 Stunde garen.
4. Die Gans herausnehmen und warm stellen.
5. Die Fleischbrühe in den Bräter gießen. Mit dem restlichen Majoran und Thymian sowie dem Zucker abschmecken.
6. Die Feigen waschen, schälen, in Scheiben schneiden und in die Sauce geben, 5 Minuten köcheln lassen.
7. Die Gans portionieren, anrichten und zusammen mit dem Gemüse servieren.

(Foto Seite 114/115)

Tip

Frische Feigen sollten möglichst schnell verzehrt werden, da sie leicht schimmelig werden. Wenn Sie keine frischen Feigen bekommen, so verwenden Sie einfach getrocknete. Da diese sehr zuckerhaltig sind, säuert man die Sauce leicht mit Obst- oder Kräuteressig.

Wachteln mit Mangostreifen

Für 4 Personen

60 ml Riesling
1/4 l Geflügelfond
250 g Sahne
Salz
Pfeffer aus der Mühle
4 Wachteln
4 EL Butter
1 reife Mango
1 EL feingehackte Petersilie

Zubereitungszeit: ca. 1 Stunde

1. Den Riesling mit dem Geflügelfond und der Sahne sämig einkochen lassen. Mit Salz und Pfeffer würzen und abschmecken. Den Backofen auf 170 Grad vorheizen.
2. Die Wachteln mit Salz und Pfeffer würzen und in der Butter von allen Seiten anbraten.
3. Die Wachteln auf eine Edelstahlplatte legen und diese auf die mittlere Schiene des Backofens schieben. Etwa 10 Minuten braten, anschließend 5 Minuten ruhen lassen.
4. Die Mango schälen und das Fruchtfleisch vom Kern in Streifen abschneiden.
5. Die Wachteln tranchieren und die Brüste und die Keulen auf vorgewärmten Tellern anrichten.
6. Die Petersilie unter die Sauce rühren und diese erhitzen. Die Wachtelbrüstchen damit begießen und mit den Mangostreifen umlegen.

(Foto rechts)

Truthahnbrust mit Chutneys

Für 4 Personen

Für das Tomatenchutney
1 große Zwiebel
1/2 Apfel
1/2 kleine Paprikaschote
300 g geschälte Tomaten aus der Dose
100 g Kandiszucker
60 ml Weinessig
Salz
Cayennepfeffer
Paprikapulver edelsüß
gemahlene Nelken
gemahlener Koriander

Für das Apfelchutney
250 g Äpfel
1/2 kleine Zwiebel
50 g getrocknete Aprikosen
50 g Rosinen
1/2 TL Senfkörner
150 g brauner Kandiszucker
60 ml Weinessig
Salz, Cayennepfeffer

Für das Pflaumenchutney
125 g entsteinte Backpflaumen
1/8 l Apfelessig
125 g Äpfel
25 g Rosinen
Ingwerpulver
75 g Zucker

Außerdem
600 g Truthahnbrust
Salz
Pfeffer aus der Mühle
etwas Butter
3 EL feingehackte Kräuter (Petersilie, Schnittlauch, Zitronenmelisse)
exotische Früchte nach Wahl

Quellzeit: ca. 6 Stunden
Zubereitungszeit: ca. 1 1/2 Stunden (ohne Auskühlen)

1. Für das Tomatenchutney die Zwiebel schälen und kleinschneiden. Den Apfel schälen, vierteln, das Kerngehäuse entfernen und den Apfel in kleine Stücke schneiden. Die Paprikaschote waschen, vierteln, die Kerne und die Häute entfernen und das Fruchtfleisch in feine Würfel schneiden.
2. Die Zwiebeln, den Apfel und die Paprikaschote mit den restlichen Zutaten für das Tomatenchutney in einen Topf geben und unter Rühren zu einem dicklichen Brei einkochen lassen. Zum Schluß die Sauce abschmecken und kalt stellen.
3. Für das Apfelchutney die Äpfel und die Zwiebel schälen und grob hacken, die getrockneten Aprikosen in Würfel schneiden und die Rosinen waschen und abtropfen lassen.
4. Alles in einen Topf geben, die Senfkörner, den Kandiszucker und den Weinessig hinzufügen und das Ganze unter gelegentlichem Rühren bis zur gewünschten Konsistenz einkochen lassen. Mit Salz und Cayennepfeffer würzen und abschmecken. Anschließend erkalten lassen.
5. Für das Pflaumenchutney die Backpflaumen halbieren und im Apfelessig etwa 6 Stunden quellen lassen.
6. Die Äpfel schälen, vierteln, die Kerngehäuse entfernen und die Äpfel grob hacken. Die Rosinen waschen und abtropfen lassen. Zusammen mit den restlichen Zutaten für die Pflaumenchutney so lange kochen lassen, bis ein dicklicher Brei entsteht, anschließend kalt stellen.
7. Den Backofen auf 170 Grad vorheizen. Die Truthahnbrust waschen, mit Küchenpapier trockentupfen und mit Salz und Pfeffer würzen. Mit etwas Butter gut in Alufolie einwickeln, damit der Saft beim Braten nicht ausläuft. Auf der mittleren Schiene im Backofen etwa 40 Minuten braten. Anschließend erkalten lassen.
8. Die gegarte Truthahnbrust in Scheiben schneiden und auf einer Platte dekorativ anrichten. Die Kräuter über die Truthahnscheiben streuen.
9. Die Früchte schälen, in Scheiben oder Stücke schneiden und an die Fleischscheiben legen.
10. Die Chutneys zu der Truthahnbrust servieren.

Hauptgerichte mit Fisch und Meeresfrüchten

Flüsse, Seen und Meere bieten eine fast unüberschaubare Vielzahl an Fischen und Meeresfrüchten. Genauso reich ist auch die vorgestellte Rezepteauswahl. Vielfach den Köchen der Mittelmeerküche abgeschaut, laden die verlockenden Fischgerichte ein, auf feine Art zu genießen, und rufen Erinnerungen an unvergeßliche Urlaube am Meer wach.

Forellenfilet mit Dill-Meerrettich-Sauce

Für 4 Personen

1 l Fischfond
2 küchenfertige Forellen à 300 g
2 Bund Brunnenkresse
4 EL Crème fraîche
2 EL Mayonnaise
1 EL frischgeriebener Meerrettich
etwas feingehackter Dill
Salz
weißer Pfeffer
etwas Zitronensaft

Zubereitungszeit: ca. 3/4 Stunden

1. Den Fischfond in einem Topf erhitzen, aber nicht kochen. Die Forellen (sie sollten ausnahmsweise schon einen halben Tag zuvor getötet werden, damit sie ihre Form behalten und beim Pochieren nicht reißen) in den Fischfond legen, bei geringer Hitze etwa 10 Minuten garen und in dem Fond abkühlen lassen.
2. Die Brunnenkresse putzen, waschen und trockentupfen.
3. Für die Sauce die Crème fraîche mit der Mayonnaise, dem Meerrettich und dem Dill verrühren und mit Salz, Pfeffer und etwas Zitronensaft abschmecken.
4. Die Forellen vorsichtig aus dem Sud nehmen und abtropfen lassen. Die Haut vom Kopf entlang der Rückengräte mit einem kleinen Messer einritzen und beidseitig abziehen.
5. Wieder am Kopf beginnend das obere Filet mit Hilfe einer Gabel und eines Löffels ablösen und dann die Gräte vom Schwanzende her vom unteren Filet ablösen.
6. Die Forellenfilets mit der Brunnenkresse auf vier Tellern anrichten und mit einem Teil der Sauce überziehen. Die restliche Sauce extra dazu servieren.

(Foto oben)

Regenbogenforelle mit Kräuterbutter

Für 4 Personen

4 küchenfertige Regenbogenforellen à 300 g
Salz
2 EL Zitronensaft
125 g Butter
2 EL feingehackte Petersilie
1 EL feingehackter Kerbel
1 EL feingehackte Kresse
weißer Pfeffer aus der Mühle
2 EL Öl

Marinierzeit: ca. 1/4 Stunde
Zubereitungszeit: ca. 1/2 Stunde

1. Die küchenfertigen Forellen innen und außen waschen und mit Küchenpapier trockentupfen. Das Salz mit 1 Eßlöffel Zitronensaft verrühren und die Fische damit innen und außen einstreichen.
2. Die Forellen in eine Schüssel legen und zugedeckt etwa 1/4 Stunde ziehen lassen. Den Grill vorheizen.

3. Die Butter schaumig rühren, mit den Kräutern und dem restlichen Zitronensaft mischen und mit Pfeffer abschmecken; anschließend kalt stellen.
4. Die Forellen mit Küchenpapier trockentupfen und mit dem Öl bestreichen. Die Fische etwa 6 Minuten auf jeder Seite im Grill garen.
5. Die Forellen mit der Kräuterbutter servieren.

Tip

Servieren Sie die Forellenfilets kalt mit Meerrettichsahne als Vorspeise.

Forellenfilets in Mandelbutter

Für 4 Personen

4 küchenfertige Forellen à 300 g
oder 8 Forellenfilets à 80 g
etwas Zitronensaft
Salz
2 Eier
weißer Pfeffer aus der Mühle
150 g gehobelte Mandeln
50 g Butterschmalz
Mehl zum Bestäuben
1 unbehandelte Zitrone
60 g Butter
2 EL feingehackte Petersilie

Zubereitungszeit: ca. 20 Minuten

1. Die küchenfertigen Forellen filetieren, wie im Rezept »Forellenfilet in Dill-Meerrettich-Sauce« auf Seite 132 beschrieben. Die Filets mit etwas Zitronensaft einstreichen, leicht salzen und etwa 10 Minuten ruhen lassen. Dann mit Küchenpapier abtupfen.
2. Die Eier mit etwas Salz und Pfeffer verquirlen. Die Hälfte der gehobelten Mandeln auf einen Teller geben.
3. Das Butterschmalz in einer großen Pfanne, besser noch in zwei Pfannen, erhitzen.
4. Die Forellenfilets dünn mit Mehl bestäuben, zuerst in den verquirlten Eiern, dann in den Mandeln wenden und in die Pfanne oder in die Pfannen geben. Die Filets auf jeder Seite etwa 3 Minuten braten.
5. Die Zitrone mit heißem Wasser waschen, abtrocknen und in Viertel schneiden.
6. Die Butter in einem Topf aufschäumen lassen, die restlichen Mandeln darin leicht bräunen und etwas Zitronensaft dazugeben.
7. Die Forellenfilets auf vier Tellern anrichten, mit der Mandelbutter übergießen, mit der Petersilie bestreuen und mit den Zitronenvierteln garnieren.
(Foto oben)

Aal in Dillsauce

Für 4 Personen

1 küchenfertiger Aal (ca. 1 1/4 kg)
400 ml Fischfond
1 kräftiger Schuß Essig
1 Lorbeerblatt
1/2 Bund Petersilie
1/2 Zwiebel
Salz
Alufolie
4 Schalotten
50 g Butter
1 TL Mehl
1 großer Bund Dill
100 g Crème fraîche
weißer Pfeffer aus der Mühle

Zubereitungszeit: ca. 40 Minuten

1. Den Aal innen und außen abspülen und häuten. Dazu den Kopf am besten mit Hilfe eines Küchenpapiers festhalten, die harte Haut an der Rückengräte und an der Bauchseite mit einem scharfen Messer aufschlitzen und langsam abziehen. Den Aal nun in etwa 5 Zentimeter lange Stücke schneiden.
2. Den Fischfond in einem Topf mit 100 Milliliter Wasser und dem Essig aufkochen lassen. Das Lorbeerblatt und die Petersilie hineingeben. Die Zwiebelhälfte schälen, dazugeben und den Sud mit etwas Salz mild abschmecken.
3. Die Aalstücke in den Sud legen und etwa 10 Minuten mehr ziehen als kochen lassen. Dann die Fischstücke mit einem Schaumlöffel herausnehmen und mit Alufolie zugedeckt warm stellen.
4. Das Lorbeerblatt, die Petersilie und die Zwiebel aus dem Sud nehmen und diesen bei starker Hitze auf etwa 1/2 Liter einkochen lassen.
5. Die Schalotten schälen, grob würfeln und in 2 Eßlöffeln Butter glasig dünsten. Das Mehl darunterrühren und hell anschwitzen lassen. Unter Rühren den eingekochten Fond dazugießen und die Sauce etwa 10 Minuten köcheln lassen.
6. Den Dill unter fließend kaltem Wasser abspülen, trockentupfen und von den harten Stielteilen befreien. Die Kräuter mit der Crème fraîche im Mixer pürieren.
7. Die Sauce durch ein Sieb gießen und dann erhitzen, jedoch nicht mehr aufkochen lassen. Die Dillcreme unter Rühren hinzufügen, den Topf vom Herd nehmen und die restliche Butter in kleinen Flokken in die Sauce einrühren.
8. Die Sauce mit Salz und Pfeffer abschmecken und die Aalstücke hineingeben.

(Foto oben)

Tip

Reichen Sie dazu kleine Salzkartoffeln und Salat. Als Getränk eignet sich ein trockener Weißwein oder ein Bier und dazu ein eiskalter Aquavit.

Weihnachtskarpfen

Für 4 Personen

2 ausgenommene Schuppen-,
Leder- oder Spiegelkarpfen à 600 g
2 kleine Zwiebeln
1 Lebkuchen ohne Schokolade
1 unbehandelte Zitrone
2 Lorbeerblätter
4 Nelken
Salz
frischgemahlener Pfeffer
1/2 l dunkles Bier
etwas Weißwein
2 EL feingehackte Kräuter
(Thymian, Schnittlauch, Petersilie)
eventuell 1 TL Stärkemehl

Zubereitungszeit: ca. 1/2 Stunde

1. Die Karpfen schuppen, säubern, den Kopf abtrennen und die Fische der Länge nach halbieren. Die Mittelgräte herauslösen und die kleinen Gräten mit einer Pinzette herausziehen. Die Karpfenhälften in einen passenden Schmortopf geben.
2. Die Zwiebeln schälen und kleinschneiden, den Lebkuchen zerkleinern und die Zitrone in Scheiben schneiden.
3. Die Zwiebel- und die Lebkuchenwürfel mit den Zitronenscheiben, den Lorbeerblättern, den Nelken, etwas Salz und Pfeffer sowie dem dunklen Bier und etwas Weißwein zu dem Fisch in den Topf geben und alles bei mittlerer Hitze etwa 10 Minuten garen. Zum Schluß die Kräuter hinzufügen.
4. Die Karpfenhälften vorsichtig aus dem Sud nehmen und auf einer vorgewärmten Porzellanplatte anrichten.
5. Die Zitronenscheiben aus der Sauce entfernen, diese durch ein Sieb streichen und, wenn nötig, mit etwas angerührtem Stärkemehl nachbinden. Die Sauce über die Karpfenhälften gießen.

Tip

Servieren Sie dazu ein Kartoffelgratin.

Zitronenzander

Für 4 Personen

4 Zanderfilets à 200 g
Saft von 1 Zitrone
Fett zum Fritieren
Salz, Pfeffer
1 Ei
100 g Mehl
100 g Semmelbrösel
1 EL abgeriebene Schale einer
unbehandelten Zitrone
2 EL gehackte Zitronenmelisse
einige Zitronenscheiben

Zubereitungszeit: ca. 20 Minuten

1. Die Zanderfilets unter fließend kaltem Wasser waschen, mit Küchenpapier trockentupfen, mit dem Zitronensaft beträufeln und etwa 10 Minuten ziehen lassen. Das Fritierfett erhitzen.
2. Das Ei verquirlen. Die Filets salzen, pfeffern, zunächst in Mehl und anschließend im Ei wenden.
3. Die Semmelbrösel mit der abgeriebenen Zitronenschale und der gehackten Zitronenmelisse mischen, auf einen großen Teller streuen und die Zanderfilets auch darin wenden.
4. Die Fischfilets im schwimmenden Fett etwa 10 Minuten goldgelb backen. Anschließend herausnehmen und mit den Zitronenscheiben garniert servieren.
(Foto oben)

Tip

Servieren Sie dazu eine Kräutermayonnaise.

Aal in Rotwein

Für 4 Personen

1 küchenfertiger Aal (ca. 1 kg)
Salz
weißer Pfeffer
etwas Zitronensaft
500 g Fleischtomaten
2 EL Butter
2 EL Mehl
5 Schalotten
100 ml roter Bordeaux
100 ml Fischfond
einige Salbeiblätter

Zubereitungszeit: ca. 3/4 Stunden

1. Den Aal innen und außen abspülen und häuten, wie im Rezept »Aal in Dillsauce« auf der Seite 134 beschrieben. Den gehäuteten Fisch in 5 Zentimeter lange Stücke schneiden. Die Fischstücke mit Salz, Pfeffer und etwas Zitronensaft würzen.
2. Die Fleischtomaten über Kreuz einritzen, kurz in kochendes Wasser legen, kalt abschrecken und enthäuten; vierteln, entkernen und in Würfel schneiden.
3. Die Butter in einem Topf erhitzen. Die Aalstücke im Mehl wenden und in der Butter bei geringer Hitze rundherum anbraten.
4. Die Schalotten schälen und fein hacken. Mit den Tomatenwürfeln zum Aal geben und kurz andünsten. Den Bordeaux und den Fischfond dazugießen, alles aufkochen lassen und bei geringer Hitze etwa 20 Minuten garen.
5. Die Aalstücke herausnehmen und warm stellen.
6. Die Salbeiblätter kurz unter fließend kaltem Wasser waschen, trockentupfen, in feine Streifen schneiden und in die Sauce geben.
7. Die Sauce kurz durchziehen lassen, nochmals abschmecken und den Aal mit der Sauce servieren.

(Foto rechts: unten)

Heilbutt in herber Fruchtsauce

Für 4 Personen

4 Heilbuttscheiben à 200 g
Salz, etwas Zitronensaft
200 g rote Johannisbeeren
150 g schwarze Johannisbeeren
1 EL Zucker
60 g Butter
2 TL Mehl
2 EL Rotwein
1/2 TL Senfpulver
1 Prise Ingwerpulver
etwas Cayennepfeffer
Mehl zum Wenden
1 EL Cognac oder Weinbrand

Zubereitungszeit: ca. 1/2 Stunde

1. Die Fischscheiben kurz unter fließend kaltem Wasser abspülen, trockentupfen, leicht salzen und mit Zitronensaft einstreichen.
2. Die roten und die schwarzen Johannisbeeren waschen, abtropfen lassen und die Beeren von den Rispen streifen. Einige schöne Früchte zum Garnieren beiseite legen.
3. Die übrigen Beeren mit dem Zucker in einen kleinen Topf geben, zum Kochen bringen und weich werden lassen. Dann die Früchte durch ein Haarsieb streichen.
4. 1 1/2 Eßlöffel der Butter in einem Topf erhitzen und das Mehl darin hell anschwitzen lassen. Den Rotwein und das Beerenmus dazugeben, die Sauce mit Salz, Senf- und Ingwerpulver und Cayennepfeffer würzen und etwa 5 Minuten köcheln lassen.
5. Inzwischen den Fisch mit Küchenpapier abtupfen und dünn bemehlen. Die restliche Butter in einer Pfanne erhitzen und die Fischscheiben darin auf jeder Seite etwa 3 Minuten braten.
6. Die Fischsauce mit dem Cognac oder dem Weinbrand verfeinern. Die Fischstücke auf vier Tellern anrichten und mit etwas Sauce überziehen. Die übrige Sauce extra dazu reichen.

Thunfisch vom Grill

Für 4 Personen

1 kleine Zwiebel
100 ml Olivenöl
1 TL Zitronensaft
1/2 TL gehackter Rosmarin
1 TL gehackte Petersilie
4 Lorbeerblätter
Pfeffer
Salz
4 Steaks vom weißen
Thunfisch à 200 g

Marinierzeit: ca. 2 Stunden
Zubereitungszeit: ca. 25 Minuten

1. Die Zwiebel schälen und fein hacken. Aus dem Olivenöl, dem Zitronensaft, den Zwiebelwürfeln, den feingehackten Kräutern, den Lorbeerblättern und etwas Pfeffer eine Marinade rühren.
2. Die Thunfischsteaks darin etwa 2 Stunden marinieren. Den Grill vorheizen.
3. Die Thunfischsteaks aus der Marinade nehmen, mit Küchenpapier abtupfen und leicht salzen.
4. Die Fischsteaks unter dem Grill bei nicht zu großer Hitze auf jeder Seite etwa 4 Minuten garen.

(Foto rechts: oben)

Tip

Die Alufolie verhindert den Kontakt des Fisches mit dem Grillrost und somit das Verbrennen und Trockenwerden an diesen Stellen.

Thunfisch mit Salbei

Für 4 Personen

500 g Tomaten
4 kleine Zwiebeln
4 Scheiben Thunfisch à 200 g
Salz
weißer Pfeffer
40 g Butter
1 TL Mehl
125 ml trockener Weißwein
2 Knoblauchzehen
4 Salbeiblättchen
etwas Zitronensaft

Zubereitungszeit: ca. 3/4 Stunden

1. Die Tomaten über Kreuz einritzen, kurz in kochendes Wasser legen, kalt abschrecken und enthäuten. Die Früchte vierteln, entkernen und von den Stengelansätzen befreien. Das Fruchtfleisch grob hacken. Die Zwiebeln schälen und sehr fein würfeln.
2. Die Thunfischscheiben kurz unter fließend kaltem Wasser abspülen, trockentupfen und mit Salz und Pfeffer würzen. Die Butter in einer sehr großen Pfanne erhitzen und die Fischscheiben darin auf beiden Seiten anbraten. Dann die Fischscheiben herausnehmen und beiseite stellen.
3. Die Zwiebeln im Bratfett glasig dünsten. Das Mehl darüberstäuben, alles mit dem Wein ablöschen und die Tomatenwürfel dazugeben. Die Sauce mit Salz und Pfeffer würzen und die Fischscheiben wieder hineingeben.
4. Die Knoblauchzehen schälen und zerdrücken. Die Salbeiblättchen waschen, trockentupfen und längs halbieren. Mit dem Knoblauch in die Sauce geben.
5. Den Fisch mit etwas Zitronensaft beträufeln und zugedeckt etwa 25 Minuten schmoren lassen.

(Foto links)

Tip

Reichen Sie dazu mit Erbsen gemischten Reis und den Wein, den Sie auch zum Kochen verwendet haben.

Gegrillte Brassen mit Honigglasur

Für 4 Personen

4 küchenfertige Brassen à 300 g
1 TL Salz
Pfeffer aus der Mühle
2 Ingwernüsse in Sirup
3 EL Honig
1 Msp. Ingwerpulver
3 EL Essig
einige Tropfen Chiliöl
1 TL abgeriebene Schale einer unbehandelten Orange
3 EL Erdnußöl
4 Limettenscheiben
1 Bund Petersilie

Zubereitungszeit: ca. 1/2 Stunde

1. Den Grill vorheizen. Die küchenfertigen Brassen unter fließend kaltem Wasser von innen und außen gut waschen und trockentupfen.
2. Die Fische mit dem Salz und etwas Pfeffer innen und außen gut einreiben.
3. Für die Glasur die Ingwernüsse fein hacken und mit dem Honig, dem Ingwerpulver, dem Essig, dem Chiliöl, der abgeriebenen Orangenschale und dem Erdnußöl verrühren.
4. Die Brassen innen und außen mit der Glasur bestreichen.
5. Die Fische im Grill garen und während der Garzeit öfter mit der Glasur bestreichen. Die Fische sind gar, wenn sich die Rückenflosse leicht herausziehen läßt.
6. Die Brassen mit den Limettenscheiben und mit Petersiliensträußchen garniert servieren.

Fischfilet mit feiner Kräutersauce

Für 4 Personen

$1^1/_2$ kg küchenfertigen Fisch
(z. B. Merlan, Drachenkopf, Knurrhahn)
Salz
etwas Zitronensaft
3 EL Olivenöl
1 EL Weißweinessig
Pfeffer
1 Kopf Friséesalat
2 Kästchen Kresse
1 TL Pommerysenf
2 EL Fischfond
1 cl Noilly Prat (Wermutwein)
1 Prise Zucker
50 g frische Kräuter
(Petersilie, Dill, Kerbel, Estragon)
4 EL Crème fraîche

Zubereitungszeit: ca. $^3/_4$ Stunden

1. Die Fische innen und außen unter fließend kaltem Wasser waschen, filetieren und entgräten, wie im Rezept »Forellenfilet in Dill-Meerrettich-Sauce« auf Seite 132 beschrieben. Die Filets in Portionsstücke schneiden und mit Salz und etwas Zitronensaft leicht würzen. Den Gill vorheizen.
2. Für die Vinaigrette 1 Eßlöffel Olivenöl mit dem Weinessig verrühren und mit Salz und Pfeffer würzen.
3. Den Friséesalat verlesen, waschen und abtropfen lassen. Die Kresse abspülen, die Blättchen abschneiden und trockentupfen.
4. Für die Kräutersauce den Senf, den Fischfond, den Noilly Prat, Zucker, Salz, Pfeffer und die gemischten Kräuter im Mixer pürieren. Zuletzt die Crème fraîche hinzugeben und die Kräutersauce abschmecken.
5. Die Fischfilets mit dem restlichen Olivenöl beträufeln und im Grill kurz auf beiden Seiten braten.
6. Den Friséesalat mit der Vinaigrette benetzen und auf vier großen Tellern hübsch anrichten. Die Fischfilets dazulegen und zum Schluß mit der Kräutersauce überziehen.

(Foto oben)

Seelachsfilet auf Tomatenschaum

Für 4 Personen

- 600 g Seelachsfilet
- 600 g Fleischtomaten
- 125 g Sahne
- 100 g Crème fraîche
- 1 Prise Zucker
- Salz
- Pfeffer
- Butter zum Einfetten
- 80 ml trockener Weißwein

Zubereitungszeit: ca. 35 Minuten

1. Die Seelachsfilets kurz unter fließend kaltem Wasser abspülen und mit Küchenpapier trockentupfen.
2. Die Fleischtomaten über Kreuz einritzen, kurz in kochendes Wasser legen, kalt abschrecken und enthäuten. Die Stielansätze und die Kerne entfernen.
3. Das Tomatenfleisch im Mixer pürieren und durch ein Sieb streichen. Den Backofen auf 170 Grad vorheizen.
4. Die Sahne und die Crème fraîche mit dem Tomatenpüree verrühren und in einem Topf bei milder Hitze sämig einkochen lassen.
5. Die Tomatensauce mit dem Zucker, etwas Salz und Pfeffer abschmecken.
6. Eine Edelstahlplatte mit etwas Butter einfetten.
7. Die Seelachsfilets in Portionen zerteilen, mit Salz und Pfeffer würzen, auf die Platte legen und den Weißwein dazugießen.
8. Die Platte auf den Rost auf die mittlere Einschubschiene des Backofens schieben und die Fischfilets etwa 8 Minuten garen.
9. Die Tomatensauce nochmals erhitzen und mit dem Pürierstab des Handrührgerätes schaumig aufschlagen.
10. Die Seelachsfilets mit dem Tomatenschaum auf vier vorgewärmten Tellern anrichten.

(Foto rechts: oben)

Schollenfilets mit Dijonsenfsauce

Für 4 Personen

- 125 ml Fischfond
- 2 Schalotten
- 1 TL Butter
- 150 g Crème fraîche
- 1 EL Dijonsenf
- Salz
- Pfeffer
- 1 kleiner Bund Schnittlauch
- 8 Schollenfilets à 100 g
- 1/4 l trockener Weißwein

Zubereitungszeit: ca. 25 Minuten

1. Den Fischfond in einem Topf bis auf wenige Eßlöffel einkochen lassen.
2. Die Schalotten schälen und fein hacken. Die Butter in einem Topf erhitzen und die Schalotten darin glasig dünsten.
3. Die Schalotten und die Crème fraîche zum Fischfond geben und die Sauce mit dem Dijonsenf, etwas Salz und Pfeffer abschmecken.
4. Den Schnittlauch waschen, trockentupfen und in feine Röllchen schneiden.
5. Die Schollenfilets unter fließend kaltem Wasser abspülen, mit Küchenpapier trockentupfen und mit Salz und Pfeffer würzen.
6. Den Weißwein in einer großen Pfanne erhitzen und die Schollenfilets etwa 2 Minuten darin garziehen lassen.
7. Den Fisch auf vier vorgewärmten Tellern anrichten. Die Dijonsenfsauce darübergießen und das Ganze mit den Schnittlauchröllchen bestreut servieren.

(Foto rechts: unten)

Tip

Dazu passen grüner Salat und Salzkartoffeln.

Fischspieße provençales

Für 4 Personen

- 2 Knoblauchzehen
- 50 g Butter
- 1 Rosmarinzweig
- 4 Thymianzweige
- 1/2 TL abgeriebene Schale einer unbehandelten Zitrone
- Salz
- 1 dicke Scheibe Thunfisch (ca. 300 g)
- 8 Riesengarnelen
- 4 dünne Scheiben Räucherspeck
- 8 fest geschlossene frische Champignons
- 4 feste Tomaten
- 4 Schalotten
- schwarzer Pfeffer aus der Mühle
- 3 Sardellenfilets aus dem Glas
- 4 Pfeffergürkchen (Cornichons)
- 1 EL sehr kleine Kapern
- 100 g Mayonnaise
- 2 EL Crème fraîche
- 4 EL Sahne

Zubereitungszeit: ca. 25 Minuten

1. Die Knoblauchzehen schälen und längs vierteln. Die Butter in einer Pfanne erhitzen und den Knoblauch darin braten, bis er zu bräunen beginnt. Dann sofort herausnehmen.
2. Den Rosmarin- und die Thymianzweige unter fließend kaltem Wasser abspülen und trockentupfen. Die Nadeln beziehungsweise die Blätter abstreifen und zusammen mit der Zitronenschale in die Butter geben. Die Buttermischung salzen. Den Grill vorheizen.
3. Den Thunfisch kurz unter fließend kaltem Wasser abspülen, trockentupfen und in acht Würfel schneiden. Das Garnelenfleisch aus den Schalen herauslösen, abspülen, trockentupfen und in je eine halbe Speckscheibe einwickeln. Die Champignons putzen und mit einem feuchten Tuch abreiben. Die Tomaten waschen und abtrocknen; die Schalotten schälen.
4. Die Fischwürfel, die Garnelen im Speckmantel, die Champignons, die Tomaten und die Schalotten abwechselnd auf vier große

Spieße stecken und diese mit reichlich Pfeffer übermahlen. Die Spieße unter dem heißen Grill etwa 10 Minuten garen und dabei häufig mit der Buttermischung bestreichen.
5. Inzwischen die Sardellenfilets kurz wässern, dann abtropfen lassen und sehr fein hacken. Die Pfeffergürkchen und die Kapern auch abtropfen lassen und ebenfalls sehr fein hacken.
6. Die Mayonnaise mit der Crème fraîche und der Sahne verrühren und die gehackten Zutaten daruntermischen. Mit Salz und Pfeffer würzen.
7. Die Sauce extra zu den Fischspießen reichen.

Tip

Dazu schmecken frisches Stangenweißbrot und ein kühler Rosé aus der Provence oder ein leicht gekühlter Rotwein.

Schlemmerfilet mit Kräutern

Für 2 Personen

- 2 Heilbuttsteaks à 200 g
- Salz, frischgemahlener Pfeffer
- etwas Worcestersauce
- etwas Zitronensaft
- 1 Brötchen
- 1 Ei
- 1 EL geriebener Meerrettich
- 1 EL feingehackter Kerbel
- 1 TL feingehackter Dill
- 1 TL feingehackter Schnittlauch
- 2 EL frisch geschnittene Gartenkresse
- 50 g geriebener Emmentaler
- 125 ml Weißwein
- 80 ml Fleischbrühe
- 1 Zwiebel
- 1 Stück Lorbeerblatt
- 2 Wacholderbeeren, 1 Nelke

Zubereitungszeit: ca. 20 Minuten

1. Die Heilbuttsteaks unter fließend kaltem Wasser waschen und trockentupfen. Salzen, pfeffern, mit der Worcestersauce und dem Zitronensaft beträufeln und etwa 10 Minuten marinieren.
2. Den Backofen auf 200 Grad vorheizen.
3. Inzwischen das Brötchen in kaltem Wasser einweichen, dann gut ausdrücken, zerpflücken und mit dem Ei, dem Meerrettich und den gehackten Kräutern mischen.
4. Die Masse mit Salz und Pfeffer gut würzen und mit dem geriebenen Käse mischen.
5. Die Kräutermasse auf den Heilbuttscheiben verteilen.
6. Den Weißwein, die Fleischbrühe, die geschälte und in Scheiben geschnittene Zwiebel, das Lorbeerblatt, die Wacholderbeeren und die Nelke in eine feuerfeste Form geben und alles aufkochen lassen.
7. Die Heilbuttschnitten hineinlegen und im Backofen 10 Minuten garen.

(Foto links)

Tip

Sehr hübsch sieht es aus, wenn Sie die Heilbuttsteaks mit Tomatenscheiben und Scheiben eines hartgekochten Eies belegen und sie erst dann mit der Kräuter-Käse-Mischung abdecken und garen.

Fischrouladen mit Safransauce

Für 4 Personen

- 4 Dorschfilets à 150 g
- 1 unbehandelte Zitrone
- 150 g kleine frische Champignons
- 50 g Butter
- ½ Bund Petersilie
- 4 Dillzweige
- 1 Eigelb
- Salz
- schwarzer Pfeffer aus der Mühle
- 4 sehr dünne Scheiben Emmentaler
- 2 Schalotten
- 125 ml Fischfond
- 125 ml trockener Weißwein
- 100 g Crème fraîche
- 12 Safranfäden
- 1 Prise Zucker

Zubereitungszeit: ca. 35 Minuten

1. Die Fischfilets unter fließend kaltem Wasser abspülen, trockentupfen und mit einer Pinzette sorgfältig entgräten.
2. Die Zitrone heiß waschen, abtrocknen und von der Schale mit einem Juliennereißer dünne Streifen abziehen. Die Zitrone auspressen. Die Fischfilets mit einem Teil des Saftes beträufeln, dann ungefähr 10 Minuten ziehen lassen.
3. Die Champignons putzen, mit einem feuchten Tuch abreiben und grob hacken. Etwa 1½ Eßlöffel der Butter in einer Pfanne erhitzen und die Champignons darin unter gelegentlichem Wenden dünsten, bis

keine Flüssigkeit mehr vorhanden ist. Dann mit dem restlichen Zitronensaft mischen.
4. Inzwischen die Petersilie und den Dill abspülen, trockentupfen und sehr fein hacken. Die Kräuter zusammen mit dem Eigelb zu den Pilzen geben und die Sauce mit Salz und Pfeffer abschmecken.
5. Den Fisch mit Küchenpapier abtupfen, schwach salzen und jedes Filet mit einer Scheibe Käse belegen. Darauf dann die Pilze verteilen und die Filets zu Rouladen zusammenrollen. Mit Küchengarn umwickeln.
6. Die Schalotten schälen und sehr fein würfeln. Die Hälfte der restlichen Butter in einem Fischtopf mit Einsatz erhitzen und die Schalottenwürfel darin glasig dünsten.
7. Die Zitronenschalenstreifen hinzufügen. Den Fischfond und den Wein angießen und alles zum Kochen bringen. Den Einsatz in den Topf stellen und die Rouladen darauf legen.
8. Das Ganze zugedeckt 8 bis 10 Minuten dämpfen, dann die Fischröllchen herausnehmen und warm stellen.
9. Die Crème fraîche in den Fond einrühren. Die Safranfäden im Mörser zerstoßen und ebenfalls hineingeben. Die Sauce mit Salz, Pfeffer und dem Zucker abschmecken.
10. Den Saucentopf von der Herdplatte nehmen und die restliche Butter in kleinen Flocken in die Sauce einschwenken. Diese extra zu den Fischrouladen servieren.
(Foto rechts)

Tip

Dazu passen Butternudeln oder körniger Reis. Als Getränk eignet sich ein trockener Riesling.

Gegrillte Makrele

Für 4 Personen

4 küchenfertige Makrelen à 350 g
etwas Zitronensaft
Salz, Pfeffer
100 ml Olivenöl
2 EL Sherryessig
2 Fleischtomaten
einige Basilikumblätter

Zubereitungszeit: ca. 1/2 Stunde

1. Die küchenfertigen Makrelen innen und außen waschen, trockentupfen und innen sowie außen mit etwas Zitronensaft, Salz und Pfeffer würzen. Den Gill vorheizen.
2. Die Fischrücken mit einem scharfen Messer an den dicken Stellen in Abständen von 1 Zentimeter einschneiden, damit die Fische gleichmäßig garen.
3. Die Fische mit 4 Eßlöffeln Olivenöl bestreichen und im Grill auf beiden Seiten bei nicht zu großer Hitze etwa 10 Minuten grillen.
4. Für die Vinaigrette den Sherryessig mit Salz und Pfeffer verrühren und das restliche Olivenöl in kleinen Mengen darunterschlagen.
5. Die Fleischtomaten über Kreuz einritzen, kurz in kochendes Wasser legen, kalt abschrecken und enthäuten. Die Tomaten vierteln, entkernen und würfeln.
6. Die Basilikumblättchen waschen, trockentupfen und in Streifen schneiden. Diese zusammen mit den Tomatenwürfeln in die Vinaigrette geben und den Salat zu den gegrillten Fischen reichen.

Tip

Sie können die Makrelen auch durch jungen Seehecht oder frische Sardinen ersetzen.

Heilbuttsteak mit Tomate

Für 1 Person

- 1 Heilbuttsteak à 180 g
- Salz
- frischgemahlener Pfeffer
- Saft von 1 Zitrone
- etwas Mehl zum Wenden
- 2 EL Öl
- 1 Tomate
- 100 g Champignons aus der Dose
- 1 Scheibe gekochter Schinken
- 1 Scheibe junger Gouda
- 1 EL geschnittener Schnittlauch

Zubereitungszeit: ca. 20 Minuten

1. Das Heilbuttsteak unter fließend kaltem Wasser waschen und trokkentupfen. Den Fisch salzen, pfeffern und mit dem Zitronensaft beträufeln. Danach den Backofen auf 200 Grad vorheizen.
2. Den Fisch im Mehl wenden. Das Öl in einer Pfanne erhitzen und den Fisch darin braten, dann herausnehmen und auf eine feuerfeste Platte legen.
3. Die Tomate über Kreuz einritzen, kurz in kochendes Wasser legen, kalt abschrecken und enthäuten. Das Fruchtfleisch in Scheiben schneiden und diese auf dem Fisch anrichten. Mit Salz und Pfeffer bestreuen.
4. Die Champignons in einem Sieb abtropfen lassen; den Schinken in Streifen schneiden. Beides auf die Tomatenscheiben legen.
5. Den Käse darüberlegen und den Fisch im Backofen überbacken, bis der Käse geschmolzen ist.
6. Das Heilbuttsteak mit dem Schnittlauch bestreut servieren.

(Foto rechts: unten)

Überbackene Pfifferlingsscholle

Für 1 Person

- 1 küchenfertige Scholle (ca. 300 g)
- Salz, frischgemahlener Pfeffer
- Saft von 1 Zitrone
- etwas Worcestersauce
- etwas Mehl zum Wenden
- 2 EL Öl
- 2 EL Butter
- 1 dünne Scheibe durchwachsener, geräucherter Speck
- 2 Frühlingszwiebeln
- 100 g frische Pfifferlinge
- geriebene Muskatnuß
- 4 cl Weißwein
- 50 g Mozzarella
- 1 EL gehackte Petersilie

Zubereitungszeit: ca. 1/2 Stunde

1. Die küchenfertige Scholle innen und außen unter fließend kaltem Wasser waschen und trockentupfen. Den Fisch salzen, pfeffern, mit dem Zitronensaft und der Worcestersauce einstreichen und etwa 10 Minuten durchziehen lassen.
2. Den Fisch im Mehl wenden. Das Öl in einer Pfanne erhitzen und die Scholle darin braten. Dann herausnehmen und warm stellen.
3. Die Butter in einer kleinen Pfanne erhitzen. Den Speck würfeln und darin ausbraten. Den Backofen auf 200 Grad vorheizen.
4. Die Frühlingszwiebeln putzen, waschen und kleinschneiden. Die Pfifferlinge putzen, kurz waschen und abtropfen lassen. Beides zum Speck geben und kurz mitdünsten. Mit Salz, Pfeffer und Muskatnuß würzen, mit dem Weißwein ablöschen und 2 bis 3 Minuten köcheln lassen.
5. Die Scholle auf einer feuerfesten Platte anrichten und mit der Pfifferlingmasse bedecken. Den Käse in Würfel schneiden und darauf legen.
6. Die Scholle im Backofen überbacken, bis der Käse geschmolzen ist, und mit der gehackten Petersilie bestreut servieren.

(Foto rechts: oben)

Schollenfilet mit Tomaten

Für 4 Personen

- 8 Schollenfilets à 100 g
- Salz
- etwas Zitronensaft
- 4 große Fleischtomaten
- 2 Knoblauchzehen
- 6 EL Olivenöl
- 4 Schalotten
- etwas feingehackte Petersilie
- Pfeffer

Zubereitungszeit: ca. 40 Minuten

1. Die Schollenfilets, falls erforderlich, häuten, kurz unter fließend kaltem Wasser abspülen und trokkentupfen. Mit Salz und Zitronensaft würzen.
2. Die Tomaten über Kreuz einritzen, kurz in kochendes Wasser legen, kalt abschrecken und enthäuten. Das Fruchtfleisch halbieren, entkernen und in Würfel schneiden. Die Knoblauchzehen schälen und zerdrücken.
3. 4 Eßlöffel Olivenöl in einer Pfanne erhitzen und jeweils vier Schollenfilets darin auf beiden Seiten bei mittlerer Hitze braten. Die Fische aus der Pfanne nehmen und warm stellen.
4. Die Schalotten schälen, fein hakken und im restlichen Olivenöl andünsten. Die Tomaten und den Knoblauch hinzugeben und alles 2 Minuten dünsten. Zuletzt die Petersilie dazugeben und das Tomatengemüse mit Salz und Pfeffer würzen.
5. Je zwei Schollenfilets auf einem Teller anrichten und die gedünsteten Tomatenwürfel dekorativ darauf verteilen.

Jakobsmuscheln mit Bandnudeln

Für 4 Personen

1 Bund Schnittlauch
400 g frische Jakobsmuscheln
200 g Bandnudeln (Rohgewicht)
Salz
Pfeffer
50 g Butter
150 g Crème fraîche

Zubereitungszeit: ca. 25 Minuten

1. Den Schnittlauch unter fließend kaltem Wasser abspülen, mit Küchenpapier trockentupfen und in feine Röllchen schneiden.
2. Die Jakobsmuscheln waschen. Das Muschelfleisch aus den Schalen lösen und die Bärte und die Rogen entfernen. Das Muschelfleisch trokkentupfen.
3. Die Bandnudeln in kochendem Salzwasser etwa 6 Minuten bißfest kochen.
4. Die Nudeln kalt abschrecken und in einem Sieb abtropfen lassen.
5. Die Jakobsmuscheln leicht mit Salz und Pfeffer würzen.
6. Die Butter in einer Pfanne erhitzen und die Jakobsmuscheln auf jeder Seite je nach Größe 1½ Minuten braten.
7. Die Crème fraîche in einem Topf bei milder Hitze erwärmen und die Nudeln hineingeben. Den Schnittlauch darunterziehen und die Nudeln abschmecken.
8. Die Nudeln auf vier vorgewärmten Tellern anrichten und die Jakobsmuscheln dekorativ darauf legen.

(Foto links)

Spaghetti mit Venusmuscheln

Für 4 Personen

1½ kg Venusmuscheln
250 g gemischtes Gemüse
(Lauch, Sellerie, Möhren)
6 EL Butter
4 cl Noilly Prat (Wermutwein)
100 ml trockener Weißwein
100 ml Fischfond
500 g lange, italienische
Spaghetti (Rohgewicht)
100 g Sahne
Salz
Cayennepfeffer
2 EL gehacktes Basilikum

Zubereitungszeit: ca. ¾ Stunden

1. Die Venusmuscheln gründlich wässern und dann waschen, um eventuell anhaftenden Sand zu entfernen. Bereits offene Muscheln wegwerfen.
2. Das Gemüse putzen, waschen und in feine Streifen schneiden. Die Butter in einem großen Topf erhitzen und das Gemüse darin andünsten. Mit dem Noilly Prat ablöschen und diesen fast vollständig einkochen lassen. Dann den Weißwein und den Fischfond dazugießen und umrühren.
3. Die Muscheln hinzugeben und alles im geschlossenen Topf etwa 3 Minuten garen.
4. Die Spaghetti in reichlich Salzwasser bißfest kochen, kalt abschrecken und in einem Sieb abtropfen lassen.
5. Die Muscheln aus dem Sud nehmen; nicht geöffnete wegwerfen. Die oberen Schalenhälften entfernen. Die Muscheln warm stellen.
6. Den Muschelfond auf die Hälfte einkochen lassen, die Sahne dazugeben und die Sauce mit Salz und Cayennepfeffer abschmecken.
7. Die Spaghetti in der Muschelsauce erhitzen und das Basilikum darunterziehen. Dann die Nudeln auf vier heißen Tellern anrichten und mit den Venusmuscheln umlegen.

Tip

Eine interessante Variante erhalten Sie, wenn Sie statt der Gemüsestreifen enthäutete, entkernte und in Würfel geschnittene Tomaten sowie kleingehackten Knoblauch verwenden. Rechnen Sie dafür pro Person zwei Tomaten und eine Knoblauchzehe. Die Zubereitung bleibt die gleiche.

Dillpfannkuchen mit Jakobsmuschelfüllung

Für 4 Personen

3 Eier
500 g Buttermilch
250 g Mehl
1 Msp. Backpulver
Salz
weißer Pfeffer
1 Zwiebel
1 Knoblauchzehe
2 EL Distelöl
150 g Sahne
125 ml Fischfond
16 frische Jakobsmuscheln
oder 2 Pakete TK-Muscheln
2–3 EL gehackter Dill
60 g Butter

Quellzeit: ca. 1/4 Stunde
Zubereitungszeit: ca. 1/2 Stunde

1. Für den Pfannkuchenteig die Eier mit der Buttermilch, dem Mehl und dem Backpulver verrühren. Mit Salz und Pfeffer würzen und etwa 1/4 Stunde quellen lassen.
2. Für die Füllung die Zwiebel und die Knoblauchzehe schälen und fein würfeln. Das Öl in einer Pfanne erhitzen und die Zwiebel- mit den Knoblauchwürfeln kurz darin andünsten.
3. Die Sahne und den Fischfond dazugeben, alles aufkochen und bei starker Hitze sämig einkochen lassen.
4. Die Jakobsmuscheln waschen und das Muschelfleisch aus den Schalen lösen. Die Bärte und die Rogen entfernen. Falls Sie TK-Muscheln nehmen, diese kurz auftauen lassen und ebenfalls das Fleisch aus den Schalen lösen.
5. Das Muschelfleisch in die Sauce geben und kurz darin schmoren.
6. Den Dill unter den Pfannkuchenteig rühren.
7. Etwa 1 Eßlöffel der Butter in einer Pfanne zerlassen. Ein Viertel des Pfannkuchenteigs hineingießen und den Pfannkuchen auf beiden Seiten goldgelb backen.
8. Den Pfannkuchen auf einen vorgewärmten Teller gleiten lassen. Aus dem restlichen Teig drei weitere Pfannkuchen backen.
9. Je ein Viertel der Muschelfüllung auf einen Pfannkuchen geben und ihn zusammenklappen.

Variation

Statt der Jakobsmuscheln können Sie auch Scampi, Shrimps oder andere Meeresfrüchte verwenden.

Muscheln mit Kräutern

Für 4 Personen

2 kg Miesmuscheln
100 g Lauch
100 g Sellerie
100 g Möhren
1 Schalotte
1 Knoblauchzehe
4 EL Olivenöl
200 ml trockener Weißwein
4 EL gehackte Kräuter
(Kerbel, Petersilie, Basilikum, Dill
und Estragon)
200 g Crème fraîche
1/4 TL Salz
schwarzer Pfeffer aus der Mühle

Zubereitungszeit: ca. 3/4 Stunden

1. Die Miesmuscheln waschen und die Bärte herausziehen. Bereits geöffnete Muscheln wegwerfen.
2. Das Gemüse putzen, waschen und in kleine Würfel schneiden. Die Schalotte und die Knoblauchzehe schälen und fein hacken.
3. Das Olivenöl in einem großen Topf erhitzen, die Schalotte, das Gemüse und den Knoblauch darin andünsten. Die Miesmuscheln dazugeben und mit dem Weißwein ablöschen.
4. Das Ganze zugedeckt kochen lassen, bis sich die Muscheln geöffnet haben. Die Muscheln herausnehmen und auf vier Teller oder in eine große Schüssel geben. Die ungeöffneten Muscheln wegwerfen.
5. Den Fond mit den gehackten Kräutern und der Crème fraîche verrühren, mit Salz und Pfeffer abschmecken und über die Muscheln gießen.
(Foto oben)

Tip

Die nach dem Kochen noch ungeöffneten Muscheln dürfen auf keinen Fall gewaltsam geöffnet und gegessen werden.

Gebackene Riesengarnelen

Für 4 Personen

1 kg frische Riesengarnelen
in der Schale
2 Knoblauchzehen, 1 TL Salz
2 EL Honig, 125 ml Orangensaft
1/2 TL frischgeriebener Ingwer
2 EL Sojasauce
2 Eier
100 g Mehl
1/4 TL Backpulver
1 EL Öl, Öl zum Ausbacken

Marinierzeit: ca. 2 Stunden
Zubereitungszeit: ca. 1/2 Stunde

1. Das Fleisch der Riesengarnelen so aus den Schalen lösen, daß das Schalenschwanzende am Fleisch bleibt, und säubern.
2. Die Knoblauchzehen schälen, zerdrücken und mit dem Salz verrühren. Mit dem Honig, dem Orangensaft, dem Ingwer und der Sojasauce verrühren. Die Garnelen in die Marinade geben und darin mindestens 2 Stunden ziehen lassen.
3. Die Eier in einer Schüssel schaumig schlagen, salzen und mit dem Mehl, dem Backpulver, dem Öl und etwa 50 Milliliter Wasser zu einem Teig verarbeiten.
4. Das Öl zum Ausbacken erhitzen, die Garnelen durch den Teig ziehen und im Fett 4 bis 5 Minuten goldgelb ausbacken. (Foto oben)

Venezianische Garnelenspieße

Für 4 Personen

12 große Garnelenschwänze
in der Schale
2 Zwiebeln, 2 Tomaten
4 Pfeffergürkchen
4 Scheiben roher Schinken
125 g Honig
1 EL Tomatenmark, 2 EL Essig
1 Knoblauchzehe
1/2 TL Salz
1/2 TL weißer Pfeffer

Marinierzeit: ca. 1 Stunde
Zubereitungszeit: ca. 1/2 Stunde

1. Die Garnelen unter fließend kaltem Wasser abwaschen und trockentupfen.
2. Die Zwiebeln und die Tomaten halbieren. Den Grill vorheizen.
3. Auf vier Spieße jeweils drei Garnelen, eine halbe Zwiebel, eine halbe Tomate, eine Pfeffergurke und eine zusammengerollte Scheibe Schinken stecken.
4. Den Honig mit dem Tomatenmark und dem Essig verrühren. Die Knoblauchzehen schälen, zerdrükken, mit dem Salz verreiben, dazugeben und die Glasur leicht pfeffern.
5. Die Spieße mit der Glasur bestreichen und alles etwa 1 Stunde marinieren.
6. Die Spieße unter dem Grill knusprig braten.

Tip

Servieren Sie dazu frisches Stangenweißbrot und einen leichten Weißwein.

Meeresfrüchte mit Schalotten und Rotwein

Für 4 Personen

1 kg Venusmuscheln
4 kleine Tintenfische
6 EL Olivenöl
50 g Möhre
100 g Lauch
100 g Staudensellerie
100 ml Weißwein
Salz
etwas Mehl
2 Schalotten
100 ml Rotwein
Zucker
frisch gemahlener Pfeffer

Zubereitungszeit: ca. 1 Stunde

1. Die Venusmuscheln in kaltem Wasser gründlich waschen und in einem Sieb abtropfen lassen. Bereits geöffnete Muscheln wegwerfen, denn sie waren nicht mehr frisch.
2. Die Tintenfische waschen und die Haut entfernen. Den Körper festhalten und die Fangarme mit dem Kopf aus dem Körperbeutel ziehen. Die Fangarme knapp über den Augen abschneiden. Den Rest des Kopfes von unten durch die Fangarme drücken und entfernen. Das durchsichtige Fischbein aus dem Körperbeutel entfernen. Körper und Fangarme unter fließend kaltem Wasser waschen. Den Körper in Ringe schneiden, die Fangarme ganz lassen.
3. Das Gemüse putzen und waschen. Die Möhre und den Sellerie in Würfel, den Lauch in Streifen schneiden.
4. 4 Eßlöffel Olivenöl in einem Topf erhitzen, das Gemüse dazugeben und glasig dünsten. Mit dem Weißwein ablöschen und leicht salzen. Die Venusmuscheln dazugeben und das Ganze etwa 6 Minuten im geschlossenen Topf garen.
5. Die Muscheln nun mit einem Schaumlöffel herausnehmen, nicht geöffnete wegwerfen. Die oberen Schalenhälften entfernen und die Muscheln beiseite stellen. Den Sud ein paar Minuten ruhen lassen und dann vorsichtig durch ein Passiertuch gießen.
6. Die Tintenfischstücke trockentupfen und mit etwas Mehl bestäuben. Das restliche Öl in einer Pfanne erhitzen und die Tintenfischstücke darin 2 bis 3 Minuten braten.
7. Die Schalotten schälen und fein hacken. Mit dem Rotwein in einem Topf fast vollständig einkochen lassen, dann den Muschelfond dazugeben und alles mit Salz, Zucker und Pfeffer abschmecken. Die Marinade mit etwas Olivenöl verfeinern.
8. Die Tintenfischstücke und die Venusmuscheln (beides sollte noch lauwarm sein) auf vier Tellern nebeneinander anrichten und mit der Schalotten-Rotwein-Marinade beträufeln.

(Foto oben)

Tip

Verwenden Sie zum Kochen niemals billigen Wein oder Sekt, sondern immer den Wein, den Sie auch dazu trinken. Für dieses Gericht nehmen Sie am besten einen trockenen Rotwein.

Vegetarische Hauptgerichte

Körnig, bunt und vitaminreich, so präsentiert sich die Naturküche. Deftige Gemüsegerichte, knusprige Bratlinge und viele andere vegetarische Köstlichkeiten laden zu einem bunten, unbeschwerten Schlemmervergnügen ein und zeigen unzählige Möglichkeiten, auch ohne Fleisch phantasievolle Gerichte zu zaubern.

Haferbratlinge Mailänder Art

Für 4 Personen

Für die Bratlinge

- 1 Zwiebel
- 1 kleine Stange Lauch
- 2 EL Butter
- 1/2 l Gemüsebrühe, 1 TL Salz
- 1 TL gerebelter Thymian
- 1 EL gerebelter Majoran
- 160 g Haferflocken
- 3 Eier
- 2 EL mittelscharfer Senf
- 1 TL grüne Pfefferkörner
- 2 EL gehackter Schnittlauch
- Semmelbrösel zum Binden
- 2 EL Olivenöl

Für die Sauce

- 1 Zwiebel
- 1 rote Paprikaschote
- 2 EL Butter
- 340 g Mais aus der Dose
- 100 g Tomatenketchup
- 125 ml Gemüsebrühe
- 125 g Crème fraîche
- 1 TL Currypulver
- 1 TL Paprikapulver edelsüß
- einige Tropfen Tabasco
- Salz, Pfeffer
- 1 Prise Zucker

Zubereitungszeit: ca. 1 1/2 Stunden

1. Für die Bratlinge die Zwiebel schälen und kleinschneiden. Den Lauch putzen, waschen und in Ringe schneiden. Die Butter in einem Topf erhitzen und den Lauch und die Zwiebeln darin glasig dünsten.
2. Mit der Brühe auffüllen, mit dem Salz, dem Thymian und dem Majoran würzen und die Haferflocken darunterrühren.
3. Das Ganze zugedeckt bei mittlerer Hitze etwa 1/2 Stunde ausquellen lassen.
4. Die Hafermasse vom Feuer nehmen, erkalten lassen und dann die Eier, den Senf, die Pfefferkörner und den Schnittlauch daruntermischen.
5. Die Masse mit Semmelbröseln binden und daraus vier kleine Bratlinge formen (siehe kleines Foto unten links).
6. Das Olivenöl in einer Pfanne erhitzen und die Bratlinge darin goldgelb backen. Anschließend herausnehmen und gleich zugedeckt warm stellen.
7. Für die Sauce die Zwiebel schälen und fein würfeln. Die Paprikaschote putzen, waschen, vierteln und die Kerne und die Häute entfernen. Das Fruchtfleisch in Würfel schneiden. Die Butter in einem Topf erhitzen und die Zwiebeln und die Paprikaschote darin glasig dünsten.
8. Den Mais abtropfen lassen und mit dem Ketchup und der Gemüsebrühe dazugeben (siehe kleines Foto unten rechts).
9. Die Sauce mit der Crème fraîche verfeinern und mit dem Curry, dem Paprika, Tabasco, Salz, Pfeffer und Zucker abschmecken.
10. Die Bratlinge auf vier Tellern anrichten, mit der Sauce überziehen und sofort servieren.

(Foto rechts)

Vollkornpfannkuchentorte mit Spinat

Für 4 Personen

- 3/4 l Milch
- 1 Prise Salz
- 2 TL Backpulver
- 200 g Roggenvollkornmehl
- 600 g TK-Blattspinat oder frischer Spinat
- 4 EL Butter
- 100 g Roggenschrot
- 4 Eier
- 30 g Butterschmalz
- 1 Zwiebel
- 1 Prise geriebene Muskatnuß
- 40 g geriebener Parmesan

Quellzeit: ca. 1/2 Stunde
Zubereitungszeit: ca. 1/2 Stunde

1. Für den Pfannkuchenteig die Milch mit etwas Salz, dem Backpulver und dem Mehl gut verrühren und den Teig etwa 1/2 Stunde quellen lassen.
2. Den TK-Blattspinat auftauen lassen; den frischen Spinat verlesen, waschen und abtropfen lassen.
3. 2 Eßlöffel der Butter in einer Pfanne erhitzen und das Roggenschrot darin bräunen. Das Schrot etwas abkühlen lassen und anschließend mit den Eiern unter den Pfannkuchenteig rühren.
4. Das Butterschmalz in einer Pfanne erhitzen und nacheinander sechs Pfannkuchen darin backen, dann warm halten.
5. In der Zwischenzeit die Zwiebel schälen, würfeln und mit dem Spinat in der restlichen Butter etwa 5 Minuten in einem Topf andünsten, bis er zusammenfällt.
6. Den Spinat gut abtropfen lassen, mit Salz und Muskat abschmecken, und dann den Käse unter das Gemüse mischen.
7. Den Spinat auf fünf Pfannkuchen streichen, diese wie eine Torte übereinanderlegen und mit dem sechsten Pfannkuchen abdecken.
8. Die Pfannkuchentorte in Tortenstücke schneiden und sofort heiß servieren.

Käsekartoffeln vom Blech

Für 4 Personen

800 g Kartoffeln
1/4 l Gemüsebrühe
Salz
frischgemahlener Pfeffer
1 TL gemahlener Kümmel
2 Zwiebeln
1 Bund Frühlingszwiebeln
250 g saure Sahne
2 Eier
125 g geriebener Emmentaler
4 Tomaten
2 EL gehackter Schnittlauch
einige Butterflöckchen

Zubereitungszeit: ca. 3/4 Stunden

1. Den Backofen auf 200 Grad vorheizen. Die Kartoffeln schälen, in etwa 1 Zentimeter dicke Scheiben schneiden und auf einem Backblech auslegen.
2. Die Gemüsebrühe angießen und die Kartoffeln mit Salz, Pfeffer und dem Kümmel bestreuen.
3. Die Zwiebeln schälen und fein hacken, die Frühlingszwiebeln putzen, waschen und in Streifen schneiden. Beides auf den Kartoffeln verteilen und im Backofen etwa 1/4 Stunde backen.
4. In der Zwischenzeit die saure Sahne mit den Eiern und dem geriebenen Emmentaler verrühren.
5. Die Tomaten über Kreuz einritzen, kurz in kochendes Wasser legen, kalt abschrecken und enthäuten. Das Fruchtfleisch in dünne Scheiben schneiden.
6. Die Tomaten auf den Kartoffeln verteilen und mit der angerührten sauren Sahne überziehen.
7. Den gehackten Schnittlauch darüberstreuen und einige Butterflöckchen obenauf setzen.
8. Die Käsekartoffeln anschließend weitere 10 Minuten backen, dann herausnehmen.

(Foto oben)

Tip

Kleinere Mengen dieses Gerichtes können Sie auch in ofenfesten Auflaufformen zubereiten.

Überbackene Maistaler mit Lauchgemüse

Für 4 Personen

Für die Maistaler
1 Knoblauchzehe
1 l Gemüsebrühe
1 TL gerebelter Majoran
1 TL Currypulver
1 Prise gemahlener Koriander
250 g Maisgrieß (Polenta)
Öl zum Fetten des Bleches
200 g Käse nach Geschmack
(z. B. Gouda, Appenzeller,
Gorgonzola oder Schafskäse)

Für das Lauchgemüse
1 kg Lauch
4 EL Sonnenblumenöl
1/4 l Gemüsebrühe
1 Knoblauchzehe
1/2–1 TL Curry
frischgeriebene Muskatnuß
Kräutersalz
frischgemahlener Pfeffer
125 g Sahne
1 Ei
1 EL Zitronensaft
2–3 EL Hefeflocken

Zubereitungszeit: ca. 1 1/4 Stunden

1. Die Knoblauchzehe schälen und zerdrücken. Die Gemüsebrühe mit dem Majoran, dem Curry, dem Koriander und dem Knoblauch in einem Topf zum Kochen bringen.
2. Den Maisgrieß unter Rühren in die kochende Gemüsebrühe einstreuen und im geschlossenen Topf bei kleiner Hitze etwa 20 Minuten ausquellen lassen. Den Backofen auf 220 Grad vorheizen.
3. Anschließend die Maismasse etwa 1 Zentimeter dick auf ein mit Wasser abgespültes Brett streichen und erkalten lassen.
4. Ein Backblech mit etwas Öl einfetten. Aus der Maismasse Kreise oder Quadrate von etwa 5 Zentimeter Durchmesser ausstechen und auf das Backblech setzen.
5. Den Käse in kleine Stücke schneiden und auf jeden Kreis oder jedes Quadrat ein kleines Stück Käse legen.

6. Die Maistaler auf der mittleren Schiene des Backofens 10 bis 15 Minuten backen, bis der Käse anfängt zu schmelzen.
7. In der Zwischenzeit für das Lauchgemüse den Lauch putzen, waschen und in etwa 1 Zentimeter breite Stücke schneiden. Dabei das zarte Grün auf jeden Fall mitverwenden.
8. Das Öl in einem Topf erhitzen und die Lauchstücke darin andünsten. Mit der Gemüsebrühe auffüllen und 10 bis 15 Minuten bei milder Hitze garen.
9. Die Knoblauchzehe schälen und zerdrücken und das Gemüse mit den Gewürzen und dem Knoblauch abschmecken.
10. Die Sahne mit dem Ei verquirlen und unter das Gemüse ziehen. Nach Geschmack noch mit etwas Zitronensaft abschmecken.
11. Die Hefeflocken über das Gemüse streuen und darunterrühren, nicht mehr kochen lassen. Das Gemüse zu den Maistalern reichen. (Foto rechts)

Nußkartoffeln

Für 4 Personen

700 g Kartoffeln, Salz
4 Eigelb
2 EL Mehl
2 EL Butter
150 g grobgehackte Nüsse
1 Prise geriebene Muskatnuß
schwarzer Pfeffer aus der Mühle
Mehl zum Ausrollen

Zubereitungszeit: ca. 1 Stunde

1. Den Backofen auf 200 Grad vorheizen. Die Kartoffeln schälen, vierteln und in Salzwasser etwa 20 Minuten garen. Das Wasser abschütten und die Kartoffeln gut abtropfen lassen.
2. Die Kartoffeln im Backofen etwa 1/4 Stunde trocknen lassen, dann durch eine Kartoffelpresse drücken und die Eigelbe und das Mehl darunterrühren.
3. 1 Eßlöffel Butter in einer Pfanne erhitzen, die grob gehackten Nüsse darin hellbraun rösten und zur Kartoffelmasse geben. Alles gut mischen und mit Muskat, Salz und Pfeffer würzen.
4. Die Arbeitsplatte mit etwas Mehl bestäuben und die Kartoffelmasse darauf zu einer 5 Zentimeter dicken Rolle formen. Diese in 2 Zentimeter dicke Scheiben schneiden.
5. Die restliche Butter in einer Pfanne erhitzen und die Kartoffelscheiben darin hellbraun backen.

Kartoffelpuffer-Doppeldecker

Für 4 Personen

1 kg Kartoffeln
1 Zwiebel
2 EL Mehl
4 Eier
Salz
6–8 EL Distelöl
1 Bund Radieschen
200 g Salatgurke
500 g Sahnequark
weißer Pfeffer

Zubereitungszeit: ca. 50 Minuten

1. Die Kartoffeln schälen und grob reiben. Die Zwiebel ebenfalls schälen und zu den Kartoffeln reiben.
2. Die Kartoffel-Zwiebel-Masse mit dem Mehl und den Eiern verrühren und mit Salz würzen.
3. 1 Eßlöffel des Öls in einer Pfanne erhitzen. Eine Kelle Kartoffelteig hineingeben, zu einem runden Puffer verstreichen und diesen auf beiden Seiten goldbraun braten. Nacheinander acht große Puffer backen, dabei immer wieder etwas Öl in die Pfanne geben und die fertigen Puffer warm halten.
4. Die Radieschen putzen und waschen. Die Gurke schälen und zusammen mit den Radieschen fein würfeln. Beides unter den Quark rühren, salzen und pfeffern.
5. Den Gemüsequark auf vier Kartoffelpuffern verteilen und die restlichen Puffer darauf legen.

Geschmortes Thymiansauerkraut mit panierten Kartoffelröllchen

Für 4 Personen

Für das Thymiansauerkraut
750 g Sauerkraut
1 Zwiebel
2 EL Butter
125 ml Apfelsaft
2 TL gerebelter Thymian
Kräutersalz
frischgemahlener Pfeffer
2 Äpfel
eventuell 125 g Sahne
oder Crème fraîche

Für die Kartoffelröllchen
750 g Kartoffeln
1 EL Butter
3 Eier
3 EL frischgemahlener Weizen
Kräutersalz
geriebene Muskatnuß
gemahlener Koriander
gerebelter Majoran
1 Knoblauchzehe
Currypulver
etwas Vollkornbrösel
2 EL Öl

Zubereitungszeit: ca. 1 Stunde

1. Das Sauerkraut mit einer Gabel grob auseinanderzupfen und etwa 200 Gramm beiseite legen.
2. Die Zwiebel schälen und fein würfeln. Die Butter in einem Topf zerlassen und die Zwiebeln darin goldgelb dünsten. Das Sauerkraut hinzufügen, kurz mitdünsten und alles mit dem Apfelsaft ablöschen.
3. Das Kraut mit dem Thymian, etwas Kräutersalz und Pfeffer würzen. Die Äpfel waschen, vierteln, die Kerngehäuse entfernen und das Fruchtfleisch in Scheiben schneiden. Die Äpfel auf das Sauerkraut legen und alles 20 Minuten bei milder Hitze und bei geschlossenem Topf garen.
4. Inzwischen für die Kartoffelröllchen die Kartoffeln mit der Schale in Salzwasser garen, noch warm pellen und durch eine Kartoffelpresse drücken.

5. Die Butter, zwei Eier und den Weizen hinzufügen und die Masse mit Kräutersalz, Muskat, Koriander und Majoran würzen. Die Knoblauchzehe schälen, zerdrücken und zu der Masse geben. Diese zu einem Teig verarbeiten.
6. Das letzte Ei verquirlen und mit Curry würzen.
7. Aus dem Teig kleine Röllchen formen, diese zunächst im Ei und dann in Vollkornbröseln wenden. Das Öl in einer Pfanne erhitzen und die Kartoffelröllchen darin leicht goldbraun braten.
8. Das Sauerkraut nochmals kurz erhitzen, das rohe Kraut daruntermischen, das Kraut noch einmal nachwürzen und eventuell die Sahne oder die Crème fraîche darunterziehen. Das Sauerkraut mit den Kartoffelröllchen servieren.
(Foto links oben)

Grüne Knöpfle

Für 4 Personen

300 g Blattspinat
3 EL feingehackte Petersilie
70–100 g geriebener Käse
200 g Quark
frischgemahlener Pfeffer
geriebene Muskatnuß
1 Knoblauchzehe
150 g gemahlener Weizen
Salz
2–3 Zwiebeln
1 TL Butter

Ruhezeit: ca. 1/4 Stunde
Zubereitungszeit: ca. 40 Minuten

1. Den Spinat verlesen, waschen und tropfnaß in einen Topf geben. So lange kochen lassen, bis er zusammengefallen ist, dann gut ausdrücken und fein schneiden.
2. Den Spinat zusammen mit der feingehackten Petersilie und dem geriebenen Käse zu dem Quark geben. Diesen kräftig mit den Gewürzen abschmecken. Dann die Knoblauchzehe schälen, zerdrücken und dazugeben.
3. Den Weizen daruntermischen und den Teig etwa 1/4 Stunde ruhen lassen.
4. Mit bemehlten Händen aus dem Teig kleine Klöße formen und diese in siedendem Salzwasser etwa 10 Minuten ziehen lassen.
Das Wasser darf nicht kochen, sonst zerfallen die Knöpfle.
5. Die Zwiebeln schälen und in Würfel oder in Ringe schneiden. Die Butter in einer Pfanne zerlassen und die Zwiebeln darin goldbraun braten. Die Zwiebeln über die Knöpfle geben und diese anschließend sofort servieren.
(Foto links unten)

Zucchini mit Linsenfüllung

Für 4 Personen

250 g getrocknete Linsen
1 Knoblauchzehe
1 Lorbeerblatt
250 g Möhren
2 Zwiebeln
1 EL Öl
etwas Gemüsebrühe
2 EL feingehackte Walnüsse
2 EL feingehackte Petersilie
Kräutersalz, Pfeffer
1 EL Essig
4 kleine Zucchini
500 g Tomaten
Butter zum Fetten der Form
gerebelter Oregano
100 g geriebener Käse

Quellzeit: ca. 2 Stunden
Zubereitungszeit: ca. 1 1/4 Stunden

1. Die Linsen waschen und in 1 Liter Wasser etwa 2 Stunden quellen lassen. Dann zusammen mit der geschälten Knoblauchzehe und dem Lorbeerblatt 20 bis 30 Minuten auf kleiner Flamme garen.
2. Inzwischen die Möhren putzen, waschen, halbieren und in Scheiben schneiden. Die Zwiebeln schälen und fein würfeln.
3. Das Öl in einem Topf erhitzen und die Möhren mit den Zwiebeln darin glasig dünsten. Etwas Gemüsebrühe dazugeben und das Ganze bei milder Hitze etwa 10 Minuten garen.
4. Die Walnüsse, die abgetropften Linsen und die Petersilie unter das Gemüse mischen und dieses mit Kräutersalz, Pfeffer und dem Essig abschmecken.
5. Die Zucchini waschen und im ganzen in kochendem Salzwasser kurz blanchieren. Dann die Zucchini halbieren und innen leicht aushöhlen.
6. Das herausgelöste Fruchtfleisch entweder sehr fein schneiden und unter die Linsen mischen oder anderweitig verwenden.
7. Das Linsengemüse in die Zucchinihälften füllen.
8. Die Tomaten waschen und in Scheiben schneiden. Eine Auflaufform mit der Butter einfetten. Die Tomaten auf den Boden der Form legen und mit Kräutersalz, Pfeffer und Oregano bestreuen.
9. Die Zucchinihälften darauf setzen und die Form auf der mittleren Schiene in den kalten Backofen schieben. Die Zucchini im Ofen bei 220 Grad 20 Minuten backen.
10. Den Käse über die Zucchini streuen, die Form noch einmal in den heißen Backofen schieben und die Zucchini garen, bis der Käse geschmolzen ist.

Gebackene Paprika mit Weizenfladen

Für 2 Personen

Für die Weizenfladen

- 200 g Weizenvollkornmehl
- 2 EL Sonnenblumenöl
- 1/2 TL Salz
- 1 TL Kümmel
- 1 TL gemahlener Koriander
- gerebeltes Basilikum
- gerebelter Oregano

Für die gebackenen Paprika

- je 1 rote, grüne und gelbe Paprikaschote
- 50 g schwarze Oliven
- 3–5 EL Kapern
- Öl zum Fetten der Form und des Bleches
- 1–2 Knoblauchzehen
- 50 g grobes Weizenschrot
- 50 g Sonnenblumenkerne
- Kräutersalz
- schwarzer Pfeffer
- etwas Olivenöl

Ruhezeit: ca. 1/2 Stunde
Zubereitungszeit: ca. 3/4 Stunden

1. Für die Weizenfladen das Weizenmehl mit 150 Milliliter Wasser, dem Öl und den Gewürzen zu einem mittelfesten Teig verkneten und diesen mindestens 1/2 Stunde ruhen lassen.
2. Die Paprikaschoten putzen, waschen und vierteln. Die Kerne und die Häute entfernen und das Fruchtfleisch in dünne Streifen schneiden.
3. Die Oliven entkernen und kleinschneiden. Die Paprikastreifen mit den Kapern und den Oliven mischen. Eine Auflaufform mit dem Öl ausfetten und das Gemüse hineinfüllen.
4. Die Knoblauchzehen schälen und zerdrücken. Das Weizenschrot mit den Sonnenblumenkernen und dem Knoblauch in einer trokkenen Pfanne so lange rösten, bis es anfängt zu duften.
5. Nun den Fladenteig in vier Stükke teilen und diese zu dünnen Fladen ausrollen.
6. Das Backblech einfetten, die Fladen darauf legen und mit Basilikum und Oregano bestreuen.
7. Das Blech auf der mittleren Schiene in den kalten Backofen schieben. Die Fladen bei 200 Grad etwa 25 Minuten backen, dann auf einem Kuchengitter auskühlen lassen. Den Backofen nicht ausschalten.
8. Die Paprikamischung mit Kräutersalz und Pfeffer bestreuen, die Schrotmischung darübergeben und das Ganze mit etwas Olivenöl beträufeln.
9. Den Paprikaauflauf auf der mittleren Schiene im vorgeheizten Backofen bei 220 Grad etwa 20 Minuten backen. Die Weizenfladen dazu reichen.

Lasagne al forno

Für 4 Personen

Für die Füllung

- 200 g Sojaflocken
- 150 g Magerquark
- 2 Eier
- 2 EL Tomatenmark
- 1 Zwiebel
- 1 Möhre
- 1 Stück Knollensellerie
- 3 EL Butter
- 2 EL Vollkornmehl
- 3 Tomaten
- 1 Knoblauchzehe
- 1 zerriebenes Lorbeerblatt
- 1 EL gehacktes Basilikum
- Salz
- frischgemahlener Pfeffer

Für die Béchamelsauce

- 50 g Butter
- 50 g Vollkornmehl
- 1/2 l Milch
- Salz
- Pfeffer
- geriebene Muskatnuß
- 50 g Parmesan

Außerdem

- 350 g grüne Lasagneplatten
- Öl zum Fetten der Form
- 200 g Mozzarella

Ruhezeit: ca. 20 Minuten
Zubereitungszeit: ca. 1 1/4 Stunden

1. Für die Füllung die Sojaflocken mit 375 Milliliter Wasser anrühren, den Magerquark, die Eier und das Tomatenmark darunterziehen und alles 20 Minuten stehen lassen.
2. In der Zwischenzeit die Zwiebel schälen und das Gemüse putzen und waschen. Alles in kleine Würfel schneiden. Die Butter in einem Topf erhitzen und das Gemüse darin glasig dünsten. Das Gemüse mit dem Mehl bestäuben.
3. Die Tomaten über Kreuz einritzen, kurz in kochendes Wasser legen, kalt abschrecken und enthäuten. Das Fruchtfleisch entkernen, fein würfeln und zum Gemüse geben. Anschließend das Ganze zum Kochen bringen.
4. Die Knoblauchzehe schälen, zerdrücken und mit dem Lorbeerblatt und dem Basilikum zum Gemüse geben. Mit Salz und Pfeffer würzen.
5. Das Gemüse vom Feuer nehmen und mit der Quarkmasse mischen.
6. Für die Béchamelsauce die Butter in einem Topf erhitzen und das Mehl darin kurz anschwitzen lassen.
7. Die Milch unter kräftigem Rühren dazugeben, die Sauce mit Salz, Pfeffer und Muskat würzen und etwa 10 Minuten kochen lassen.
8. Den Parmesankäse in die Sauce geben. Den Backofen auf 200 Grad vorheizen.
9. Die Lasagneplatten in reichlich Salzwasser kurz kochen; sie müssen nicht ganz weich werden.
10. Eine feuerfeste Form mit dem Öl einfetten und schichtweise abwechselnd die Gemüsemasse, die Béchamelsauce und die Lasagneplatten hineingeben.
11. Den Mozzarella in Scheiben schneiden, den Auflauf damit belegen und im Backofen etwa 20 Minuten backen.

Gefüllte Gemüse-paprikaschoten

Für 4 Personen

4 mittelgroße Paprikaschoten
2 Zwiebeln
200 g frische gemischte Pilze
2–3 Eier
100 g geriebener Emmentaler
2–3 EL Semmelbrösel
1 EL gehackte Zitronenmelisse
1 EL gehackte Petersilie
Salz, schwarzer Pfeffer
1 Prise geriebene Muskatnuß
280 g geschälte Tomaten aus der Dose
125 g Crème fraîche
125 ml Weißwein
Kräuter der Provence

Zubereitungszeit: ca. 3/4 Stunden

1. Von den Paprikaschoten kleine Deckel abschneiden und die Kerne und die Häute aus den Schoten entfernen. Die Schoten innen und außen waschen und gut abtropfen lassen.
2. Die Zwiebeln fein hacken und die Pilze putzen, waschen und abtropfen lassen. Dann kleinschneiden. Beides in eine Schüssel geben.
3. Die Eier verquirlen, mit dem Emmentaler und den Semmelbröseln leicht binden und auch in die Schüssel geben.
4. Die feingehackten Kräuter dazugeben und die Füllung mit Salz, Pfeffer und Muskat würzen. Den Backofen auf 200 Grad vorheizen.
5. Die Masse in die Paprikaschoten füllen und diese in eine hohe, feuerfeste Form setzen.
6. Die Tomaten abtropfen lassen und mit der Crème fraîche und dem Weißwein verrühren. Die Sauce mit den Kräutern der Provence abschmecken und in die Form gießen.
7. Die Paprikaschoten im Backofen etwa 20 Minuten garen.

(Foto oben)

Tip

Statt der Paprikaschoten können Sie auch Tomaten, Gemüsezwiebeln oder Auberginen füllen.

Spinat-Kräuter-Braten

Für 4 Personen

1 Zwiebel
2 EL Butter
500 g Blattspinat
8 Brötchen
1/4 l Gemüsebrühe
je 1/2 Bund Petersilie und Schnittlauch
je 1/2 Bund Kerbel und Estragon
2 Knoblauchzehen
1 TL Salz
125 g Crème fraîche
4 Eier
2–3 EL Vollkornmehl
2–3 EL Semmelbrösel
Öl zum Fetten der Form

Zubereitungszeit: ca. 1 1/4 Stunden

1. Die Zwiebel schälen und fein hacken. Die Butter in einer Pfanne erhitzen und die Zwiebeln darin glasig dünsten.
2. Den Spinat verlesen, waschen, zerpflücken, zu den Zwiebeln geben und kurz mitdünsten. Den Backofen auf 220 Grad vorheizen.
3. Die Brötchen zerbröseln und in die Gemüsebrühe geben.
4. Die Kräuter waschen, trockentupfen und fein hacken. Die Knoblauchzehen schälen, zerdrücken.
5. Den Spinat, die Kräuter und den Knoblauch zu der Brötchenmasse geben.
6. Die Crème fraîche, die Eier, das Mehl und die Semmelbrösel auch zur Brötchenmasse geben und alles zu einer festen Masse verkneten.
7. Eine Auflaufform mit dem Öl einfetten, die Brötchenmasse hineingeben und den Kräuterbraten im Backofen 40 bis 45 Minuten backen.
8. Dann die Ränder mit einem Messer lösen und den Braten auf eine Platte stürzen.

(Foto links)

Tip

Diesen Kräuterbraten können Sie mit einer Tomaten- oder einer Käsesauce und frischem Salat servieren.

Ravioli mit Spinatfüllung

Für 4 Personen

Für den Nudelteig
350 g Weizenvollkornmehl
3 Eier
3 TL Öl
1 Prise Salz

Für die Spinatfüllung
300 g Spinat
200 g körniger Frischkäse
100 g gehackte Walnüsse
geriebene Muskatnuß
Kräutersalz
frischgemahlener Pfeffer

Außerdem
Mehl zum Ausrollen
1 Eiweiß

Ruhezeit: ca. 1 Stunde
Zubereitungszeit: ca. 40 Minuten

1. Das Mehl mit den übrigen Teigzutaten zu einem glatten, elastischen Teig verkneten, der nicht mehr kleben sollte.
2. Diesen etwa 1 Stunde, mit einem feuchten Tuch bedeckt, bei Zimmertemperatur ruhen lassen.
3. In der Zwischenzeit für die Füllung den Spinat verlesen, waschen, tropfnaß in einen Topf geben und bei milder Hitze zusammenfallen lassen.
4. Den Spinat gut ausdrücken und mit dem körnigen Frischkäse und

den gehackten Walnüssen mischen. Mit den Gewürzen pikant abschmecken.
5. Den Teig halbieren und auf einer leicht bemehlten Arbeitsfläche zwei etwa gleich große, möglichst dünne Rechtecke ausrollen.
6. Auf die eine Platte jeweils im Abstand von etwa 5 Zentimetern kleine Häufchen der Füllung setzen.
7. Das Eiweiß mit 4 Eßlöffeln Wasser verquirlen und mit Hilfe eines Kuchenpinsels Längs- und Querlinien zwischen die Häufchen streichen.
8. Die zweite Teigplatte darauf legen und mit den Fingern den Teig so andrücken, daß sich die Füllungen abzeichnen.
9. Mit einem Teigrädchen oder einem scharfen Messer die Ravioli voneinander trennen.
10. Die Teigtaschen portionsweise in sprudelndem Salzwasser 8 bis 10 Minuten kochen.

Variation

Der Teig kann auch mit einer süßen Masse gefüllt werden. Mischen Sie für eine Nußfüllung 250 Gramm Quark, 1 Eßlöffel Honig, etwa 100 Gramm feingemahlene Nüsse, 1/2 Teelöffel Zimt und 1 Eigelb. Servieren Sie die süßen Ravioli mit einer Vanillesauce.

Tip

Reichen Sie die Ravioli in einer Käse- oder einer Tomatensauce zu einem grünen Salat.

Eierwaffeln mit Kressequark

Für 4 Personen

Für die Waffeln
250 g saure Sahne
4 Eier
4–6 EL Vollkornmehl
50 g Butter
Salz
frischgemahlener Pfeffer
1 Prise geriebene Muskatnuß
2 EL gehackter Schnittlauch

Für den Kressequark
150 g Magerquark
125 g Crème fraîche
2 EL mittelscharfer Senf
2 EL eingelegte grüne Pfefferkörner
Saft von 1 Zitrone
einige Spritzer Worcestersauce
1 Prise Zucker
2 EL feingehackte Kresse
4 Tomaten

Zubereitungszeit: ca. 35 Minuten

1. Für die Waffeln die saure Sahne mit den Eiern, dem Mehl und der Butter verrühren.
2. Mit Salz, Pfeffer und Muskat würzen und den feingehackten Schnittlauch darunterziehen.
3. Den Teig portionsweise auf ein Waffeleisen geben und backen.
4. Die Waffeln herausnehmen und warm stellen.
5. Den Magerquark mit der Crème fraîche, dem Senf, den grünen Pfefferkörnern und dem Zitronensaft glattrühren.
6. Den Quark mit der Worcestersauce, Salz, Pfeffer und Zucker abschmecken.
7. Die Kresse darunterrühren.
8. Die Tomaten über Kreuz einritzen, kurz in kochendes Wasser legen, kalt abschrecken und enthäuten. Das Fruchtfleisch in Scheiben schneiden. Die Scheiben auf den Waffeln anrichten und den Quark darauf verteilen.
(Foto oben)

Pikantes Gebäck

Wie der Italiener von seiner Pizza träumt, so schwärmt ein jeder Franzose von seiner Quiche. Aber auch in anderen Ländern erfreut sich pikantes Gebäck großer Beliebtheit. Schnell zubereitet, ist es, besonders in geselliger Runde, ein herzhafter Genuß zu einem guten Glas Wein. Die große Palette an Teigrezepten, Belägen und Füllungen erlaubt stets neue Variationsmöglichkeiten.

Quiche Lorraine

Für 4 Personen

Für den Teig

200 g Mehl
100 g Butter
4 EL Milch
1 Prise Salz

Für den Belag

2 Zwiebeln
100 g durchwachsener Speck
2 EL Butter
150 g Sahne
125 ml Milch
3 Eier
100 g geriebener Emmentaler
geriebene Muskatnuß
1 Prise Salz, weißer Pfeffer

Außerdem

Mehl zum Ausrollen
Butter zum Fetten der Form

Ruhezeit: ca. 1/2 Stunde
Zubereitungszeit: ca. 50 Minuten

1. Für den Mürbeteig das Mehl mit der Butter, der Milch und etwas Salz mischen und alles zu einem glatten Teig verkneten. Diesen mindestens 1/2 Stunde im Kühlschrank ruhen lassen.
2. Für den Belag die Zwiebeln schälen und zusammen mit dem Speck in kleine Würfel schneiden.
3. Die Butter in einer Pfanne erhitzen und den Speck und die Zwiebeln darin dünsten, dann abkühlen lassen. Den Backofen auf 180 Grad vorheizen.
4. Die Sahne mit der Milch und den Eiern verrühren. Den Käse, die Zwiebeln, den Speck und die Gewürze dazugeben und alles gut mischen.
5. Den Mürbeteig auf einer leicht bemehlten Arbeitsplatte dünn ausrollen. Eine runde Springform (26 Zentimeter Durchmesser) mit etwas Butter einfetten, mit etwas Mehl bestäuben und den Teig hineindrücken. An den Seiten einen kleinen Rand hochziehen und den Teig mehrmals mit einer Gabel einstechen.
6. Den Belag auf den Teig geben, glattstreichen und die Quiche im Backofen etwa 1/2 Stunde backen. (Foto Seite 162/163)

Wildkräuterquiche

Für 4 Personen

Für den Teig

150 g Weizenvollkornmehl
100 g Roggenvollkornmehl
100 g Butter
1 Ei
50 g geriebener Käse
1 TL Salz
1/2 TL gemahlener Kümmel
1/2 TL gemahlener Koriander

Für den Belag

300 g Joghurt oder saure Sahne
2 Eier
100 g geriebener Käse
1 TL Kräutersalz
frischgemahlener Pfeffer
100 g gemischte Wildkräuter nach Geschmack (Brennessel, Löwenzahn, Geißfuß, wenig Sauerampfer, Taubnessel, Brunnenkresse)
50 g Mandelsplitter

Außerdem

Butter zum Fetten der Form

Ruhezeit: ca. 1/2 Stunde
Zubereitungszeit: ca. 1 Stunde

1. Für den Teig das Mehl mit der Butter, dem Ei, dem Käse und den Gewürzen zu einem weichen Teig verkneten.
2. Eine runde Springform (26 Zentimeter Durchmesser) einfetten, den Teig hineinfüllen und mit einem nassen Löffel glattstreichen. Dabei an den Seiten einen kleinen Rand hochziehen. Den Teig mehrmals mit einer Gabel einstechen und die Form für 1/2 Stunde in den Kühlschrank stellen.
3. Für den Belag den Joghurt oder die saure Sahne mit den Eiern und dem Käse verrühren und die Masse mit dem Kräutersalz und etwas Pfeffer abschmecken.

4. Die Wildkräuter waschen, sorgfältig trockentupfen und in Streifen schneiden. Anschließend zu der Joghurt-Ei-Masse geben.
5. Die Springform auf die mittlere Schiene des kalten Backofens stellen und den Boden bei 200 Grad etwa 1/4 Stunde vorbacken.
6. Anschließend den Belag auf den vorgebackenen Boden geben, glattstreichen und mit den Mandeln bestreuen.
7. Die Quiche wieder in den Backofen schieben und weitere 25 bis 30 Minuten backen.
(Foto links)

Tomatentorte

Für 4–6 Personen

Für den Teig
250 g Mehl
1 Ei
1/2 TL Salz
125 g Butter

Für den Belag
750 g Fleischtomaten
3 Eier
200 g Crème fraîche
100 g geriebener Gouda
gemahlener schwarzer Pfeffer
1 Msp. Cayennepfeffer
geriebene Muskatnuß

Außerdem
Butter zum Fetten der Form

Kühlzeit: ca. 1/2 Stunde
Zubereitungszeit: ca. 1 1/4 Stunden

1. Für den Teig das Mehl mit dem Ei, dem Salz und der Butter zu einem geschmeidigen Mürbeteig verkneten. Diesen etwa 1/2 Stunde in den Kühlschrank legen.
2. Für den Belag die Tomaten über Kreuz einritzen, kurz in kochendes Wasser legen, kalt abschrecken und enthäuten. Das Fruchtfleisch in Achtel zerteilen.
3. Die Eier mit der Crème fraîche und dem Gouda verrühren und mit Salz, Pfeffer, Cayennepfeffer und Muskat kräftig würzen. Den Backofen auf 200 Grad vorheizen.
4. Eine Springform (26 Zentimeter Durchmesser) mit der Butter einfetten und mit dem Teig auslegen. An den Seiten einen etwa 3 Zentimeter hohen Rand hochziehen und den Teig mehrmals mit einer Gabel einstechen.
5. Die Tomatenachtel darauf legen, salzen, pfeffern und mit der Eier-Käse-Sauce übergießen.
6. Die Torte im Backofen etwa eine 3/4 Stunde backen, falls nötig, mit Alufolie abdecken.
(Foto oben)

Variation

Sie können diese Torte auch mit anderen Gemüsesorten zubereiten. Probieren Sie doch mal eine Möhren- oder eine Zucchinitorte. Man benötigt dafür statt der Fleischtomaten etwa 1 Kilogramm Möhren oder Zucchini und 2 Zwiebeln. Das Gemüse wird gewaschen, nach Belieben geschält, in feine Scheiben geschnitten und in Butter bißfest gedünstet. Man verteilt das Gemüse auf dem Teig, würzt es mit gerebeltem Oregano, begießt es mit der Eiermasse und bäckt die Torte wie im Rezept angegeben.

9. 5 Minuten vor Ende der Backzeit die Eier verquirlen und den Teig damit bestreichen. Die Pizzas mit Kümmel, Salz und Koriander bestreuen und die letzten 5 Minuten fertig backen.
(Foto links)

Brotpizza

Für 4 Personen

Für den Brotteig
250 g Weizenmehl
1 Päckchen Trockenhefe
1 EL Salz
1 EL Zucker
1 TL gemahlener Kümmel
15 g Schweineschmalz
300 ml Wasser

Für den Belag
100 g roher Schinken
50 g gefüllte grüne Oliven
50 g schwarze Oliven
4 Knoblauchzehen
125 ml Olivenöl
2 Eigelb
1 EL Kümmel
2 EL grobes Salz
1 EL gemahlener Koriander

Außerdem
Butter zum Fetten der Formen

Zeit zum Gehen: ca. 1/2 Stunde
Zubereitungszeit: ca. 3/4 Stunden

1. Für den Teig das Mehl in eine Schüssel sieben und die Hefe, das Salz, den Zucker und den Kümmel hinzugeben.
2. Das Schweineschmalz hineinreiben und alles kräftig miteinander verkneten.
3. Das Wasser leicht erwärmen, dazugeben und alles zu einem kompakten Teig verkneten.
4. Den Teig zugedeckt an einem warmen Ort etwa 1/2 Stunde gehen lassen, anschließend nochmals durchkneten und auf einer bemehlten Arbeitsfläche ausrollen.
5. Vier Pizzaformen mit etwas Butter einfetten und mit dem Teig auslegen. Den Backofen auf 200 Grad vorheizen.
6. Für den Belag den Schinken in Stifte schneiden und mit den Oliven auf den Teig legen.
7. Die Knoblauchzehen schälen, in Stifte schneiden und zwischen den Schinken und die Oliven legen.
8. Anschließend die Pizzas mit dem Öl bestreichen und im Backofen bei 200 Grad etwa 20 Minuten backen.

Pizza »Calzone«

Für 4 Personen

Für den Hefeteig
400 g Weizenmehl
1 1/2 TL Salz
1 EL Zucker
100 g Butter
30 g frische Hefe
125 ml Milch
2 EL Olivenöl

Für den Belag
100 g geräucherter, durchwachsener Speck
2 EL Butter
1 Zwiebel
1 Bund Frühlingszwiebeln
100 g frische Champignons
4 Tomaten
200 g blaue Weintrauben
4 rohgeräucherte Würstchen
12 gefüllte grüne Oliven
1 Bund frischer Oregano
Salz
Pfeffer aus der Mühle
200 g Mozzarella

Außerdem
Mehl zum Ausrollen
Butter zum Fetten des Bleches

Zubereitungszeit: ca. 1 Stunde

1. Für den Teig das Mehl auf eine Arbeitsfläche sieben und mit dem Salz und dem Zucker mischen.
2. Die Butter in Flöckchen auf dem Mehl verteilen und alles miteinander zerbröseln.
3. Die Hefe zerbröseln und in der lauwarmen Milch auflösen. Das Ganze mit dem Öl zu den Teigbröseln geben und alles kräftig zu einem glatten, weichen Hefeteig verkneten.

4. Für den Belag den Speck in kleine Würfel schneiden. Die Butter in einem Topf erhitzen und den Speck darin auslassen.
5. Die Zwiebel schälen und fein hacken; die Frühlingszwiebeln putzen, waschen und in Scheiben schneiden. Beides zum Speck geben und glasig dünsten.
6. Die Champignons putzen, mit einem feuchten Tuch abreiben und in Scheiben schneiden.
7. Die Tomaten über Kreuz einritzen, kurz in kochendes Wasser legen, kalt abschrecken und enthäuten. Das Fruchtfleisch entkernen und in Würfel schneiden.
8. Die Weintrauben waschen, halbieren und entkernen. Den Backofen auf 200 Grad vorheizen.
9. Die Würstchen in dünne Scheiben oder in Würfel schneiden. Alle vorbereiteten Zutaten und die Oliven vorsichtig in einer Schüssel mischen.
10. Den Teig in vier gleich große Teile teilen und diese auf einer bemehlten Arbeitsfläche rund ausrollen. Den Oregano waschen, trockentupfen und fein hacken.
11. Jede Teigplatte zur Hälfte mit den Zutaten belegen, mit dem Oregano bestreuen und mit Salz und Pfeffer würzen.
12. Den Mozzarella in Scheiben schneiden, darauf legen und die andere Teighälfte über die Zutaten klappen. Die Ränder gut festdrücken.
13. Ein Backblech mit der Butter einfetten, die Pizzas darauf legen und im Backofen etwa 20 Minuten backen.

Pizza mit Meeresfrüchten

Für 4 Personen

Für den Teig

Hefeteig für 4 Personen
(siehe Rezept »Pizza Calzone«, Seite 166)

Für den Belag

8 Tomaten
100 g gekochter Schinken
300 ml dicke Béchamelsauce (Rezept siehe Seite 72)
200 g geriebener Provolone
½ Bund frisches Basilikum
½ Bund frischer Oregano
4 EL Semmelbrösel
100 g geschälte Crevetten
100 g Muschelfleisch
100 g küchenfertige Tintenfischringe

Außerdem

Mehl zum Ausrollen
Butter zum Fetten der Formen

Zubereitungszeit: ca. 1 Stunde

1. Den Hefeteig zubereiten, wie im Rezept »Pizza Calzone« auf Seite 166 angegeben. Den Backofen auf 200 Grad vorheizen.
2. Für den Belag die Tomaten über Kreuz einritzen, kurz in kochendes Wasser legen, kalt abschrecken und enthäuten. Die Früchte in Scheiben schneiden.
3. Den Schinken in dünne Streifen schneiden.
4. Die Béchamelsauce mit dem Käse verrühren. Die Kräuter waschen, trockentupfen und fein hacken. Die Kräuter in die Sauce geben.
5. Den Hefeteig auf einer bemehlten Arbeitsfläche ausrollen. Vier Pizzaformen mit der Butter einfetten und den Hefeteig hineinlegen.
6. Den Teig mit den Semmelbröseln bestreuen, mit den Tomaten belegen und den Schinken, die Crevetten, die Muscheln und die Tintenfischringe gleichmäßig darauf verteilen.
7. Die Käsesauce darübergießen und die Pizzas im Backofen etwa 20 Minuten backen.
(Foto oben)

Pizza „Vier Jahreszeiten“

Für 4 Personen

Für den Mürbeteig

400 g Weizenmehl
1 TL Backpulver
1 TL Salz
1 TL Zucker
150 g Butter
2 Eier

Für den Belag

4 EL Tomatenmark
1 EL gerebelter Oregano
100 g geriebener Parmesan
8 Tomaten
100 g gekochter Schinken
100 g Salami
100 g geschälte Crevetten
100 g Muschelfleisch
100 g Champignons aus der Dose
1/2 rote Paprikaschote
1/2 grüne Paprikaschote
Salz, Pfeffer aus der Mühle
200 g Mozzarella

Außerdem

Mehl zum Ausrollen

Ruhezeit: ca. 1 Stunde
Zubereitungszeit: ca. 1 Stunde

1. Für den Mürbeteig das Mehl mit dem Backpulver, dem Salz und dem Zucker mischen.
2. Die Butter in Flöckchen mit den Eiern dazugeben und alles zu einem festen Teig verkneten. Diesen etwa 1 Stunde im Kühlschrank ruhen lassen.
3. Den Teig auf einer leicht bemehlten Arbeitsfläche ausrollen. Vier Pizzaformen mit dem Teig auslegen. Mit einer Gabel mehrmals einstechen.
4. Den Teig mit dem Tomatenmark gleichmäßig bestreichen und mit dem Oregano und dem Parmesan bestreuen. Den Backofen auf 200 Grad vorheizen.
5. Die Tomaten über Kreuz einritzen, kurz in kochendes Wasser legen, kalt abschrecken und enthäuten. Das Fruchtfleisch in Scheiben schneiden und den Teig damit belegen.
6. Den Schinken und die Salami in Streifen schneiden und beides mit den Crevetten und dem Muschelfleisch auf jeweils ein Viertel der Tomaten legen, so daß vier geteilte Pizzas entstehen.
7. Die Champignons abtropfen lassen; die Paprikaschoten putzen, waschen und die Kerne und die Häute entfernen. Das Fruchtfleisch in Streifen schneiden. Beides auf den Pizzas verteilen und alles mit Salz und Pfeffer bestreuen.
8. Den Mozzarella in Scheiben schneiden und auf die Pizzas legen.
9. Die Pizzas im Backofen ungefähr 20 Minuten backen.

Pizza mit Pilzen

Für 4 Personen

Für den Teig

Mürbeteig für 4 Personen
(siehe Rezept »Pizza Vier Jahreszeiten«, links)

Für den Belag

100 g durchwachsener, geräucherter Speck
2 EL Butter
1 Knoblauchzehe
1 TL Salz
1 Zwiebel
150 g frische Steinpilze
150 g frische Pfifferlinge
4 Tomaten
100 g gekochter Schinken
1/2 Bund Petersilie
1/2 Bund Schnittlauch
Salz
Pfeffer aus der Mühle
geriebene Muskatnuß
200 g Mozzarella

Außerdem

Mehl zum Ausrollen

Ruhezeit: ca. 1 Stunde
Zubereitungszeit: ca. 1 Stunde

1. Den Mürbeteig zubereiten, wie im Rezept »Pizza Vier Jahreszeiten« links angegeben, und 1 Stunde kühl stellen.
2. Für den Belag den Speck in kleine Würfel schneiden.
3. Die Knoblauchzehe schälen, zerdrücken, mit dem Salz verrühren, dazugeben und kurz mitbraten. Den Backofen auf 200 Grad vorheizen.
4. Die Zwiebel schälen, fein hakken, dazugeben und dann glasig dünsten.
5. Die Pilze putzen, kurz waschen und gut abtropfen lassen. Die Tomaten über Kreuz einritzen, kurz in kochendes Wasser legen, kalt abschrecken und enthäuten. Das Fruchtfleisch entkernen und in Würfel schneiden. Den Schinken in Streifen schneiden.
6. Alles zu dem Speck geben, einmal durchschwenken und vom Herd nehmen.
7. Die Kräuter waschen, trockentupfen und fein hacken. Dann daruntermischen und alles mit Salz, Pfeffer und Muskat abschmecken.
8. Den Mürbeteig auf einer leicht bemehlten Arbeitsfläche ausrollen, vier Pizzaformen damit auslegen und den Teig mit einer Gabel mehrmals einstechen.
9. Die Pilzmischung auf dem Teig gleichmäßig verteilen. Den Mozzarella in Scheiben schneiden und die Pizzas damit belegen.
10. Die Pizzas im Backofen 15 bis 20 Minuten backen.
(Foto rechts: unten)

Pizza mit vier Käsesorten

Für 4 Personen

Für den Teig

Mürbeteig für 4 Personen
(siehe Rezept »Pizza Vier Jahreszeiten«, Seite 168)

Für den Belag

4 EL Tomatenmark
8 Tomaten
250 g gekochter Schinken
100 g Champignons aus der Dose
20 grüne Oliven
1 Bund frischer Oregano
Salz
Pfeffer aus der Mühle
50 g Gorgonzola
50 g Bel Paese
(italienischer Weichkäse)
50 g Mozzarella
50 g Pecorino
(italienischer Hartkäse)

Außerdem

Mehl zum Ausrollen

Ruhezeit: ca. 1 Stunde
Zubereitungszeit: ca. 1 Stunde

1. Den Mürbeteig zubereiten, wie im Rezept »Pizza Vier Jahreszeiten« auf Seite 168 angegeben, und ungefähr 1 Stunde in den Kühlschrank stellen.
2. Anschließend den Mürbeteig auf einer leicht bemehlten Arbeitsfläche ausrollen und vier Pizzaformen damit auslegen. Mit einer Gabel mehrmals einstechen. Den Backofen auf 200 Grad vorheizen.
3. Den Teigboden gleichmäßig mit dem Tomatenmark bestreichen.
4. Die Tomaten über Kreuz einritzen, kurz in kochendes Wasser legen, kalt abschrecken und enthäuten. Dann in Scheiben schneiden und auf den Teig legen.
5. Den Schinken in Streifen schneiden; die Pilze abtropfen lassen und in Scheiben schneiden. Beides auf den Pizzas verteilen.
6. Die Oliven entkernen und ebenfalls darübergeben. Den Oregano waschen, trockentupfen und fein hacken. Die Pizzas mit Salz, Pfeffer und dem Oregano bestreuen.
7. Die vier Käsesorten einzeln reiben oder zerbröseln und auf je ein Viertel der Pizzas streuen.
8. Die Pizzas etwa 20 Minuten im Backofen backen.
(Foto oben)

Variation

Nehmen Sie statt Mozzarella griechischen Schafskäse, und tauschen Sie den gekochten Schinken gegen Parmaschinken aus.

Omas Lauchstrudel

Für 4 Personen

Für den Teig

200 g Weizenvollkornmehl
1 Ei
1 EL Öl
150 ml lauwarmes Wasser
1 TL Salz
1 TL gemahlener Kümmel
1/2 TL gemahlener Koriander
1/2 TL Honig
2 EL Obstessig

Für die Füllung

2 Zwiebeln
2 Stangen Lauch
50 g Butter
2 Knoblauchzehen
1 TL Salz
250 g Magerquark
2 Eier
125 g geriebener Emmentaler
2–3 EL Semmelbrösel
Salz
frischgemahlener Pfeffer
geriebene Muskatnuß
1 Bund Schnittlauch

Außerdem

Öl zum Fetten der Form
1 Eigelb

Ruhezeit: ca. 1/2 Stunde
Zubereitungszeit: ca. 1 1/4 Stunden

1. Das Vollkornmehl auf eine Arbeitsplatte sieben, in die Mitte eine Mulde drücken und das Ei, das Öl und das lauwarme Wasser hineingeben.
2. Das Salz, den Kümmel, den Koriander, den Honig und den Obstessig dazugeben und alles zu einem geschmeidigen Teig verarbeiten.
3. Den Teig mit einem feuchten Tuch abdecken und etwa 1/2 Stunde ruhen lassen.
4. In der Zwischenzeit für die Füllung die Zwiebeln schälen und würfeln; den Lauch putzen, waschen und in Streifen schneiden. Die Butter in einem Topf erhitzen und beides darin glasig dünsten.
5. Die Knoblauchzehen schälen, zerdrücken, mit dem Salz verrühren, dazugeben und kurz mitdünsten. Die Masse vom Herd nehmen und erkalten lassen. Den Backofen auf 200 Grad vorheizen.
6. Den Magerquark mit den Eiern glattrühren und die Lauch-Zwiebel-Mischung sowie den geriebenen Emmentaler darunterheben.
7. Die Füllung mit den Semmelbröseln mischen und mit Salz, Pfeffer und Muskat würzen.
8. Den Schnittlauch waschen, trokkentupfen, hacken und unter die Füllung heben.
9. Den Teig auf einem Küchenhandtuch hauchdünn ausrollen und die Quarkmasse auf eine Hälfte geben.
10. Den Teig mit Hilfe des Küchenhandtuchs zu einem Strudel zusammenrollen. Eine Bratenform mit dem Öl einfetten.
11. Den Strudel in die Bratenform legen und im Backofen 35 bis 40 Minuten backen.
12. Kurz vor Garende das Eigelb mit etwas Wasser glattrühren und den Strudel damit bestreichen. Den Strudel noch warm servieren.
(Foto links)

Fleischstrudel

Für 4 Personen

Für den Teig

250 g Weizenmehl
2 EL Öl
1 Ei
125 ml Wasser
1 EL Essig
1 Prise Salz

Für die Füllung

1 Scheibe Speck
1 Zwiebel
2 EL feingehackte Petersilie
100 g Schinken
250 g Schweinehackfleisch
oder Hackfleisch halb und halb
3 EL Semmelbrösel
1 Ei
4 EL saure Sahne
Salz
schwarzer Pfeffer aus der Mühle
4 EL Butter
2 hartgekochte Eier

Außerdem

Mehl zum Ausrollen
Butter zum Fetten des Bleches

Ruhezeit: ca. 1/2 Stunde
Zubereitungszeit: ca. 1 Stunde

1. Für den Teig das Mehl mit dem Öl, dem Ei, dem Wasser, dem Essig und etwas Salz so lange kneten, bis der Teig nicht mehr klebt und seidig glatt ist. Dann den Teig zu einem Kloß formen und auf einen Teller legen. Eine Keramikschüssel mit heißem Wasser ausspülen, den Teig damit bedecken und 1/2 Stunde ruhen lassen.
2. Den Teig auf einem mit Mehl bestäubten Küchenhandtuch zunächst ausrollen und anschließend mit den Händen vorsichtig dünn ausziehen. Er darf auf keinen Fall Löcher bekommen.
3. Für die Füllung den Speck würfeln und in einer Pfanne ausbraten. Die Zwiebeln schälen, fein hacken und mit der Petersilie dazugeben, leicht anrösten. Dann das Ganze abkühlen lassen.
4. Den Schinken fein hacken und mit dem Pfanneninhalt sowie dem Schweinehackfleisch, den Semmelbröseln, dem Ei und der sauren Sahne zu einer geschmeidigen Masse verarbeiten. Mit Salz und Pfeffer abschmecken. Den Backofen auf 200 Grad vorheizen.
5. Die Butter in einem kleinen Topf schmelzen lassen. Den Strudelteig mit 2 Eßlöffeln der Butter bestreichen und die Hackfleischmasse darauf verteilen.
6. Die Eier pellen, in Scheiben schneiden und in gleichmäßigen Abständen auf die Fleischmasse legen.
7. Den Strudel mit Hilfe des Tuches fest zusammenrollen. Ein Backblech mit etwas Butter einfetten und den Strudel darauf legen. Mit der restlichen flüssigen Butter bepinseln.
8. Den Strudel auf der zweiten Schiene von unten im Backofen etwa eine 3/4 Stunde backen, bis er goldbraun ist. Den Strudel noch warm servieren.

Salamistrudel

Für 4 Personen

125 ml Milch
40 g Margarine
250 g Mehl
20 g frische Hefe
1 Prise Zucker, Salz
Mehl zum Ausrollen
200 g Salamischeiben
1 EL gerebelter Oregano
1 Eiweiß
Margarine zum Fetten des Bleches
1 Eigelb

Zeit zum Gehen: ca. 1/2 Stunde
Zubereitungszeit: ca. 1 1/4 Stunden

1. Die Milch leicht erwärmen, die Margarine in einem Topf schmelzen lassen.
2. Das Mehl auf eine Arbeitsfläche sieben und in die Mitte eine Mulde drücken.
3. Die Hefe mit der Milch, etwas Zucker und Salz verrühren und alles mit der Margarine und dem Mehl zu einem Hefeteig verkneten.
4. Den Hefeteig an einem warmen Ort zugedeckt etwa 1/4 Stunde gehen lassen.
5. Den Teig auf einer leicht bemehlten Arbeitsfläche ausrollen. Den Backofen auf 200 Grad vorheizen.
6. Die Salamischeiben darauf legen und mit dem Oregano bestreuen.
7. Die Teigränder mit dem Eiweiß bestreichen und den Strudel mit Hilfe des Tuches fest zusammenrollen.
8. Ein Backblech mit der Margarine einfetten, den Strudel darauf legen und nochmals 1/4 Stunde gehen lassen.
9. Das Eigelb mit etwas Wasser verquirlen und den Strudel damit bestreichen.
10. Den Strudel oben mehrmals leicht einritzen und dann im Backofen etwa 40 Minuten backen.
(Foto oben)

Eintöpfe

Von Resteverwertung und Spargericht kann hier keine Rede sein, denn diese internationalen Eintöpfe haben es in sich! Das Zusammenspiel der einzelnen Zutaten verleiht jedem Eintopf seine individuelle Note und erfreut, deftig und dampfend serviert, ein jedes Schlemmerherz.

Schlanker Hackfleischtopf

Für 4 Personen

2 EL Butter
250 g Rinderhackfleisch
3 Knoblauchzehen
2 TL Salz
2 kleine Zwiebeln
2 rote Paprikaschoten
2 grüne Paprikaschoten
4 kleine Zucchini
4 Tomaten
½ l Fleischbrühe
1 TL gerebelter Oregano
1 TL gerebeltes Basilikum
frischgemahlener Pfeffer
300 g gekochte Muschelnudeln
geriebene Muskatnuß
1 EL gehackter Schnittlauch

Zubereitungszeit: ca. ½ Stunde

1. Die Butter in einem Topf erhitzen und das Hackfleisch darin anbraten.
2. Die Knoblauchzehen schälen, zerdrücken und mit dem Salz verrühren. Die Zwiebeln schälen und fein hacken. Die Paprikaschoten putzen, waschen und vierteln. Die Kerne und die Häute entfernen und den Paprika in Streifen schneiden.
3. Die Zucchini waschen und in Scheiben schneiden. Die Tomaten über Kreuz einritzen, kurz in kochendes Wasser legen, kalt abschrecken und enthäuten. Das Fruchtfleisch in Würfel schneiden.
4. Das Gemüse zum Hackfleisch geben und kurz mitdünsten, dann die Fleischbrühe dazugießen.
5. Den Eintopf mit dem Oregano und dem Basilikum würzen, mit Salz und dem Pfeffer abschmecken und bei mittlerer Hitze ¼ Stunde köcheln lassen.
6. Die gekochten Muschelnudeln dazugeben, alles nochmals aufkochen lassen und mit Salz, Pfeffer und Muskat kräftig abschmecken.
7. Den Eintopf mit dem Schnittlauch garnieren.

(Foto links)

Lammeintopf

Für 4 Personen

250 g Lammhals ohne Knochen
800 g Lammschulter ohne Knochen
Salz
Pfeffer aus der Mühle
500 g Kartoffeln
1 Bund Frühlingszwiebeln
200 g kleine Zwiebeln
200 g kleine Möhren
3 Navetten (weiße Rüben)
einige Stangen Staudensellerie
4 Tomaten
4 EL Olivenöl
4 cl Weinbrand
½ l Weißwein
½ l Wasser
1 kleine Knoblauchknolle
1 Lorbeerblatt
einige Thymianzweige
100 g grüne Bohnen
100 g geschälte Erbsen

Zubereitungszeit: ca. 1¾ Stunden

1. Den Lammhals und die Lammschulter in große mundgerechte Stücke schneiden.
2. Das Fleisch mit Salz und Pfeffer gut einreiben und kurz ruhen lassen.
3. In der Zwischenzeit die Kartoffeln schälen; die Frühlingszwiebeln putzen, waschen und in grobe Stücke schneiden.
4. Die Zwiebeln, die Möhren und die Navetten schälen, die Selleriestangen und die Tomaten waschen.
5. Das Olivenöl in einem Topf erhitzen und das Fleisch darin gut anbraten. Das Gemüse dazugeben und kurz mitgaren.
6. Das Ganze mit dem Weinbrand ablöschen, und den Weißwein und das Wasser hinzugießen.
7. Die Knoblauchknolle schälen und mit dem Lorbeerblatt und dem Thymianzweig dazugeben. Den Topf verschließen und den Eintopf bei mittlerer Hitze etwa 1 Stunde kochen lassen.
8. Die Bohnen putzen und nach der Garzeit mit den Erbsen dazugeben. Den Eintopf weitere 20 Minuten kochen lassen.
9. Zuletzt den Lammeintopf nochmals pfeffern.

(Foto Seite 172/173)

Gärtners Kürbistopf

Für 4 Personen

3 EL Öl
750 g Rindergulasch
2 Zwiebeln
2 Knoblauchzehen
½ TL Ingwerpulver
½ TL Cayennepfeffer
½ TL Kardamom
Salz
2 Zimtstangen
½ l Fleischbrühe
1 kg Kürbis
1 EL gehackte Mandeln
1 EL Pistazien
1 EL Rosinen

Zubereitungszeit: ca. 1½ Stunden

1. Das Öl in einem Schmortopf erhitzen und die Gulaschwürfel darin rundherum anbraten.
2. Die Zwiebeln und die Knoblauchzehen schälen, fein hacken, hinzugeben und glasig dünsten. Die Gewürze und die Zimtstangen darübergeben.
3. Das Ganze bei milder Hitze zugedeckt etwa 40 Minuten schmoren lassen. Die heiße Fleischbrühe hinzufügen.
4. Das Kürbisfleisch aus der Schale lösen, entkernen und in Würfel schneiden.
5. Die Mandeln, die Pistazien, die Rosinen und die Kürbiswürfel in den Topf geben und alles nochmals ¼ Stunde schmoren lassen.
6. Die Zimtstangen herausnehmen und das Gericht noch pikant abschmecken.

Scharfer Hackfleischtopf

Für 4 Personen

100 g durchwachsener,
geräucherter Speck
2 EL Öl
400 g Rinderhackfleisch
2 Knoblauchzehen
1 TL Salz
2 kleine Zwiebeln
200 g TK-Erbsen und -Möhren
2 EL Tomatenmark
½ l Fleischbrühe
2 Msp. Bohnenkraut
2 Msp. Majoran
geriebene Muskatnuß
450 g weiße Bohnen aus der Dose
frischgemahlener Pfeffer
2 EL Obstessig
2 Msp. Zucker
1 EL gehackter Schnittlauch

Zubereitungszeit: ca. ½ Stunde

1. Den Speck in kleine Würfel schneiden. Das Öl in einem Topf erhitzen und den Speck darin ausbraten.
2. Das Rinderhackfleisch dazugeben und kräftig anbraten.
3. Die Knoblauchzehen schälen, zerdrücken und mit dem Salz verrühren. Die Zwiebeln schälen und fein hacken. Die Tiefkühlerbsen und -möhren antauen lassen.
4. Das Gemüse zum Hackfleisch geben und etwa 5 Minuten mitbraten.
5. Das Tomatenmark darunterrühren und die Fleischbrühe dazugießen. Den Eintopf mit etwas Bohnenkraut, Majoran und Muskat würzen.
6. Die Bohnen abtropfen lassen, zum Eintopf geben und diesen mit Salz, Pfeffer, dem Obstessig und etwas Zucker abschmecken.
7. Das Ganze zugedeckt bei mittlerer Hitze 10 Minuten köcheln lassen und zuletzt den Schnittlauch darunterrühren.
(Foto oben)

Sauerkrauttopf

Für 4 Personen

2 große Zwiebeln
50 g Butter oder Margarine
400 g Äpfel
750 g Sauerkraut
1/4 l Apfelsaft
2 Nelken
1 Prise Zucker
1 Prise Pfeffer
50 g Rosinen
250 g Kartoffeln
Salz
Pfeffer aus der Mühle
125 ml Weißwein

Zubereitungszeit: ca. 50 Minuten

1. Die Zwiebeln schälen und grob würfeln. Die Butter oder die Margarine in einem Topf erhitzen und die Zwiebeln darin glasig dünsten.
2. Die Äpfel schälen, vierteln, die Kerngehäuse entfernen und das Fruchtfleisch in Würfel schneiden.
3. Die Apfelwürfel mit dem Sauerkraut, dem Apfelsaft, den Gewürzen und den Rosinen in einen Topf geben und zugedeckt etwa 20 Minuten garen.
4. In der Zwischenzeit die Kartoffeln schälen und in Würfel schneiden. Dann die Kartoffelwürfel auf den Eintopf geben und diesen eine weitere 1/4 Stunde garen.
5. Den Eintopf eventuell salzen und pfeffern und dann mit dem Wein abschmecken.

Lauch-Kartoffel-Eintopf

Für 4 Personen

3–4 mittelgroße Lauchstangen
5 EL Butter
1 1/2 TL Salz
500 g Kartoffeln
1 1/2 l Wasser
6 EL Crème fraîche
2 EL gehackter Kerbel
Pfeffer aus der Mühle

Zubereitungszeit: ca. 40 Minuten

1. Den Lauch putzen, waschen und in feine Ringe schneiden.
2. 2 Eßlöffel der Butter in einem Topf erhitzen, den Lauch dazugeben, salzen und glasig dünsten.
3. Die Kartoffeln schälen, in Scheiben schneiden und zu dem Lauch geben.
4. 1 1/2 Liter Wasser hinzugießen und den Eintopf bei starker Hitze 1/4 Stunde kochen lassen.
5. Die Crème fraîche und die restliche Butter unter den nicht mehr kochenden Eintopf ziehen, diesen mit dem Kerbel verfeinern und mit Pfeffer abschmecken.

Zucchinitopf

Für 4 Personen

2 Zwiebeln
300 g Zucchini
1 kleiner Wirsingkohl
250 g Tomaten
40 g Butter
2 TL Kräutersalz
Pfeffer aus der Mühle
1 TL gerebelter Oregano
1–2 TL Currypulver
2 EL Bierhefeflocken
50 g geriebener Käse

Zubereitungszeit: ca. 1/2 Stunde

1. Die Zwiebeln schälen und in Würfel schneiden. Die Zucchini und den Wirsing waschen; die Zucchini in Scheiben und den Wirsing in Streifen schneiden.
2. Die Tomaten über Kreuz einritzen, kurz in kochendes Wasser legen, kalt abschrecken und enthäuten. Die Früchte halbieren.
3. Die Butter in einem Topf erhitzen und die Zwiebeln darin glasig dünsten.
4. Die Zucchini und den Wirsing dazugeben und kurz andünsten. 125 Milliliter Wasser dazugießen und alles etwa 20 Minuten garen. In den letzten 10 Minuten die Tomaten dazugeben und den Eintopf mit dem Kräutersalz, Pfeffer und dem Oregano würzen.
5. Das fertige Gericht mit dem Curry abschmecken und die Hefeflocken darüberstreuen. Den Eintopf nicht mehr kochen lassen und kurz vor dem Servieren mit dem Käse bestreuen.
(Foto rechts)

Pichelsteiner

Für 4 Personen

2 große Zwiebeln
250 g Möhren
250 g Knollensellerie
250 g Lauch
250 g Weißkohl
500 g Kartoffeln
je 250 g mageres Rind-,
Schweine- und Hammelfleisch
50 g Schweineschmalz
1 TL Salz
Pfeffer aus der Mühle
1/2 TL gerebelter Majoran
1/2–3/4 l heiße Fleischbrühe
2 EL gehackte Petersilie

Zubereitungszeit: ca. 1 1/2 Stunden

1. Die Zwiebeln schälen und in Würfel schneiden. Die Möhren und den Sellerie putzen und schälen. Die Möhren in Scheiben und den Sellerie in Würfel schneiden.
2. Den Lauch und den Weißkohl putzen und waschen. Den Lauch in Scheiben schneiden, den Weißkohl auf einer Reibe grob hobeln.
3. Die Kartoffeln schälen und in Würfel schneiden. Das Fleisch ebenfalls in mundgerechte Würfel schneiden.
4. Das Schmalz in einem Topf erhitzen und das Fleisch und die Zwiebeln darin anschmoren. Das Gemüse und die Kartoffeln schichtweise daraufgeben. Als oberste Schicht die Kartoffeln legen und dabei die einzelnen Lagen mit den Gewürzen bestreuen.
5. Die Brühe dazugießen und alles zugedeckt 1/2 bis eine 3/4 Stunde garen.
6. Den Eintopf mit der Petersilie bestreut servieren.

Salz

Eintopf von grünen Bohnen

Für 4 Personen

500 g dicke Schweinerippe
Salz
Pfeffer
3 EL Butter
1 Zwiebel
1 Petersilienwurzel
1 l Rinderfond
1 Majoranzweig
150 g Kartoffeln
450 g grüne Bohnen
1 EL feingehackte Petersilie

Zubereitungszeit: ca. $1^1/_4$ Stunden

1. Die Schweinerippe mit Salz und Pfeffer würzen und in kleinere Stükke zerteilen. 2 Eßlöffel Butter in einer Pfanne erhitzen und die Rippchen darin rundherum anbraten.
2. Die Zwiebel schälen und fein hacken. Die restliche Butter in einem Topf erhitzen und die Zwiebelwürfel darin glasig dünsten.
3. Die Petersilienwurzel waschen, putzen und kleinschneiden.
4. Den Rinderfond aufkochen lassen und die Schweinerippchen, die Zwiebelwürfel, die Petersilienwurzel und den Majoranzweig hineingeben. Das Ganze etwa 25 Minuten köcheln lassen.
5. Die Kartoffeln schälen, waschen und in Streifen schneiden. Die Bohnen putzen, waschen und in 3 Zentimeter lange Stücke schneiden.
6. Den Fond durch ein Sieb gießen und mit Salz und Pfeffer abschmekken. Das Fleisch beiseite stellen und etwas abkühlen lassen.
7. Die Kartoffeln in den Fond geben und etwa 8 Minuten kochen lassen. Dann die Bohnen hinzugeben und alles zusammen weitere 8 Minuten kochen lassen.
8. Das Fleisch von den Knochen ablösen, in mundgerechte Stücke schneiden und in den Eintopf geben.
9. Den Bohneneintopf abschmekken und mit Petersilie bestreuen.

(Foto oben)

Sauerscharfe Gemüsesuppe

Für 4 Personen

100 g gekochter Schinken
1 Chilischote
2 EL Sesamöl
1 Zwiebel
1 Möhre
1 Stück Sellerie
je 1 rote und grüne Paprikaschote
50 g eingeweichte chinesische Pilze
100 g Bambussprossen
3 EL Essig
2 EL Sojasauce
$^3/_4$ l Fleischbrühe
2 EL Stärkemehl
Salz
Pfeffer
einige Tropfen Chiliöl

Zubereitungszeit: ca. 40 Minuten

1. Den Schinken in kleine Würfel schneiden. Die Chilischote waschen, halbieren, entkernen und fein hacken.
2. Das Sesamöl in einer Pfanne erhitzen und die Chilischote darin anbraten.
3. Die Zwiebel schälen und fein würfeln. Die Möhre und den Sellerie schälen, waschen und würfeln.
4. Die Paprikaschoten putzen, waschen und halbieren. Die Kerne und die Häute entfernen und das Fruchtfleisch ebenfalls würfeln. Die Pilze leicht ausdrücken und würfeln.
5. Das Gemüse mit dem Schinken und den Pilzen in die Pfanne geben und darin glasig schwitzen lassen.
6. Die Bambussprossen in Würfel schneiden, dazugeben und kurz mitschwitzen lassen.
7. Den Essig, die Sojasauce und die Fleischbrühe dazugeben und alles zugedeckt etwa 5 Minuten köcheln lassen.
8. Das Stärkemehl mit etwas Wasser anrühren und die Suppe damit binden.
9. Die Suppe mit Salz, Pfeffer und dem Chiliöl abschmecken.

Ratatouille

Für 4 Personen

1 kleine rote Pfefferschote
je 1 rote und grüne Paprikaschote
2 Zwiebeln, 2 Knoblauchzehen
3 Zucchini
2 kleine Auberginen
4 EL Olivenöl
1/2 l heiße Fleischbrühe
1 EL Tomatenmark
1 kleine Salatgurke
3 Tomaten
Salz, Pfeffer aus der Mühle
1 TL gehackter Majoran
1 TL gehacktes Basilikum
1 EL gehackte Petersilie

Zubereitungszeit: ca. 1 Stunde

1. Die Pfeffer- und die Paprikaschoten waschen, halbieren und die Kerne und die Häute entfernen. Die Pfefferschote fein hacken und die Paprikaschoten in feine Streifen schneiden.
2. Die Zwiebeln und die Knoblauchzehen schälen, die Zwiebeln in Würfel schneiden und die Knoblauchzehen zerdrücken.
3. Die Zucchini und die Auberginen waschen. Die Zucchini in Scheiben, die Auberginen in Würfel schneiden.
4. Das Öl in einem Topf erhitzen und die Pfefferschote mit den Zwiebeln darin glasig dünsten. Nach 3 Minuten den Knoblauch hinzufügen, nach weiteren 3 Minuten die Gemüsestücke hinzugeben.
5. Das Gemüse gut umrühren.
6. Die heiße Brühe mit dem Tomatenmark verrühren und über das Gemüse gießen.
7. Die Gurke waschen, in Würfel schneiden, dazugeben und alles unter gelegentlichem Umrühren etwa 1/2 Stunde garen, bis die Flüssigkeit fast ganz eingekocht ist. Das einzelne Gemüse sollte weich sein, aber nicht zerfallen.
8. Etwa 5 Minuten vor dem Ende der Garzeit die Tomaten dazugeben und dann den Eintopf mit Salz, Pfeffer und den Kräutern abschmecken.

Grünkern-Gemüse-Eintopf

Für 4 Personen

1 Bund Frühlingszwiebeln
2 Kohlrabiknollen
30 g Butter
1 l Gemüsebrühe
100 g Grünkern
150 g geschälte Erbsen
3 EL Crème fraîche
Salz, Pfeffer aus der Mühle
1/2 TL geriebene Muskatnuß
1 TL Paprikapulver, edelsüß
1 Möhre
einige ganze Blätter Petersilie

Zubereitungszeit: ca. 40 Minuten

1. Die Frühlingszwiebeln putzen, waschen und in Ringe schneiden. Die Kohlrabiknollen schälen, waschen und in Stifte schneiden.
2. Die Butter in einem Topf erhitzen und die Zwiebeln mit den Kohlrabi darin etwa 5 Minuten andünsten.
3. In der Zwischenzeit die Gemüsebrühe zum Kochen bringen und die Grünkernkörner hineingeben.
4. Die Zwiebel-Kohlrabi-Mischung und die Erbsen dazugeben und alles 20 bis 30 Minuten garen.
5. Den Eintopf mit der Crème fraîche verfeinern und mit den Gewürzen abschmecken.
6. Die Möhre schälen, waschen, grob raffeln und kurz vor dem Servieren zum Eintopf geben. Mit der Petersilie garniert servieren.

(Foto oben)

Variation

Sie können den Grünkern auch durch Hirse oder Naturreis ersetzen.

Exotischer Geflügeltopf

Für 4 Personen

1 gekochtes Suppenhuhn
250 g Brokkoli
4 kleine Möhrchen
2 Stangen Lauch
300 g geschälte Erbsen
1/2 l Hühnerbrühe
100 g Reis
2 EL Butter
2 EL Mehl
125 ml Weißwein
2 EL Sojasauce
100 g Mandarinorangen aus der Dose
Salz
2 TL Currypulver
2 Msp. Safran
1/2 TL Ingwerpulver
100 g Sahne
1 Eigelb

Zubereitungszeit: ca. 50 Minuten

1. Die Haut des Suppenhuhns entfernen, das Fleisch von den Knochen ablösen, in mundgerechte Stücke schneiden und anschließend warm stellen.
2. Den Brokkoli putzen, waschen und in Röschen zerteilen, die Möhrchen und den Lauch putzen, waschen und auch in mundgerechte Stücke schneiden.
3. Das Fleisch, den Lauch, die Möhren und die Erbsen in der Hühnerbrühe etwa 20 Minuten garen.
4. Inzwischen den Reis in einem Topf garen. Die Gemüsebrühe vom Gemüse abgießen und beiseite stellen, das Gemüse warm stellen.
5. Die Butter in einem Topf erhitzen, das Mehl darin anschwitzen lassen und dann mit der Hühnerbrühe ablöschen. Anschließend den Weißwein und die Sojasauce dazugeben und alles einmal kurz aufkochen lassen.
6. Die Mandarinen abtropfen lassen. Das Gemüse, das Hühnerfleisch, den abgetropften Reis und die Mandarinen in die Flüssigkeit geben und darin erwärmen. Die Suppe mit den Gewürzen abschmecken.
7. Die Sahne mit dem Eigelb verquirlen und die Suppe damit legieren. Nicht mehr kochen lassen! (Foto oben)

Kalbfleischtopf mit Fenchel

Für 4 Personen

1 Zwiebel
1 kg mageres Kalbfleisch
2 EL Öl
400 g Möhren
1 kg Fenchel
Salz
Pfeffer aus der Mühle
1 TL gehackter Estragon
125 ml Fleischbrühe
125 ml Weißwein
200 g grüne Bandnudeln
200 g frische Champignons
2 EL gehackte Petersilie

Zubereitungszeit: ca. 1 3/4 Stunden

1. Die Zwiebel schälen und fein hacken. Das Kalbfleisch in mundgerechte Würfel schneiden. Das Öl in einem Topf erhitzen und beides darin anbraten. 1/2 Liter Wasser dazugießen und alles zugedeckt etwa eine 3/4 Stunde garen.
2. Inzwischen die Möhren und den Fenchel putzen und waschen. Die Möhren in Scheiben, den Fenchel in Ringe schneiden.
3. Nach der Kochzeit das Gemüse, die Gewürze, den Estragon, die Fleischbrühe und den Wein dazugeben und den Eintopf eine weitere 1/2 Stunde garen.
4. Die Nudeln dazugeben und alles 1/4 Stunde weitergaren.
5. Die Champignons putzen, mit einem feuchten Tuch abreiben und in Scheiben schneiden. Etwa 5 Minuten vor Ende der Garzeit die Pilze in den Eintopf geben.
6. Den Eintopf nochmals kräftig abschmecken und mit der Petersilie bestreut servieren.

Genueser Fischsuppe

Für 4 Personen

- 2 Knoblauchzehen
- 1 TL Salz
- 4 EL Olivenöl
- 1 Zwiebel
- 1 Bund Frühlingszwiebeln
- 1 rote Paprikaschote
- 100 g geschälte Crevetten
- 100 g küchenfertige Tintenfischringe
- 100 g Muschelfleisch
- 300 g geschälte Tomaten aus der Dose
- 150 ml Weißwein
- 3/4 l Fleischbrühe
- 1 Lorbeerblatt
- 2 Nelken
- 100 g Suppennudeln
- Pfeffer aus der Mühle
- 1 EL gehacktes Basilikum
- 2 EL gehackter Schnittlauch

Zubereitungszeit: ca. 3/4 Stunden

1. Die Knoblauchzehen schälen, zerdrücken und mit dem Salz verrühren. Das Öl in einem Topf erhitzen und den Knoblauch darin anschwitzen lassen.
2. Die Zwiebel schälen, die Frühlingszwiebeln putzen und waschen und beides in Streifen schneiden. Die Paprikaschote putzen, waschen und vierteln. Die Kerne und die Häute entfernen und das Fruchtfleisch in Streifen schneiden.
3. Das Gemüse in den Topf geben und kurz mitschwitzen lassen.
4. Die Crevetten unter fließend kaltem Wasser abspülen, abtropfen lassen und mit den Tintenfischringen und den Muscheln dazugeben.
5. Die Tomaten abtropfen lassen und mit dem Weißwein und der Fleischbrühe dazugeben. Alles etwa 10 Minuten köcheln lassen.
6. Das Lorbeerblatt, die Nelken und die Nudeln dazugeben und die Fischsuppe weitere 5 Minuten köcheln lassen.
7. Die Suppe mit Salz, Pfeffer und dem Basilikum abschmecken und mit dem Schnittlauch bestreut servieren.

Fisch-Gemüse-Eintopf

Für 4 Personen

- 2 Zwiebeln
- 2 Bund Suppengemüse
- 1 Fenchelknolle
- 500 g Kartoffeln
- 2 Zucchini
- 1 rote Paprikaschote
- 1 grüne Paprikaschote
- 80 g Butter
- 1/2 l Fischbrühe
- 250 g Tomaten
- 500 g Fischfilet
- (Rotbarsch, Lengfisch)
- 300 g Räucherfisch
- Pfeffer aus der Mühle, Salz
- 1 EL gehackter Dill
- 2 EL gehackte Petersilie
- 1 TL gehackter Estragon

Zubereitungszeit: ca. 3/4 Stunden

1. Die Zwiebeln schälen und fein hacken. Das Suppengemüse und den Fenchel putzen, waschen und in kleine Stücke schneiden. Die Kartoffeln schälen und in Würfel schneiden.
2. Die Zucchini waschen und in Scheiben schneiden. Die Paprikaschoten putzen, waschen und vierteln. Die Kerne und die Häute entfernen und das Fruchtfleisch in Streifen schneiden.
3. Die Butter in einem großen Topf erhitzen und die Zwiebeln darin glasig dünsten. Das Gemüse dazugeben und etwa 5 Minuten mitschmoren lassen.
4. Die Fischbrühe dazugießen und alles bei mittlerer Hitze ungefähr 10 Minuten garen.
5. Die Tomaten über Kreuz einritzen, kurz in kochendes Wasser legen, kalt abschrecken und enthäuten. Das Fischfilet in große Stücke schneiden. Beides dazugeben und etwa 10 Minuten ziehen lassen.
6. Den Räucherfisch enthäuten, entgräten, mit einer Gabel grob zerpflücken, dazugeben und in der Suppe erwärmen.
7. Den Eintopf mit Pfeffer und Salz abschmecken und mit den frischen Kräutern bestreut servieren.

(Foto oben)

Aufläufe, Gratins und Überbackenes

Unter goldbrauner Kruste, raffiniert gewürzt und in der Form serviert, so präsentieren sich die folgenden Gerichte. Ob pikanter Auflauf, feines Gratin oder andere überbackene Köstlichkeiten, ähnlich wie bei den Eintöpfen sind auch hier der Phantasie keine Grenzen gesetzt. Die Speisen lassen sich schon frühzeitig vorbereiten und wandern dann nur noch schnell in den Ofen – eine gute Idee für Berufstätige oder für die Gästeküche.

Gemüselasagne

Für 4 Personen

4 EL Butter
2 EL Mehl
3/4 l Milch
250 g geriebener Emmentaler
Salz
schwarzer Pfeffer aus der Mühle
geriebene Muskatnuß
1 große Zwiebel
700 g Möhren
600 g Blattspinat
3 Knoblauchzehen
250 g Lasagneblätter
1 EL Butter zum Fetten der Form

Zubereitungszeit: ca. 1 3/4 Stunden

1. 2 Eßlöffel der Butter in einem Topf schmelzen lassen. Das Mehl dazugeben und goldbraun anschwitzen lassen. Dann die Milch unter kräftigem Rühren langsam dazugeben und alles im offenen Topf etwa 1/4 Stunde kochen lassen.
2. Den Käse dazugeben und schmelzen lassen. Die Sauce mit Salz, Pfeffer und Muskat würzen und beiseite stellen.
3. Die Zwiebel schälen und fein hacken. 2 Eßlöffel Butter in einem großen Topf erhitzen und die Zwiebeln darin glasig dünsten.
4. Die Möhren schälen und grob raspeln. Mit den Zwiebelwürfeln kurz andünsten.
5. Den Spinat verlesen, waschen und gut abtropfen lassen. Die Blätter mit in den Topf geben und alles zusammen etwa 8 Minuten dünsten. Die Knoblauchzehen schälen, zerdrücken, dazugeben und alles mit Salz, Pfeffer und Muskat kräftig würzen. Den Backofen auf 180 Grad vorheizen.
6. Die Lasagneblätter bißfest kochen, wie auf der Packung beschrieben, und gut abtropfen lassen.
7. Eine feuerfeste Form mit der Butter einfetten. Nun die gekochten Lasagneblätter und die Gemüsemischung abwechselnd hineinschichten, dabei jede Gemüseschicht dünn mit der Käsesauce bedecken. Die letzte Schicht des Auflaufs sollte aus Nudeln und Käsesauce bestehen.
8. Die Gemüselasagne im Backofen etwa eine 3/4 Stunde backen. Sollte die Oberfläche zu dunkel werden, den Auflauf mit Alufolie abdecken.

(Foto Seite 182/183)

Gratin von grünem Spargel und Schinken

Für 4 Personen

1 kg grüner Spargel
Salz
300 g gekochter Schinken
Butter zum Fetten der Form
120 g Sahnegorgonzola
100 g Crème fraîche
1 Eigelb
weißer Pfeffer aus der Mühle
geriebene Muskatnuß

Zubereitungszeit: ca. 1 1/2 Stunden

1. Den Spargel von oben nach unten schälen und die holzigen Enden abschneiden. Die Stangen in kochendem Salzwasser je nach Dikke 15 bis 20 Minuten garen, kurz in Eiswasser legen und in einem Sieb gut abtropfen lassen. Den Backofen auf 220 Grad vorheizen.
2. Den Fettrand des Schinkens entfernen und die Scheiben in schmale Streifen schneiden.
3. Eine Auflaufform mit der Butter einfetten und zuerst die Hälfte des Spargels, dann den Schinken und zuletzt den restlichen Spargel hineinschichten.
4. Den Sahnegorgonzola mit einer Gabel zerdrücken und mit der Crème fraîche und dem Eigelb verrühren. Mit Salz, Pfeffer und Muskat würzen und die Masse über den Spargel geben.
5. Den Auflauf im Backofen 20 bis 25 Minuten backen, bis die Oberfläche goldgelb ist.

Möhren-Reis-Auflauf

Für 4 Personen

1/2 l Gemüsebrühe
125 g Naturreis (Rohware)
500 g Möhren
1 Zwiebel
Saft von 1 Zitrone
Salz
geriebene Muskatnuß
gemahlener weißer Pfeffer
2 EL gehackter Kerbel
2 Eier
2 EL geriebener Käse
Butter zum Fetten der Form

Zubereitungszeit: ca. 1 1/2 Stunden

1. Die Gemüsebrühe zum Kochen bringen, den Reis dazugeben und bei milder Hitze 30 bis 40 Minuten köcheln lassen.
2. In der Zwischenzeit die Möhren putzen, waschen, eventuell schälen und grob raspeln. Die Zwiebel schälen und sehr fein würfeln. Den Backofen auf 190 Grad vorheizen.
3. Nach der Hälfte der Garzeit das Gemüse zum Reis geben und mitkochen lassen. Nach Ende der Garzeit die Reis-Möhren-Masse mit dem Zitronensaft, Salz, Muskat und Pfeffer würzen und den feingehackten Kerbel darunterziehen. Die Masse abkühlen lassen.
4. Die Eier trennen. Die Eigelbe mit dem Käse verrühren und unter die Reismasse geben. Alles nochmals kräftig abschmecken.
5. Die Eiweiße steifschlagen und unter die Auflaufmasse heben.
6. Eine Auflaufform mit der Butter einfetten, die Masse hineinfüllen und den Auflauf im Backofen etwa 1/2 Stunde garen.

Fenchelauflauf

Für 4 Personen

200 g Zwiebeln
400 g Tomaten
2 EL Öl
500 g Rinderhackfleisch
Salz
schwarzer Pfeffer aus der Mühle
Paprikapulver, edelsüß
500 g Fenchel
300 g gegarte Pellkartoffeln
1 EL Butter zum Fetten der Form
200 g geriebener Gouda

Zubereitungszeit: ca. 1 1/4 Stunden

1. Die Zwiebeln schälen und in kleine Würfel schneiden.
2. Die Tomaten über Kreuz einritzen, kurz in kochendes Wasser legen, kalt abschrecken und enthäuten. Dann die Tomaten in Scheiben schneiden.
3. Das Öl in einer Pfanne erhitzen und das Hackfleisch darin krümelig braten. Dann die Zwiebelwürfel und die Tomatenscheiben dazugeben und die Hackmasse mit Salz, Pfeffer und Paprika würzen. Den Backofen auf 200 Grad vorheizen.
3. Den Fenchel putzen, waschen und in Streifen schneiden. Dabei den Strunk herausschneiden.
5. Die Fenchelstreifen kurz in kochendem Salzwasser bißfest blanchieren und abtropfen lassen.
6. Die Pellkartoffeln schälen und in Scheiben schneiden. Eine Auflaufform mit der Butter einfetten.
7. Nun zuerst die Hackfleischmasse in die Auflaufform schichten und dann abwechselnd die Kartoffelscheiben und die Fenchelstreifen darübergeben.
8. Den Auflauf mit dem Käse bestreuen und etwa 40 Minuten im Backofen garen.

(Foto oben)

Gefüllte Auberginen

Für 4 Personen

2 große Auberginen à 500 g
2 Zwiebeln
2 Knoblauchzehen
2 EL Olivenöl
100 g roher Schinken
200 g geschälte Tomaten aus der Dose
4 EL Semmelbrösel
2 EL gehackte Petersilie
½ TL Salz
weißer Pfeffer
100 g geriebener Emmentaler

Zubereitungszeit: ca. 35 Minuten

1. Die Auberginen putzen, waschen, halbieren und in kochendem Salzwasser 10 Minuten blanchieren. Anschließend herausnehmen und gut abtropfen lassen. Die Hälften etwas aushöhlen.
2. Die Zwiebeln und die Knoblauchzehen schälen und fein hakken. Das Öl in einem Topf erhitzen und die Zwiebeln mit dem Knoblauch darin glasig dünsten.
3. Den Schinken in kleine Würfel schneiden, zu den Zwiebeln geben und kurz mitschwitzen lassen. Den Backofen auf 200 Grad vorheizen.
4. Die Tomaten abtropfen lassen, durch ein Sieb passieren, dazugeben und alles so lange köcheln lassen, bis eine dickliche Sauce entstanden ist.
5. Die Sauce vom Herd nehmen und die Semmelbrösel darunterrühren.
6. Die gehackte Petersilie unter die Masse mischen und alles mit dem Salz und etwas Pfeffer abschmecken.
7. Die Füllung in die ausgehöhlten Auberginenhälften geben, mit dem geriebenen Käse bestreuen und im Backofen überbacken, bis der Käse geschmolzen ist.

(Foto oben)

Auberginen-Zucchini-Auflauf

Für 4 Personen

1 mittelgroße Aubergine (ca. 500 g)
500 g Zucchini
125 ml Olivenöl
2 Zwiebeln
4 Knoblauchzehen
Salz
Pfeffer aus der Mühle
100 g Semmelbrösel
4 EL gehackte glatte Petersilie
1 TL gerebelter Thymian
150 g geriebener Emmentaler

Zubereitungszeit: ca. 1 Stunde

1. Die Aubergine und die Zucchini waschen, von den Stengelansätzen befreien und in nicht zu dünne Scheiben schneiden.
2. Die Hälfte des Öls in einer Pfanne erhitzen und die Gemüsescheiben darin portionsweise anbraten. Dabei immer etwas Öl dazugeben. Die Scheiben auf Küchenpapier abtropfen lassen. Den Backofen auf 220 Grad vorheizen.
3. Die Zwiebeln und die Knoblauchzehen schälen. Die Zwiebeln fein hacken, im restlichen Fett in der Pfanne glasig dünsten und in eine Auflaufform streuen.
4. Die Auberginen- und die Zucchinischeiben abwechselnd dachziegelartig in die Form legen. Die Knoblauchzehen zerdrücken, dazugeben; nun salzen und pfeffern.
5. Die Semmelbrösel mit der gehackten Petersilie, dem Thymian und dem geriebenen Käse mischen und alles gleichmäßig auf dem Gemüse verteilen.
6. Den Auflauf im Backofen etwa ½ Stunde goldbraun überbacken. Falls er zu schnell bräunt, ein Stück Alufolie darüberlegen.

Variation

Legen Sie ganz unten in die Auflaufform eine Schicht aus gegarten Kartoffeln in Scheiben.

Brokkoligratin

Für 4 Personen

- 300–400 g rote Beten
- 900 g Brokkoli
- Salz
- geriebene Muskatnuß
- 1 Knoblauchzehe
- 100 g Haferschrot
- 70 g gemahlene Mandeln
- 1 EL Öl zum Fetten der Form
- Kräutersalz
- frischgemahlener Pfeffer
- 50 g gehobelte Mandeln
- 150 g geriebener Emmentaler

Zubereitungszeit: ca. 2 Stunden

1. Die roten Beten gründlich waschen, putzen und in kochendem Wasser 40 bis 60 Minuten je nach Größe weich kochen. Anschließend die Knollen mit kaltem Wasser abschrecken, schälen und in dünne Scheiben schneiden.
2. Die Brokkoli putzen, waschen und in Röschen zerteilen. Die Stiele mitverwenden, aber erst schälen.
3. 1/4 Liter Wasser zum Kochen bringen, mit Salz und Muskat würzen und die Brokkoliröschen und -stiele 10 bis 20 Minuten darin bißfest garen. Dann die Brokkoli kalt abschrecken und abtropfen lassen. Den Backofen auf 200 Grad vorheizen.
4. In der Zwischenzeit die Knoblauchzehe schälen und zerdrükken. Das Haferschrot mit den gemahlenen Mandeln und dem Knoblauch in einer trockenen Pfanne rösten, bis es anfängt zu duften.
5. Eine Auflaufform mit dem Öl einfetten, mit den Rote-Bete-Scheiben auslegen und diese mit Kräutersalz und Pfeffer würzen.
6. Die Brokkoliröschen und -stiele mit der Hafer-Mandel-Masse mischen und auf den roten Beten verteilen.
7. Das Gratin mit den gehobelten Mandeln und dem geriebenen Käse bestreuen und auf der mittleren Schiene im Backofen so lange backen, bis der Käse geschmolzen ist.

Champignon-Tomaten-Auflauf

Für 4 Personen

- 2 mittelgroße Stangen Lauch
- 100 g durchwachsener Speck
- 700 g frische Champignons
- 500 g Fleischtomaten
- Salz
- schwarzer Pfeffer aus der Mühle
- 1/2 TL Paprikapulver edelsüß
- 2 EL grobgehackte glatte Petersilie
- 1 TL Butter zum Fetten der Form
- 150 g Semmelbrösel
- 50 g geriebener Emmentaler

Zubereitungszeit: ca. 1 Stunde

1. Den Lauch putzen, waschen und in schmale Ringe schneiden. Den Speck in kleine Würfel schneiden und bei milder Hitze in einer Pfanne ausbraten.
2. Die Champignons putzen, mit einem feuchten Tuch abreiben und in Scheiben schneiden. Die Pilze mit dem Lauch in die Pfanne geben und 5 bis 10 Minuten garen. Den Backofen auf 220 Grad vorheizen.
3. Die Tomaten über Kreuz einritzen, kurz in kochendes Wasser legen, kalt abschrecken und enthäuten. Die Früchte halbieren, entkernen und grob hacken.
4. Nun die Tomatenwürfel zu der Lauch-Pilz-Mischung geben, alles mit etwas Salz, Pfeffer sowie dem Paprika würzen und die grobgehackte Petersilie daruntermischen.
5. Eine Auflaufform mit der Butter einfetten. 100 Gramm der Semmelbrösel unter das Gemüse mischen und die Masse in die Form füllen. Die restlichen Semmelbrösel mit dem geriebenen Käse mischen und auf dem Auflauf verteilen.
6. Den Auflauf im Backofen etwa 25 Minuten garen.

(Foto oben)

Tunesischer Couscousauflauf

Für 4 Personen

250 g Couscousgrieß
3/4 l Tomatensaft
2 Zwiebeln
2 EL Olivenöl
250 g Lammhackfleisch
4 Knoblauchzehen
Salz
schwarzer Pfeffer aus der Mühle
1 TL Kreuzkümmel
1/2 TL gemahlener Koriander
1 Msp. Cayennepfeffer
1 Bund frische Minzeblättchen
1 EL Öl zum Fetten der Form
2 EL Pinienkerne

Quellzeit: ca. 1/2 Stunde
Zubereitungszeit: ca. 1 Stunde

1. Den Couscousgrieß in eine Schüssel füllen, mit dem Tomatensaft übergießen und etwa 1/2 Stunde quellen lassen.
2. Die Zwiebeln schälen und grob hacken. Das Olivenöl in einer Pfanne erhitzen und die Zwiebeln darin glasig dünsten. Das Lammhackfleisch hinzufügen und krümelig braten. Dabei ständig umrühren. Den Backofen auf 200 Grad vorheizen.
3. Die Knoblauchzehen schälen, zerdrücken und dazugeben. Die Hackfleischmasse mit Salz, Pfeffer, dem Kreuzkümmel, dem Koriander und etwas Cayennepfeffer sehr kräftig würzen, da der Couscousgrieß viel Aroma wegnimmt. Dann den Couscousgrieß mit dem Hackfleisch mischen.
4. Die Minzeblättchen unter kaltem Wasser abbrausen, trockentupfen, die Blättchen von den Stengeln zupfen und zwei Drittel davon unter die Hackfleisch-Grieß-Masse mischen.
5. Eine Auflaufform mit dem Öl einfetten und die Masse hineinfüllen. Die Oberfläche glattstreichen.
6. Den Couscousauflauf im Backofen 40 Minuten garen. 10 Minuten vor dem Ende der Garzeit die Pinienkerne darauf streuen. Den Auflauf mit den restlichen Minzeblättchen garniert servieren.
(Foto oben)

Variation

Statt Minze können Sie auch glatte Petersilie verwenden. Die Pinienkerne lassen sich auch durch Mandelstifte ersetzen.

Hirseauflauf

Für 4 Personen

2 Zwiebeln
4 EL Öl
250 g Hirse
1/2 l Gemüsebrühe
1 TL Currypulver
3 EL feingehackte Petersilie
250 g Lauch
250 g Möhren
1 Lorbeerblatt
2–3 EL Tomatenmark
1/2 TL Salz
Kräutersalz, schwarzer Pfeffer
geriebene Muskatnuß
300 g Blattspinat
1 Knoblauchzehe
Öl zum Fetten der Form
150 g geriebener Emmentaler
200 g Joghurt, 2 Eier

Zubereitungszeit: ca. 1 1/2 Stunden

1. Die Zwiebeln schälen und fein würfeln. 2 Eßlöffel Öl in einem Topf erhitzen und die Hälfte der Zwiebelwürfel darin glasig dünsten. Die Hirse waschen, abtropfen lassen und hinzufügen.
2. Die Gemüsebrühe dazugeben, alles aufkochen und die Hirse anschließend bei milder Hitze etwa 20 Minuten ausquellen lassen.

3. Die Hirse mit Curry würzen und die gehackte Petersilie darunterrühren.
4. In der Zwischenzeit den Lauch und die Möhren putzen und waschen, den Lauch in Ringe und die Möhren in Würfel schneiden.
5. Die Möhren und den Lauch zusammen mit dem Lorbeerblatt und dem Tomatenmark in wenig Salzwasser in 5 bis 10 Minuten garen. Danach das Lorbeerblatt entfernen und das Gemüse mit Kräutersalz, Pfeffer, Muskat und Curry abschmecken.
6. Den Spinat verlesen und waschen. Die Knoblauchzehe schälen und zerdrücken. Die restlichen Zwiebelwürfel in dem restlichen Öl glasig dünsten. Den tropfnassen Spinat hinzufügen und so lange kochen, bis er zusammenfällt. Anschließend mit Kräutersalz, Pfeffer, Muskat und dem Knoblauch abschmecken und abtropfen lassen.
7. Eine Auflaufform mit dem Öl einfetten, ein Drittel der gekochten Hirse hineinfüllen, ein Drittel des Käses darüberstreuen und das gut abgetropfte Lauch-Möhren-Gemüse darauf verteilen.
8. Das zweite Drittel der Hirse darauf geben, wieder mit einem Drittel des Käses bestreuen und den Spinat darauf geben. Mit der restlichen Hirse abdecken.
9. Den Joghurt mit den Eiern und dem restlichen Käse verrühren und mit Kräutersalz und Pfeffer abschmecken. Den Guß auf dem Hirseauflauf verteilen.
10. Den Auflauf auf die mittlere Schiene in den kalten Backofen stellen und bei 220 Grad 25 bis 30 Minuten backen.

Spargel-Eier-Gratin

Für 4 Personen

1 kg frischer Spargel
Salz, 1 Prise Zucker
2 EL Butter
125 ml trockener Weißwein
6 hartgekochte Eier
1 Schalotte
2 EL Mehl
125 ml Milch
100 g ausgelöste Krevetten
2 EL Crème fraîche
etwas Zitronensaft, 1 Eigelb
weißer Pfeffer aus der Mühle
geriebene Muskatnuß
etwas Worcestersauce
1 EL gehackte glatte Petersilie
Butter zum Fetten der Form
50 g geriebener Parmesan

Zubereitungszeit: ca. 1 Stunde

1. Den Spargel von oben nach unten schälen, die holzigen Enden abschneiden und die Stangen in etwa 5 Zentimeter lange Stücke schneiden. Den Spargel in einen Topf geben, mit etwas Salz und Zucker bestreuen und 1 Eßlöffel Butter in Flöckchen darüber verteilen.
2. 125 Milliliter Wasser und den Wein dazugießen und den Spargel knapp 20 Minuten kochen lassen. Die Eier pellen und mit dem Eischneider in Scheiben schneiden.
3. Die Schalotte schälen und sehr fein würfeln. Die restliche Butter in einem Topf erhitzen und die Schalottenwürfel darin glasig dünsten.
4. Das Spargelwasser abgießen und dabei auffangen. Das Mehl über die Schalottenwürfel geben, unter Rühren hell anschwitzen lassen und mit dem Spargelsud und der Milch ablöschen. Die Sauce unter gelegentlichem Rühren etwa 10 Minuten köcheln lassen.
5. Die Krevetten unter fließend kaltem Wasser abspülen und gut abtropfen lassen. Den Backofen auf 200 Grad vorheizen.
6. Die Sauce mit der Crème fraîche und etwas Zitronensaft verfeinern, mit dem Eigelb legieren und mit Salz, Pfeffer, Muskat und mit einigen Spritzern Worcestersauce abschmecken. Die Krevetten und die Petersilie dazugeben.
7. Eine Gratinform von 20 Zentimeter Durchmesser mit der Butter einfetten und lagenweise die Spargelstücke, die Eischeiben und die Sauce hineinfüllen. Mit der Sauce abschließen.
8. Das Gratin mit dem Käse bestreuen und im Backofen etwa 25 Minuten überbacken.
(Foto oben)

Deftiger Sauerkrautauflauf

Für 4 Personen

- 8 Sojawürstchen
- oder 4 Wiener Würstchen
- 3 EL Olivenöl
- 2 Gemüsezwiebeln
- 1 Möhre
- 2 Äpfel
- 400 g Sauerkraut
- 400 g Pellkartoffeln
- 4 Tomaten
- Salz
- frischgemahlener Pfeffer
- 2 EL gehackter Schnittlauch
- 2 EL gehackte Petersilie
- 125 ml Gemüsebrühe
- 300 g saure Sahne
- 2–3 Eier
- 2 EL gehackte Kresse

Zubereitungszeit: ca. 1 1/4 Stunden

1. Die Würstchen in Scheiben schneiden. Das Öl in einer Pfanne erhitzen und die Würstchenscheiben darin anbraten.
2. Die Gemüsezwiebeln und die Möhre schälen, in Scheiben schneiden, zu den Würstchen geben und glasig dünsten. Den Backofen auf 200 Grad vorheizen.
3. Die Äpfel schälen, halbieren, die Kerngehäuse entfernen und das Fruchtfleisch in kleine Würfel schneiden. Das Sauerkraut zerpflücken und mit den Äpfeln in die Pfanne geben.
4. Die Kartoffeln pellen und in Würfel schneiden. Die Tomaten über Kreuz einritzen, kurz in kochendes Wasser legen, kalt abschrecken und enthäuten. Das Fruchtfleisch entkernen und ebenfalls würfeln. Beides mit den anderen Zutaten in der Pfanne vorsichtig mischen und mit Salz und Pfeffer würzen.
5. Die kleingeschnittenen Kräuter dazugeben und alles in eine Auflaufform füllen.
6. Die Gemüsebrühe mit der sauren Sahne, den Eiern und der Kresse verrühren, salzen, pfeffern und über den Auflauf geben.
7. Die Auflaufform mit Alufolie abdecken und im Backofen 40 bis 45 Minuten garen.

Champignon-Kartoffel-Gratin

Für 4 Personen

- 500 g festkochende Kartoffeln
- 500 g frische Champignons
- 4 Schalotten
- 40 g Butter
- 1 Knoblauchzehe
- 4 EL trockener Weißwein
- 1 EL feingehackte glatte Petersilie
- Salz
- weißer Pfeffer aus der Mühle
- Butter zum Fetten der Form
- 75 g geriebenen Greyerzer Käse
- oder Emmentaler
- 250 g Sahne
- 2 Eigelb
- geriebene Muskatnuß
- 1 EL gehackter Schnittlauch

Zubereitungszeit: ca. 1 Stunde

1. Die Kartoffeln schälen und mit dem Gurkenhobel in gleichmäßige Scheiben schneiden. 1 Liter Salzwasser aufkochen lassen und die Kartoffelscheiben darin 3 Minuten blanchieren. Die Kartoffeln mit einem Schaumlöffel herausheben,

kalt abschrecken, abtropfen lassen und auf einem Küchentuch ausbreiten.

2. Die Champignons putzen, mit einem feuchten Tuch abreiben und in Scheiben schneiden.

3. Die Schalotten schälen, sehr fein würfeln und in der Butter glasig dünsten. Den Backofen auf 200 Grad vorheizen.

4. Die Champignons zu den Schalotten geben. Die Knoblauchzehe schälen, zerdrücken und dazugeben.

5. Die Pilze kurz anbraten, dann mit dem Wein beträufeln und alles bei starker Hitze 5 Minuten kochen lassen. Die Petersilie dazugeben und das Ganze mit Salz und Pfeffer würzen.

6. Eine Auflaufform von 20 Zentimeter Durchmesser mit der Butter einfetten. Die Kartoffeln und die Champignons lagenweise hineinschichten. Dabei die Kartoffeln jeweils schwach pfeffern, mit etwas Käse bestreuen und mit etwas Sahne begießen. Den Abschluß sollte eine Schicht Champignons bilden.

7. Die restliche Sahne mit den Eigelben verquirlen, mit Salz, Pfeffer und Muskat würzen und über die Pilze gießen. Das Gratin mit dem restlichen Käse bestreuen.

8. Das Gratin im Backofen etwa 1/2 Stunde backen, bis sich eine zartbraune Kruste gebildet hat. Mit den Schnittlauchröllchen bestreut servieren.

(Foto oben links)

Schwarzwurzel-Sesam-Gratin

Für 4 Personen

1 kg Schwarzwurzeln
Salz
2–3 EL Zitronensaft
100 g mittelalter Gouda
400 g Crème fraîche
weißer Pfeffer aus der Mühle
1 Msp. Cayennepfeffer
Butter zum Fetten der Form
6 EL Sesamkörner
2 EL gehackte Petersilie

Zubereitungszeit: ca. 3/4 Stunden

1. Die Schwarzwurzeln unter fließend kaltem Wasser vorsichtig abbürsten. Dann in kochendes Salzwasser geben und etwa 1/4 Stunde köcheln lassen. Den Backofen auf 180 Grad vorheizen.

2. Die Schwarzwurzeln kurz in Eiswasser legen und schälen, dann nochmals abspülen und in mundgerechte Stücke schneiden. Mit dem Zitronensaft beträufeln.

3. Den Käse sehr fein reiben und mit der Crème fraîche verrühren. Mit Salz, Pfeffer und Cayennepfeffer würzen.

4. Eine Auflaufform mit der Butter einfetten. Die Schwarzwurzeln darin verteilen, salzen, pfeffern und mit der Käsecreme übergießen.

5. Die Sesamkörner in einer trockenen Pfanne goldbraun rösten und darüberstreuen.

6. Das Gratin im Backofen etwa 25 Minuten überbacken und mit der Petersilie bestreut servieren.

(Foto oben rechts)

Variation

Nehmen Sie statt Schwarzwurzeln Spargel oder in Scheiben geschnittenen Kohlrabi.

Bohnenauflauf

Für 4 Personen

300 g getrocknete, dicke Bohnen
1 Gemüsebrühwürfel
1 TL gerebelter Thymian
1 TL Kümmel
1 TL getrocknetes Bohnenkraut
300 g Möhren
1 Petersilienwurzel
150 g Lauch
100 g Knollensellerie
1 Zwiebel
2 EL Öl
1/4 l Gemüsebrühe
Kräutersalz
frischgemahlener Pfeffer
Butter zum Fetten der Form
300 g Joghurt oder saure Sahne
100 g geriebener Käse
4 EL gehackte Petersilie

Quellzeit: ca. 10 Stunden
Zubereitungszeit: ca. 1 1/2 Stunden

1. Die dicken Bohnen waschen, verlesen und am besten über Nacht 10 Stunden in 1 1/4 Liter Wasser quellen lassen.
2. Am nächsten Tag die Bohnen zusammen mit dem Einweichwasser, dem Gemüsebrühwürfel und den Gewürzen aufsetzen und etwa 1 Stunde bei milder Hitze weich kochen.
3. In der Zwischenzeit das Gemüse putzen und waschen. Die Möhren und die Petersilienwurzel in dünne Scheiben und den Lauch in dünne Ringe schneiden. Den Sellerie und die Zwiebel schälen und in Würfel schneiden. Den Backofen auf 200 Grad vorheizen.
4. Das Öl in einem Topf erhitzen und die Zwiebelwürfel darin glasig dünsten. Das restliche Gemüse hinzufügen, mit der Gemüsebrühe ablöschen und 10 bis 15 Minuten bei milder Hitze garen. Anschließend mit Kräutersalz und Pfeffer abschmecken.
5. Noch vorhandenes Bohnenkochwasser abschütten und die Bohnen unter das Gemüse mischen. Eine Auflaufform mit der Butter einfetten und die Gemüse-Bohnen-Mischung hineinfüllen.
6. Den Joghurt oder die saure Sahne mit Kräutersalz und Pfeffer abschmecken, den geriebenen Käse darunterrühren und die Mischung über den Auflauf geben.
7. Den Auflauf im Backofen auf der mittleren Schiene etwa 1/4 Stunde backen und vor dem Servieren mit der gehackten Petersilie bestreuen. (Foto oben)

Zucchini im Speckmantel

Für 4 Personen

4 mittelgroße Zucchini
Salz
2 Knoblauchzehen
1 EL Tomatenmark
1 TL abgeriebene Schale einer unbehandelten Zitrone
2 EL gehackter Thymian
weißer Pfeffer
8 dünne Scheiben durchwachsener Speck
2 EL Butter
100 g geriebener Käse

Zubereitungszeit: ca. 35 Minuten

1. Die Zucchini putzen, waschen und in kochendem Salzwasser etwa 5 Minuten blanchieren.
2. Die Zucchini herausnehmen, halbieren und auf eine Arbeitsfläche legen. Den Backofen auf 200 Grad vorheizen.
3. Die Knoblauchzehen schälen, fein hacken und mit dem Tomatenmark, der Zitronenschale und dem Thymian verrühren.
4. Die Zucchinihälften damit bestreichen und mit Salz und Pfeffer bestreuen.
5. Die Zucchinihälften wieder zusammensetzen und mit je zwei Scheiben Speck umwickeln.
6. Eine große Auflaufform mit der Butter einfetten und die Zucchini hineinlegen.
7. Mit dem Käse bestreuen und im Backofen etwa 1/4 Stunde backen.

Ofenzucchini

Für 4 Personen

1 EL Butter zum Fetten der Form
2 EL Tomatenmark
2 Schalotten
2 Knoblauchzehen
1/2 TL Salz, schwarzer Pfeffer
700 g Zucchini
150 g Crème fraîche
1 EL Thymianblättchen

Zubereitungszeit: ca. 3/4 Stunden

1. Den Backofen auf 200 Grad vorheizen. Eine Auflaufform mit der Butter einfetten und mit dem Tomatenmark dünn ausstreichen.
2. Die Schalotten und die Knoblauchzehen schälen, fein hacken und in die Form streuen. Etwas Salz und Pfeffer darüberstreuen.
3. Die Zucchini putzen, waschen und in Scheiben schneiden. Diese dachziegelartig in die Form schichten und die Crème fraîche darübergeben. Mit Salz und Pfeffer würzen.
4. Die Thymianblättchen darüberstreuen und das Ganze im Backofen etwa 25 Minuten garen.
(Foto rechts)

Frühlingszwiebel-Kartoffel-Gratin

Für 4 Personen

400 g Frühlingszwiebeln
400 g Kartoffeln
1 EL Butter zum Fetten der Form
3 EL Butter
40 g feines Weizenvollkornschrot
350 ml Gemüsebrühe
150 g Crème fraîche
Salz
frischgemahlener weißer Pfeffer
geriebene Muskatnuß
Saft von 1/2 Zitrone
1 Ei
100 g geriebener Emmentaler

Zubereitungszeit: ca. 1 1/4 Stunden

1. Die Frühlingszwiebeln putzen und waschen. Dann kurz in kochendem Salzwasser blanchieren, kalt abschrecken und in Scheiben schneiden.
2. Die Kartoffeln schälen und in sehr dünne Scheiben schneiden. Eine Auflaufform mit der Butter einfetten, die Kartoffelscheiben hineinlegen und die Frühlingszwiebeln darübergeben.
3. Die Butter in einem Topf erhitzen und das Vollkornschrot darin anschwitzen lassen, ohne daß es Farbe annimmt.
4. Die kalte Gemüsebrühe dazugießen und das Ganze mit dem Schneebesen kräftig durchrühren. Bei mäßiger Hitze etwa 10 Minuten unter ständigem Rühren kochen lassen.
5. Den Backofen auf 180 Grad vorheizen. Die Sauce etwas abkühlen lassen, mit der Crème fraîche verrühren und mit Salz, Pfeffer, Muskat und dem Zitronensaft kräftig würzen. Anschließend die Sauce mit dem Ei legieren.
6. Die Sauce über das Gratin gießen und das Ganze im Backofen etwa 40 Minuten backen. 1/4 Stunde vor Ende der Garzeit den Käse über das Gratin streuen.

(Foto oben)

Variation

Statt Frühlingszwiebeln können Sie auch blanchierte Brokkoliröschen nehmen.

Nudelauflauf

Für 4 Personen

100 g durchwachsener, geräucherter Speck
2 EL Butter
400 g grobes Bratwurstbrät
2 Zwiebeln
1 rote Paprikaschote
1 grüne Paprikaschote
2 kleine Zucchini
4 Tomaten
150 ml Rotwein
Salz, frischgemahlener Pfeffer
4 EL gehackte Kräuter
400 g gekochte Bandnudeln (140 g Rohgewicht)
300 g Joghurt
4 Eier
100 g geriebener Emmentaler

Zubereitungszeit: ca. 1/2 Stunde

1. Den Speck in kleine Würfel schneiden. Die Butter in einer Pfanne erhitzen und den Speck und das Bratwurstbrät darin kräftig anbraten. Den Backofen auf 200 Grad vorheizen.

2. Die Zwiebeln schälen und fein hacken. Die Paprikaschoten putzen, waschen und vierteln. Die Kerne und die Häute entfernen und das Fruchtfleisch in Würfel schneiden. Die Zucchini putzen, waschen, halbieren und in Scheiben schneiden. Das Gemüse und die Zwiebeln zu dem Fleisch geben und kurz mitgaren.
3. Die Tomaten über Kreuz einritzen, kurz in kochendes Wasser legen, kalt abschrecken und enthäuten. Das Fruchtfleisch entkernen und würfeln. Die Tomaten mit dem Rotwein in die Pfanne geben, alles mischen, kräftig würzen und die Kräuter darunterziehen.
4. Die gekochten Bandnudeln mit dem Pfanneninhalt in eine große Auflaufform geben.
5. Den Joghurt mit den Eiern glattrühren und mit Salz und Pfeffer kräftig würzen.
6. Die Masse über den Auflauf geben und mit dem Käse bestreuen.
7. Den Auflauf im Backofen etwa 10 Minuten garen.

Makkaroni-Blumenkohl-Auflauf

Für 4 Personen

1 großer Blumenkohl (ca. 1 kg)
Salz
50 g Butter
50 g Mehl
$^1/_2$ l Milch
geriebene Muskatnuß
Pfeffer aus der Mühle
50 g geriebener Emmentaler
50 g geriebener Parmesan
500 g Makkaroni (Rohware)
70 g gekochter Schinken
4 EL Olivenöl
Butter zum Fetten der Form

Zubereitungszeit: ca. 40 Minuten

1. Den Blumenkohl putzen, waschen, in Röschen zerteilen und in kochendem Salzwasser etwa 10 Minuten garen.
2. In der Zwischenzeit für die Béchamelsauce die Butter in einem Topf zerlassen und das Mehl darin anschwitzen lassen. Die Milch unter Rühren langsam dazugießen und die Sauce unter Rühren etwa 10 Minuten durchkochen lassen. Mit Muskat, Salz und Pfeffer abschmecken und den geriebenen Käse darunterziehen. Den Backofen auf 200 Grad vorheizen.
3. Die Makkaroni zum Blumenkohl ins Kochwasser geben und so lange kochen, bis sie bißfest gegart sind.
4. In der Zwischenzeit den Schinken würfeln. Das Olivenöl in einer großen Pfanne erhitzen und den Schinken darin leicht anbraten.
5. Die Makkaroni und den Blumenkohl abgießen und beides mit dem Schinken und der Hälfte der Béchamelsauce mischen.
6. Eine Auflaufform mit Butter einfetten. Die Auflaufmasse hineingeben und mit dem Rest der Béchamelsauce bedecken.
7. Den Auflauf im Backofen 10 bis 15 Minuten garen.
(Foto oben)

Beilagen

Beilagen verdienen es nicht, nur am Rande erwähnt zu werden, denn was wäre ein Fleisch- oder Fischgericht ohne passende Ergänzung. Angefangen von sättigenden Stärkebeilagen mit Reis, Kartoffeln und Nudeln bis hin zu einem bunten Gemüsepotpourri findet sich hier für jedes Hauptgericht das ideale I-Tüpfelchen.

Risotto (Grundrezept)

Für 4 Personen

1 Zwiebel
2 EL Öl
300 g Naturreis (Rundkorn)
700 ml Gemüsebrühe

Zubereitungszeit: ca. 1 Stunde

1. Die Zwiebel schälen und fein würfeln. Das Öl in einem Topf erhitzen und die Zwiebelwürfel darin glasig dünsten.
2. Den Naturreis waschen, in einem Sieb gut abtropfen lassen, hinzufügen und kurz anrösten.
3. Die Gemüsebrühe dazugießen und den Reis bei milder Hitze etwa eine 3/4 Stunde garen.
(Foto rechts: oben)

Frühlingsrisotto

Für 4 Personen

Risotto für 4 Personen
(Grundrezept siehe oben)
1 Bund Frühlingszwiebeln
400–500 g Rhabarber
1–2 EL Honig
2 TL Sojasauce
Salz, schwarzer Pfeffer

Zubereitungszeit: ca. 1 Stunde

1. Das Risotto zubereiten, wie im Grundrezept beschrieben.
2. Inzwischen die Frühlingszwiebeln putzen, waschen und in 3 Zentimeter dicke Stücke schneiden. Den Rhabarber putzen, schälen, waschen und in kleine Stücke schneiden.
3. Die Frühlingszwiebeln und den Rhabarber etwa nach der Hälfte der Kochzeit des Risottos dazugeben und noch etwas Wasser hinzugießen.
4. Das Frühlingsrisotto mit dem Honig, der Sojasauce und den Gewürzen abschmecken.
(Foto rechts: Mitte rechts)

Risotto mit Pfifferlingen

Für 4 Personen

1 Zwiebel
70 g Butter
80 g Rundkornreis
200 ml Rinderfond
80 ml Weißwein
Salz, Pfeffer
1 Prise Safran
300 g frische Pfifferlinge

Zubereitungszeit: ca. 35 Minuten

1. Die Zwiebel schälen und fein hacken. Zwei Drittel der Butter in einem Topf erhitzen und die Zwiebelwürfel darin glasig dünsten.
2. Den Reis hinzugeben und unter Wenden anschwitzen lassen.
3. Den Rinderfond und den Weißwein dazugießen und alles mit Salz und Pfeffer würzen.
4. Etwas Safran hinzugeben und den Reis etwa 20 Minuten bei milder Hitze garen.
5. Die Pfifferlinge putzen, kurz waschen, abtropfen lassen und größere Pilze eventuell halbieren. Die Pilze kurz vor dem Servieren etwa 3 Minuten in der restlichen Butter braten und würzen.
6. Die Pfifferlinge vorsichtig unter das fertige Risotto heben und alles nochmals abschmecken.

Paprikarisotto

Für 4 Personen

Risotto für 4 Personen
(Grundrezept siehe links)
250 g Zwiebeln
500 g Paprikaschoten
3 EL Öl
200 g Tomaten
1 TL gehacktes Basilikum
1 TL gehackter Majoran
125 g Sahne
Kräutersalz, schwarzer Pfeffer
1 Knoblauchzehe

Zubereitungszeit: ca. 1 Stunde

1. Das Risotto zubereiten, wie im Grundrezept beschrieben.
2. In der Zwischenzeit die Zwiebeln schälen und in dünne Ringe schneiden. Die Paprikaschoten putzen, waschen und vierteln. Die Kerne und die Häute entfernen und das Fruchtfleisch in Streifen schneiden. Das Öl in einem Topf erhitzen und das Gemüse darin andünsten.
3. Die Tomaten über Kreuz einritzen, kurz in kochendes Wasser legen, kalt abschrecken, enthäuten und würfeln. Die Tomaten nach etwa 10 Minuten mit dem Basilikum und dem Majoran in den Topf geben und alles weitere 10 Minuten garen.
4. Die Sahne unter das Gemüse ziehen. Die Knoblauchzehe schälen und zerdrücken.
5. Das Gemüse mit den Gewürzen und dem Knoblauch abschmecken und unter das fertige Risotto mischen.
(Foto rechts: Mitte links)

Gebackenes Risotto

Für 4 Personen

Risotto für 4 Personen
(Grundrezept siehe links)
100 g Knollensellerie
1 kleine Möhre
100 g gemahlene Haselnüsse
1 Knoblauchzehe
2 Eier
1 TL gerebelter Majoran
1/2 TL Currypulver
Kräutersalz
2 EL feingehackte Petersilie
Öl zum Fetten der Form
100 g geriebener Käse
(z. B. Emmentaler)

Zubereitungszeit: ca. 1 1/2 Stunden.

1. Das Risotto zubereiten, wie im Grundrezept beschrieben.
2. Den Sellerie und die Möhre schälen, waschen und fein reiben. Zusammen mit den gemahlenen Haselnüssen unter das fertige Risotto mischen.

3. Die Knoblauchzehe schälen und zerdrücken. Die Eier verquirlen und mit dem Knoblauch und den Gewürzen pikant abschmecken. Die fein gehackte Petersilie darunterrühren.
4. Die Eiermasse unter den Reis mischen. Eine Auflaufform mit dem Öl einfetten.
5. Das Risotto in die Auflaufform füllen, mit dem Käse bestreuen und auf der mittleren Schiene in den kalten Backofen stellen. Im Ofen bei 220 Grad etwa 25 bis 30 Minuten überbacken.
(Foto rechts: unten)

Weizen mit Gemüse

Für 4 Personen

200 g Weizen
1/2 l Gemüsebrühe
2 Zwiebeln
100 g Petersilienwurzeln
100 g Möhren
100 g grüne Bohnen
100 g Lauch
Salz
gemahlener Koriander
frischgemahlener Pfeffer
1 TL gehackter Majoran
5 EL geriebener Parmesan
2 EL Butter

Quellzeit: ca. 12 Stunden
Zubereitungszeit: ca. 1 1/4 Stunden

1. Den Weizen kalt und warm abspülen und über Nacht in der Gemüsebrühe quellen lassen.
2. Am nächsten Tag die Weizenkörner in der Brühe aufkochen, dann bei milder Hitze etwa 1 Stunde zugedeckt kochen lassen.
3. In der Zwischenzeit die Zwiebeln schälen und fein hacken. Das Gemüse putzen, waschen und kleinschneiden.
4. 15 bis 10 Minuten vor dem Garende des Weizens zuerst die Petersilienwurzeln und die Möhren, dann die Bohnen und zum Schluß den Lauch hinzufügen und das Gericht fertiggaren.
5. Wenn die Weizenkörner zu platzen beginnen, das Gericht mit Salz, Koriander, Pfeffer und dem Majoran abschmecken.
6. Den Topf von der Herdplatte nehmen und den Käse und die Butter unter die Weizenmischung geben.

Wildreis

Für 4 Personen

70 g Wildreis
450 ml Wasser
Salz

Zubereitungszeit: ca. 50 Minuten

1. Den Wildreis in ein Sieb geben und unter fließend kaltem Wasser abspülen.
2. Das Wasser leicht salzen und zum Kochen bringen. Den Reis hineingeben und etwa eine 3/4 Stunde bei mittlerer Hitze quellen lassen.
3. Den Reis in ein Sieb abgießen und abtropfen lassen.

Polenta

Für 6 Personen

1/2 l kräftige Fleischbrühe
1/2 l Milch
1 EL Öl
250 g grobgemahlenes Maismehl
1 EL Salz
1 Prise Zucker
125 g Sahne

Zubereitungszeit: ca. 1 Stunde

1. Die Fleischbrühe mit der Milch und dem Öl in einem Topf erhitzen.
2. Das Maismehl unter ständigem Rühren hineingeben und mit dem Salz und etwas Zucker abschmecken.
3. Das Maismehl unter ständigem Rühren etwa 50 Minuten ausquellen lassen, bis ein dicker Brei entstanden ist. Vorsicht, wenn Sie nicht genügend rühren, brennt die Polenta an!
4. Zuletzt die Sahne darunterrühren.

(Foto oben)

Variation

Gießen Sie den dicken Brei auf eine gefettete Arbeitsplatte, streichen Sie ihn glatt, und schneiden Sie ihn in Scheiben. Diese Polentascheiben können Sie nun backen, braten oder grillen.

Kartoffelcrêpes

Für 4 Personen

250 g Kartoffeln, Salz
125 ml Milch
1 EL Mehl
1 EL Schlagsahne
3 Eier
Pfeffer
3 EL Butterschmalz

Ruhezeit: ca. 1 Stunde
Zubereitungszeit: ca. 1 Stunde

1. Die Kartoffeln schälen und in leicht gesalzenem Wasser etwa 20 Minuten garen. Das Wasser abgießen und die Kartoffeln durch ein Sieb passieren.
2. Die Milch in einem Topf erhitzen und unter das Kartoffelpüree ziehen. Die Masse durchrühren und abkühlen lassen.
3. Das Weizenmehl und die geschlagene Sahne darunterrühren und die Eier dann nacheinander einarbeiten.
4. Den Kartoffelteig mit Salz und Pfeffer abschmecken und etwa 1 Stunde ruhen lassen.
5. Das Butterschmalz in einer Pfanne erhitzen, mit einem Eßlöffel etwas Kartoffelteig hineingeben und kleine Kartoffelcrêpes von etwa 5 Zentimeter Durchmesser backen.

Béchamelkartoffeln mit Kohlrabi

Für 4 Personen

Für das Kartoffelgemüse
400 g Kartoffeln
400 g Kohlrabi
125 ml Gemüsebrühe
125 ml Weißwein
Salz, schwarzer Pfeffer

Für die Sauce
40 g Butter
40 g Mehl
1/4 l Milch
250 g Sahne
Salz
frischgemahlener Pfeffer
geriebene Muskatnuß
1 EL gehackte Petersilie
1 EL gehackter Schnittlauch
125 g Mozzarella

Zubereitungszeit: ca. 1 Stunde

1. Den Backofen auf 200 Grad vorheizen. Die Kartoffeln und die Kohlrabiknollen schälen und beides in dünne Stifte schneiden.
2. Die Kartoffel- und die Kohlrabistifte auf einem tiefen Backblech verteilen und die Gemüsebrühe und den Weißwein dazugießen.
3. Das Ganze salzen und pfeffern und im Backofen etwa 1/2 Stunde garen.

4. In der Zwischenzeit für die Sauce die Butter in einem Topf erhitzen, das Mehl hineinrühren und anschwitzen lassen.
5. Die Mehlschwitze mit der Milch und der Sahne ablöschen, mit Salz, Pfeffer und Muskat würzen und etwa 10 Minuten kochen lassen.
6. Die kleingeschnittenen Kräuter in die Sauce rühren und diese anschließend über die Kartoffel-Kohlrabi-Mischung verteilen.
7. Den Mozzarella in kleine Würfel schneiden, darübergeben und das Ganze weitere 10 Minuten im Ofen überbacken.

Kartoffelgratin

Für 4 Personen

1 TL Butter zum Fetten der Form
300 g Kartoffeln
Salz
Pfeffer
1 EL feingehackte Petersilie
250 g Sahne
2 EL geriebener Parmesan

Zubereitungszeit: ca. 1 1/4 Stunden

1. Eine feuerfeste, flache Form mit Butter einfetten. Den Backofen auf 170 Grad vorheizen.
2. Die Kartoffeln schälen, waschen, in feine Scheiben schneiden und mit Salz und Pfeffer würzen.
3. Die Kartoffelscheiben schuppenartig in die Form schichten, mit der Petersilie bestreuen und die Sahne darübergießen. Den Parmesan darüberstreuen.
4. Die Auflaufform auf die mittlere Schiene des Backofens stellen und das Gratin etwa eine 3/4 Stunde backen.
(Foto rechts)

Gefüllte Kartoffeln

Für 6 Personen

9 mehligkochende, möglichst gleich große Kartoffeln
Alufolie
3 EL Olivenöl
grobes Salz
300 g Mozzarella
4 Fleischtomaten
2 EL grobgehacktes Basilikum
60 g Butter
1 Eigelb
Salz
weißer Pfeffer aus der Mühle
einige Salatblätter zum Garnieren
2 EL Weinessig
12 Radieschen

Zubereitungszeit: ca. 1 Stunde

1. Den Backofen auf 200 Grad vorheizen. Die Kartoffeln gründlich unter fließendem Wasser abbürsten und abtrocknen.
2. Neun große Stücke Alufolie so zuschneiden, daß die Kartoffeln darin eingewickelt werden können, die Folie mit einem Teil des Öls einstreichen und mit grobem Salz bestreuen. Die Kartoffeln locker in die Alufolie einschlagen, die Folie aber gut zufalzen. Die Kartoffeln im Backofen etwa 40 Minuten garen.
3. In der Zwischenzeit den Mozzarella fein würfeln. Die Tomaten über Kreuz einritzen, kurz in kochendes Wasser legen, kalt abschrecken und enthäuten. Die Früchte vierteln, entkernen, von den Stengelansätzen befreien und das Fruchtfleisch grob hacken.
4. Den Käse mit den Tomaten und dem Basilikum mischen.
5. Die Kartoffeln auswickeln, oben kleine Deckel abschneiden und das Innere bis auf etwa 1 Zentimeter mit einem Löffel herausschaben. Die herausgelöste Kartoffelmasse mit einer Gabel sehr fein zerdrücken und mit der Butter und dem Eigelb glattrühren. Mit Salz und Pfeffer abschmecken und in einen Spritzbeutel mit glatter Tülle füllen.
6. Die ausgehöhlten Kartoffeln auf ein Backblech setzen, mit der Käse-Tomaten-Mischung füllen und die Püreemasse schneckenförmig darauf spritzen.
7. Die Kartoffeln wieder in den Backofen schieben und etwa 5 Minuten überbacken, bis das Püree leicht gebräunt ist.
8. Inzwischen die Salatblätter putzen, waschen, trockenschleudern und auf sechs Tellern anrichten. Das restliche Öl mit dem Essig verrühren, die Marinade mit Salz und Pfeffer würzen und über die Salatblätter träufeln.
9. Die Radieschen putzen, waschen und trockentupfen. Die Kartoffeln quer halbieren und je drei Kartoffelhälften auf einem Teller anrichten. Mit den Radieschen garnieren.

(Foto links)

Kartoffelklöße

Für 4 Personen

250 g gekochte Kartoffeln
75 g Mehl
1 Ei
1 Prise Salz

Zubereitungszeit: ca. 1/2 Stunde (Kartoffeln am Vortag kochen)

1. Am Vortag die gekochten und noch warmen Kartoffeln pellen und durch eine Kartoffelpresse drücken. In eine Schüssel geben und mit Frischhaltefolie abgedeckt über Nacht ruhen lassen.
2. Am nächsten Tag das Mehl, das Ei und etwas Salz dazugeben und die Kartoffelmasse zu einem glatten Teig verkneten.
3. Aus dem Kartoffelteig mit leicht bemehlten Händen gleich große Klöße formen.
4. Etwa 2 Liter leicht gesalzenes Wasser zum Kochen bringen und die Klöße je nach Größe etwa 10 Minuten sieden, aber nicht kochen lassen.

(Foto rechts: oben)

Grüne Nudeln

Für 4 Personen

200 g Weizenmehl
2 Eier
2 EL feinpürierte Petersilie
Salz
1 1/2 EL Öl
2 EL Butter
Pfeffer

Ruhezeit: ca. 1 Stunde
Zubereitungszeit: ca. 1/2 Stunde

1. Das Weizenmehl auf eine Arbeitsplatte sieben und mit den Eiern, der Petersilie, etwas Salz und 1/2 Eßlöffel Öl zu einem glatten Teig verkneten.
2. Den Nudelteig mit Folie abdekken und etwa 1 Stunde im Kühlschrank ruhen lassen.
3. Anschließend den Teig dünn ausrollen, etwas antrocknen lassen und in feine Streifen schneiden. Die Bandnudeln bis zur Weiterverarbeitung locker auf Pergamentpapier legen.
4. Die Nudeln in reichlich leicht gesalzenes, kochendes Wasser geben, dem 1 Eßlöffel Öl hinzugefügt wurde, und in etwa 1 Minute bißfest kochen.
5. Die Nudeln in ein Sieb abgießen, mit heißem Wasser die Stärkerückstände abspülen und die Nudeln abtropfen lassen.
6. Die Butter in einem großen Topf erhitzen, die Nudeln darin durchschwenken, bis sie wieder heiß sind, und mit Salz und Pfeffer würzen.

(Foto oben: Mitte)

Tip

Nudeln sollten Sie nicht zu lange warm halten, da sie sonst nachgaren und leicht zu weich werden. Die grünen Nudeln können Sie auch statt mit Butter mit Crème fraîche oder mit Sahne erhitzen und zubereiten.

Spätzle

Für 4 Personen

250 g Weizenmehl
3 Eier
3 EL Milch
Salz
geriebene Muskatnuß
3 EL Butter

Ruhezeit: ca. 1 Stunde
Zubereitungszeit: ca. 1/2 Stunde

1. Das Weizenmehl auf eine Arbeitsplatte sieben. Die Eier mit der Milch und 3 Eßlöffeln Wasser verquirlen und mit dem Weizenmehl zu einem glatten Teig verkneten.
2. Den Teig mit Salz würzen und mit einem Hauch Muskat abrunden. Anschließend im Kühlschrank zugedeckt etwa 1 Stunde ruhen lassen.
3. In einem Kochtopf etwa 2 Liter Wasser zum Kochen bringen und leicht salzen.
4. Den Teig in mehreren Portionen durch eine Spätzlepresse in das kochende Wasser drücken. Sie können den Teig aber auch auf ein großes Brett streichen und einzelne Spätzle ins Kochwasser schaben. Das Wasser aufkochen lassen und die Spätzle, wenn sie an der Oberfläche schwimmen, mit der Schaumkelle herausnehmen.
5. Die Spätzle in kaltes Wasser geben und abkühlen lassen.
6. Dann die Nudeln in ein Sieb abgießen und gut abtropfen lassen.
7. Kurz vor dem Servieren die Butter in einem Topf erhitzen und die Spätzle darin durchschwenken, bis sie wieder heiß sind.

(Foto oben: unten)

Variation

Für Käsespätzle füllen Sie die gegarten Nudeln in eine Auflaufform, bestreuen Sie alles mit geriebenem Käse, und überbacken Sie die Spätzle im Backofen bei 200 Grad, bis der Käse hellbraun wird.

Rigatoni mit Pfeffer und Schinken

Für 4 Personen

400 g Rigatoni (kurze Hohlnudeln)
1 kleine Schalotte
100 g geräucherter Schinken
2 EL Butter
250 g Sahne
Salz
Pfeffer
2 Eigelb
2 EL rosa Pfefferkörner
2 EL grüne Pfefferkörner

Zubereitungszeit: ca. 1/2 Stunde

1. Die Rigatoni in reichlich Salzwasser bißfest kochen.
2. Inzwischen die Schalotte schälen und in feinste Würfel schneiden. Den Schinken in Streifen oder in Würfel schneiden.
3. Die Hälfte der Butter in einem Topf erhitzen und die Hälfte des Schinkens langsam darin anbraten. Die Schalottenwürfel dazugeben, alles mit 100 Gramm der Sahne ablöschen und mild würzen. Die restlichen Schinkenstreifen in einer Pfanne anbraten und ein Viertel der Pfefferkörner hinzugeben.
4. Die Rigatoni abgießen, mit kaltem Wasser abschrecken, abtropfen lassen und mit Salz und Pfeffer würzen. Anschließend in der restlichen Butter in einem Topf durchschwenken.
5. Die Sahne vorsichtig aufkochen lassen und die restlichen Pfefferkörner hineingeben.
6. Die restliche Sahne steif schlagen und die Eigelbe vorsichtig darunterziehen. Diese Legierung in die Sauce einrühren und diese nochmals kurz aufkochen lassen. Mit Salz und etwas Pfeffer abschmecken.
7. Die Sauce auf vier vorgewärmte Teller verteilen. Die Rigatoni an die Sauce legen und die angebratenen Schinkenstreifen mit den Pfefferkörnern darübergeben.

(Foto oben)

Variation

Sollten Sie keinen Schinken zu Hause haben, können Sie auch durchwachsenen Speck nehmen.

Penne nach Köhlerart

Für 4 Personen

150 g ungeräucherter Bauchspeck
4 EL Olivenöl
80 ml trockener Weißwein
3 Eier
50 g geriebener Parmesan
Salz
Pfeffer aus der Mühle
500 g Penne (kurze Hohlnudeln)

Zubereitungszeit: ca. 1/4 Stunde

1. Den Speck grob würfeln. Das Olivenöl in einer großen Pfanne erhitzen und den Speck darin anbraten. Mit dem Weißwein ablöschen und alles kurz köcheln lassen.
2. Die Eier in einer Schüssel mit dem Parmesan und etwas Pfeffer verquirlen und salzen.
3. Die Nudeln in reichlich Salzwasser bißfest kochen und in ein Sieb abgießen. Mit kaltem Wasser abschrecken, abtropfen lassen und in eine Schüssel füllen.
4. Die Eiermischung darunterheben und etwas frischen Pfeffer darübermahlen.
5. Den Speck mit der restlichen Weißweinbrühe darübergeben.

Spätzle mit grünen Linsen

Für 4 Personen

125 g Linsen
250 g Weizenmehl
4 Eier
1 EL Öl
Salz
2 EL Butter
50 g Dörrfleisch
1 kleine Zwiebel
Pfeffer aus der Mühle
geriebene Muskatnuß

Quellzeit: ca. 12 Stunden
Zubereitungszeit: ca. 50 Minuten

1. Die Linsen über Nacht in kaltem Wasser quellen lassen. Am nächsten Tag das Mehl mit den Eiern und dem Öl verrühren und zu einem Teig verarbeiten, bis dieser Blasen bildet. Ist der Teig zu fest oder zu flüssig, so geben Sie etwas Wasser oder Mehl hinzu. Er muß eine zähflüssige, geschmeidige Konsistenz haben. Den Teig anschließend 1/4 Stunde quellen lassen.
2. Reichlich Salzwasser zum Kochen bringen. Dann etwas Teig auf ein Spätzlebrett geben, mit einer Palette oder mit einem Messer schmale Teigstreifen ins kochende Salzwasser schaben und alles aufkochen lassen.
3. Die oben schwimmenden Spätzle herausnehmen und mit kaltem Wasser abspülen. Dann abtropfen lassen und mit wenig Öl mischen.
4. Die Hälfte der Butter in einem Topf erhitzen und die Spätzle darin durchschwenken und würzen. Die Spätzle warm stellen.
5. Das Dörrfleisch klein würfeln, die Zwiebel schälen und ebenfalls würfeln. Die restliche Butter in einem Topf erhitzen, das Fleisch, die Zwiebelwürfel und die abgetropften Linsen hinzugeben und etwas Wasser dazugießen.
6. Alles kurz köcheln lassen und die Linsenmischung mit den Nudeln anrichten.

Grüne Nudeln mit Champignons

Für 4 Personen

400 g grüne Bandnudeln
250 g frische Champignons
1 kleine Schalotte
3 Knoblauchzehen
3 EL Butter
2 EL gehackte Petersilie
etwas Weißwein oder Wasser
Salz, Pfeffer
geriebene Muskatnuß

Zubereitungszeit: ca. 25 Minuten

1. Die grünen Nudeln in reichlich Salzwasser bißfest kochen.
2. Die Champignons putzen, mit einem feuchten Tuch abreiben und in Viertel, größere Champignons in Achtel schneiden.
3. Die Schalotte schälen, der Länge nach halbieren und fein würfeln. Die Knoblauchzehen schälen und zerdrücken.
4. 1 Eßlöffel der Butter in einer Pfanne erhitzen, die Schalottenwürfel, den Knoblauch und die Champignonachtel hineingeben und anschwitzen lassen. Dabei die Pfanne nicht bewegen, bis die Pilze Farbe bekommen haben.
5. Anschließend die Petersilie dazugeben und das Ganze mit etwas Wein oder Wasser ablöschen. Mit Salz, Pfeffer und Muskat abschmecken.
6. Die Nudeln abgießen und mit kaltem Wasser abschrecken. 1 Eßlöffel der Butter in einem Topf erwärmen und die Nudeln mit einigen Eßlöffeln Wasser darin durchschwenken. Die Nudeln mit Salz und Pfeffer würzen und auf vier vorgewärmten Tellern anrichten.
7. Den letzten Eßlöffel Butter mit der Pilzmischung verrühren und diese über die Nudeln geben. (Foto oben)

Überbackene Schwarzwurzeln

Für 4 Personen

400 g Schwarzwurzeln
etwas Weißweinessig
Salz
100 g Crème double
Pfeffer
50 g geriebener Parmesan
40 g Butter

Zubereitungszeit: ca. 40 Minuten

1. Die Schwarzwurzeln waschen, schälen und kurz in Essigwasser legen, damit sie nicht schwarz werden. Den Backofen auf 200 Grad vorheizen.
2. Die Stangen in 5 Zentimeter lange Stücke schneiden, in leicht gesalzenem Wasser etwa 5 Minuten kochen und gut abtropfen lassen.
3. Die Crème double in einem Topf erhitzen und die Schwarzwurzeln darunterziehen.
4. Das Gemüse in eine flache, feuerfeste Form füllen, leicht mit Pfeffer würzen und mit dem Parmesan bestreuen.
5. Die Schwarzwurzeln mit kleinen Butterflöckchen belegen und auf der mittleren Schiene im Backofen etwa 5 Minuten überbacken.

(Foto rechts: Mitte)

Rotkohl in Rotwein

Für 4 Personen

1 Rotkohl (ca. 400 g)
1 Zwiebel
3 EL Gänseschmalz
Salz
Pfeffer
1/4 l Rotwein
1 EL Rotweinessig
1 EL Zitronensaft
Zucker
2 Äpfel

Zubereitungszeit: ca. 50 Minuten

1. Die äußeren Blätter des Rotkohls entfernen, den Kopf halbieren und den Strunk herausschneiden.
2. Die Kohlblätter in feine Streifen schneiden, waschen und gut abtropfen lassen.
3. Die Zwiebel schälen und fein hacken. Das Gänseschmalz in einem Topf erhitzen und die Zwiebelwürfel darin glasig dünsten. Den Rotkohl dazugeben und alles mit Salz und Pfeffer würzen.
4. Den Rotwein, den Rotweinessig und den Zitronensaft dazugießen.
5. Alle Zutaten aufkochen lassen, mit etwas Zucker abschmecken und etwa 8 Minuten kochen.
6. Die Äpfel schälen, halbieren und die Kerngehäuse entfernen. Die Apfelhälften in Scheiben schneiden und zu dem Rotkohl geben. Das Ganze noch weitere 4 Minuten kochen lassen.
7. Die Flüssigkeit vom Rotkohl in einen anderen Kochtopf abgießen und darin bis auf wenige Eßlöffel einkochen lassen. Dann wieder unter den Rotkohl rühren und alles nochmals abschmecken.

(Foto rechts: oben)

Wirsinggemüse

Für 4 Personen

1 Zwiebel
1 TL Butter
50 g durchwachsener Speck
450 g Wirsing
Salz
150 g Crème double
Pfeffer
1 EL feingehackte Petersilie

Zubereitungszeit: ca. 3/4 Stunden

1. Die Zwiebel schälen und fein hacken. Die Butter in einem Topf erhitzen und die Zwiebelwürfel darin glasig dünsten.
2. Den Speck in kleine Würfel schneiden, in einer Pfanne auslassen und das Fett durch ein Sieb abgießen. Den Backofen auf 180 Grad vorheizen.
3. Die äußeren Blätter vom Wirsing entfernen. Die einzelnen Blätter vom Strunk ablösen und waschen. Dann die dicken Rippen herausschneiden.
4. Die Blätter übereinanderlegen und in feine Streifen schneiden.
5. Den Wirsing in leicht gesalzenem Wasser etwa 4 Minuten kochen lassen, anschließend in leicht gesalzenem Eiswasser abschrecken und gut abtropfen lassen.
6. Die Zwiebel- und die Speckwürfel unter die Crème double rühren und alles mit Salz und Pfeffer würzen.
7. Die Crème double unter den Wirsing ziehen. Das Gemüse in eine Auflaufform füllen und auf der mittleren Schiene im Backofen etwa 6 Minuten fertiggaren.
8. Das Wirsinggemüse mit der Petersilie bestreut servieren.

(Foto rechts: unten)

Rosenkohlgemüse

Für 4 Personen

400 g Rosenkohl
1/2 l Rinderfond
Salz, Pfeffer
2 EL Butter
2 EL Schmelzkäse

Zubereitungszeit: ca. 20 Minuten

1. Den Rosenkohl waschen, abtropfen lassen und die äußeren Blätter sowie den überstehenden Strunk abschneiden.
2. Den Rinderfond mit Salz und Pfeffer abschmecken.
3. Den Rosenkohl in den Fond geben und je nach Größe 8 bis 10 Minuten kochen lassen, anschließend abgießen.
4. Die Butter in einem Topf erhitzen und den Rosenkohl darin schwenken.
5. Den Schmelzkäse darübergeben und schmelzen lassen. Das Gemüse vorsichtig mischen.

Auberginenscheiben in Tomatensauce

Für 4 Personen

Für die Auberginenscheiben

- 4 Eier
- 100 g geriebener Käse
- 700 g Auberginen
- 1/2 TL Salz
- schwarzer Pfeffer aus der Mühle
- 50 g Mehl
- 4 EL Olivenöl

Für die Tomatensauce

- 2 Schalotten
- 2 EL Olivenöl
- 4 Tomaten
- 1 EL gehacktes Basilikum
- Salz
- schwarzer Pfeffer aus der Mühle

Zubereitungszeit: ca. 40 Minuten

1. Für das Gemüse die Eier verquirlen und mit dem geriebenen Käse verrühren.
2. Die Auberginen putzen, waschen und in 1 Zentimeter dicke Scheiben schneiden. Mit Salz und Pfeffer würzen.
3. Die Auberginenscheiben im Mehl wenden und durch die Ei-Käse-Mischung ziehen.
4. Das Olivenöl in einer Pfanne erhitzen und die Gemüsescheiben bei mittlerer Hitze etwa 3 Minuten auf beiden Seiten anbraten. Dann warm stellen.
5. Für die Tomatensauce die Schalotten schälen und fein würfeln. Das Olivenöl in einer Pfanne erhitzen und die Schalottenwürfel darin glasig dünsten.
6. Die Tomaten über Kreuz einritzen, kurz in kochendes Wasser legen, kalt abschrecken und enthäuten. Das Fruchtfleisch entkernen und in Würfel schneiden. Die Tomaten mit in die Pfanne geben und etwa 5 Minuten einkochen lassen. Das Basilikum hinzufügen und die Sauce mit Salz und Pfeffer würzen.
7. Die gebackenen Auberginenschnitzel auf eine Platte legen und mit der Tomatensauce servieren.

(Foto rechts: oben)

Italienisches Frühlingsgemüse

Für 4 Personen

- 300 g Möhren
- 300 g Staudensellerie
- 300 ml trockener Weißwein
- 8 EL Olivenöl
- Saft von 1 Zitrone
- Salz
- frischgemahlener schwarzer Pfeffer
- 2 Lorbeerblätter
- 1 Rosmarinzweig
- 2 EL feingehacktes Basilikum oder gehackte Petersilie

Zubereitungszeit: ca. 25 Minuten

1. Die Möhren und die Selleriestangen putzen, waschen, eventuell dünn schälen und beides in feine Scheiben schneiden.
2. Den Wein mit dem Öl, dem Zitronensaft, Salz und Pfeffer aufkochen lassen und dann die Lorbeerblätter und den Rosmarinzweig dazugeben. Das Gemüse in den kochenden Sud geben und etwa 10 Minuten bißfest garen. Dann abtropfen lassen.
3. Zum Schluß das Frühlingsgemüse mit dem gehackten Basilikum oder der Petersilie bestreuen.

Tip

Man kann das Gemüse warm als Beilage essen oder es im Sud erkalten lassen. Dann paßt es besonders gut zu gefüllten Weinblättern.

Fenchel in Rotwein und Mark

Für 4 Personen

- 1 kg Fenchel
- 2 EL Olivenöl
- 5 Schalotten
- 300 ml Rotwein
- 100 ml Gemüsebrühe
- 1/2 TL Salz
- schwarzer Pfeffer aus der Mühle
- 50 g Rindermark

Zubereitungszeit: ca. 1 Stunde

1. Den Fenchel putzen, waschen und die Stiele abschneiden. Das Kraut abzupfen, fein hacken und beiseite legen. Die Fenchelstauden halbieren und die Strünke herausschneiden. Dann den Backofen auf 200 Grad vorheizen.
2. Die Schalotten schälen und fein hacken. Das Olivenöl in einem feuerfesten Topf erhitzen und die Schalottenwürfel darin anschwitzen lassen. Mit dem Rotwein ablöschen und die Brühe dazugießen.
3. Den Fenchel hinzugeben und mit Salz und Pfeffer würzen. Alles zugedeckt etwa 1/2 Stunde im Backofen schmoren lassen.
4. Den Fenchel aus dem Topf nehmen und warm stellen. Den Fond auf der Herdplatte um die Hälfte einkochen lassen und vom Herd nehmen. Das Rindermark würfeln und darunterrühren.
5. Die Sauce über den Fenchel geben und das Gemüse mit dem gehackten Fenchelkraut bestreuen.

(Foto rechts: unten)

Dicke Bohnen mit Paprika

Für 4 Personen

- 500 g dicke weiße Bohnen
- 1 TL gehacktes Basilikum
- 1 TL gehacktes Bohnenkraut
- 1 TL gemahlener Kümmel
- etwas gekörnte Brühe
- 1 Bund Suppengemüse
- 150 g durchwachsener Speck
- 2 mittelgroße Zwiebeln
- 1 rote Paprikaschote
- 1 grüne Paprikaschote
- Salz
- Cayennepfeffer
- 125 g saure Sahne

Quellzeit: ca. 12 Stunden
Zubereitungszeit: ca. 1 1/4 Stunden

1. Die weißen Bohnen waschen und über Nacht in 2 Liter kaltem Wasser quellen lassen.
2. Am nächsten Tag die Bohnen mit dem Wasser, dem Basilikum, dem Bohnenkraut, dem Kümmel und etwas gekörnter Brühe in einen Topf geben. Das Suppengemüse putzen, waschen, kleinschneiden und dazugeben.
3. Das Ganze etwa 1 Stunde im geschlossenen Topf kochen lassen, dann die Flüssigkeit abgießen.
4. In der Zwischenzeit den Speck in kleine Würfel schneiden und in einem Topf auslassen. Die Zwiebeln schälen, in kleine Würfel schneiden und im ausgetretenen Fett glasig dünsten.
5. Die Paprikaschoten putzen, waschen und vierteln. Die Kerne und die Häute entfernen und das Fruchtfleisch in feine Streifen schneiden. Die Paprikastreifen zu den Zwiebeln geben und etwa 10 Minuten mitdünsten.
6. Die gekochten Bohnen dazugeben und alles nochmals erhitzen.
7. Das Gemüse mit Salz und Cayennepfeffer abschmecken und die saure Sahne kurz vor dem Servieren auf das Gemüse geben.

Bohnen aus Granada

Für 6 Personen

- 1 kg grüne Bohnen
- Salz
- 80 g Blattspinat
- 1 Zwiebel
- 4 Knoblauchzehen
- 4 Tomaten
- 80 ml Olivenöl
- 1 EL gehackte Petersilie
- 1 TL Butter
- 4 EL Semmelbrösel
- 1 Prise Safran
- weißer Pfeffer
- 2 EL gehacktes Basilikum

Zubereitungszeit: ca. 1/2 Stunde

1. Die Bohnen putzen, waschen und in 3 Zentimeter lange Stücke schneiden. Dann in wenig Salzwasser kochen und mit kaltem Wasser abschrecken.
2. Den Spinat verlesen, waschen, in breite Streifen schneiden und in kochendem Salzwasser kurz blanchieren.
3. Die Zwiebel und die Knoblauchzehen schälen, die Zwiebel fein hacken, den Knoblauch zusammen mit den Tomaten in Scheiben schneiden.
4. Das Öl in einer Pfanne erhitzen und die Zwiebel- sowie die Knoblauchstücke mit den Tomaten darin schmoren. Danach die Bohnen, die Petersilie, den Spinat und, wenn nötig, noch etwas Wasser hinzugeben.
5. Die Butter in einer Pfanne erhitzen und die Semmelbrösel mit dem Safran und etwas Pfeffer darin bräunen. Dann unter das Gemüse mischen.
6. Zum Schluß das gehackte Basilikum daruntermischen und das Gemüse noch etwas köcheln lassen.

Bohnengemüse

Für 4 Personen

- 150 g rote Bohnen
- 150 g weiße Bohnen
- 1 Gemüsebrühwürfel
- 500 g Staudensellerie
- 1 große Zwiebel
- 2 EL Öl
- 2 Tomaten
- 2 TL gerebelter Oregano
- Kräutersalz
- frischgemahlener Pfeffer
- 1–2 EL Zitronensaft
- 2 EL feingehackte Petersilie

Quellzeit: ca. 12 Stunden
Zubereitungszeit: ca. 1 1/4 Stunden

1. Die Bohnen waschen und über Nacht in 1 1/4 Liter Wasser quellen lassen.
2. Am nächsten Tag die Bohnen mit dem Wasser und dem Gemüsebrühwürfel aufkochen und etwa 1 Stunde bei milder Hitze garen. Dann abtropfen lassen.
3. In der Zwischenzeit den Staudensellerie putzen, waschen und in kleine Stücke schneiden.
4. Die Zwiebel schälen und fein würfeln. Das Öl in einem Topf erhitzen und die Zwiebelwürfel darin glasig dünsten. Die Staudenselleriewürfel hinzufügen, kurz mitdünsten und das Gemüse mit etwas Wasser ablöschen.
5. Die Tomaten über Kreuz einritzen, kurz in kochendes Wasser legen, kalt abschrecken und enthäuten. Das Fruchtfleisch entkernen, in Würfel schneiden und mit dem Oregano in den Topf geben. Das Gemüse 10 bis 20 Minuten garen.
6. Die Bohnen zum Selleriegemüse geben, beides miteinander mischen und mit Kräutersalz, Pfeffer und dem Zitronensaft abschmecken.
7. Das Gemüse vor dem Servieren mit der feingehackten Petersilie bestreuen.

Grüne Bohnen mit Rahm

Für 4 Personen

700 g grüne Bohnen
Salz
1 EL Olivenöl
150 g durchwachsener Speck
2 Schalotten
geriebene Muskatnuß
schwarzer Pfeffer aus der Mühle
2 TL frische Bohnenkrautblättchen
200 g Crème fraîche

Zubereitungszeit: ca. 3/4 Stunden

1. Die Bohnen putzen, waschen und in kochendem Salzwasser kurz blanchieren.
2. Die Bohnen herausnehmen, kalt abschrecken und abtropfen lassen. Den Backofen auf 200 Grad vorheizen.
3. Das Olivenöl in einem Topf erhitzen. Den Speck in Streifen schneiden und darin anschwitzen lassen. Die Schalotten schälen, fein hacken, dazugeben und glasig dünsten.
4. Dann die Bohnen hinzugeben und das Gemüse mit Salz, Muskat und Pfeffer würzen. Alles kräftig abschmecken.
5. Das Bohnenkraut und die Crème fraîche unter das Gemüse rühren, alles aufkochen lassen und etwa 1/4 Stunde zugedeckt in den Backofen stellen.

(Foto oben)

Geschmorter Lauch mit Speck

Für 4 Personen

700 g Lauch
16 dünne Speckscheiben
1 EL Butter zum Fetten der Form
2 Schalotten
100 ml Gemüsebrühe
1 Msp. Salz
schwarzer Pfeffer aus der Mühle
geriebene Muskatnuß

Zubereitungszeit: ca. 3/4 Stunden

1. Den Backofen auf 200 Grad vorheizen. Die Lauchstangen putzen, waschen und in 16 große Stücke schneiden. Mit den Speckscheiben umwickeln.
2. Eine Auflaufform mit der Butter einfetten. Die Schalotten schälen, fein hacken und hineinstreuen.
3. Den Lauch in die Backform legen, die Brühe dazugießen und das Gemüse mit Salz, Pfeffer und Muskat kräftig würzen.
4. Den Lauch zugedeckt ungefähr 1/2 Stunde im Backofen schmoren lassen.

(Foto oben)

Tip

Das Gemüse paßt gut zu kurzgebratenem Fleisch mit Bratkartoffeln.

Überbackener Fenchel

Für 4 Personen

4 Fenchelknollen (ca. 800 g)
1 Zwiebel
1 Knoblauchzehe
3 EL Öl
1 kleine Möhre
1 kleines Stück Knollensellerie
1 dünne Stange Lauch
500 g Tomaten
Paprikapulver edelsüß
frischgemahlener Pfeffer
Kräutersalz
1 Lorbeerblatt
Öl zum Fetten der Form
200 g Mozzarella oder milder Gouda (16 Scheiben)
50 g Sonnenblumenkerne

Zubereitungszeit: ca. 1 1/4 Stunden

1. Die Fenchelknollen putzen und waschen. Das Fenchelgrün feinhacken und beiseite legen. Die Knollen vierteln und die Strünke herausschneiden. Den Backofen auf 200 Grad vorheizen.
2. Die Zwiebel und die Knoblauchzehe schälen und beides in feine Würfel schneiden. Das Öl in einem Topf erhitzen und die Zwiebel- sowie die Knoblauchwürfel darin glasig dünsten.
3. Die Möhren, den Sellerie und den Lauch putzen und waschen. Den Lauch in Scheiben, den Rest in Würfel schneiden. Das Gemüse mit in den Topf geben.
4. Die Tomaten über Kreuz einritzen, kurz in kochendes Wasser legen, kalt abschrecken und enthäuten. Das Fruchtfleisch grob würfeln und zusammen mit den Gewürzen, dem Kräutersalz und dem Lorbeerblatt in den Topf geben.
5. Das Gemüse kurz aufkochen lassen, dann die Fenchelviertel dazugeben und alles bei mittlerer Hitze 20 bis 30 Minuten köcheln lassen. Während dieser Zeit den Fenchel einmal wenden.
6. Eine große Auflaufform mit dem Öl einfetten, das Gemüse hineingeben. Jedes Fenchelviertel mit einer Scheibe Mozzarella oder Gouda belegen, mit etwas Pfeffer bestreuen und auf der mittleren Schiene im Backofen etwa 10 Minuten überbacken.
7. In der Zwischenzeit die Sonnenblumenkerne in einer trockenen Pfanne rösten, bis sie zu duften beginnen, und vor dem Servieren zusammen mit dem feingehackten Fenchelgrün über den Fenchel streuen.
(Foto Seite 214: rechts)

Gedünstetes Gemüse in Haselnußsauce

Für 4 Personen

Für das Gemüse
350 g Kohlrabi
400 g Möhren
1/2 l Gemüsefond
Kräutersalz
Pfeffer
geriebene Muskatnuß

Für die Haselnußsauce
1 EL Mehl
50 g gemahlene Haselnüsse
etwas Gemüsebrühe zum Auffüllen
1 EL Butter
1 EL Hefeflocken
etwas feingehackte Petersilie

Zubereitungszeit: ca. 1 Stunde

1. Die Kohlrabiknollen und die Möhren schälen, waschen und in mundgerechte Stücke schneiden.
2. Die Gemüsebrühe zum Kochen bringen und das Gemüse darin 20 bis 30 Minuten garen.
3. Das Kochwasser abschütten und auffangen. Das Gemüse mit den Gewürzen abschmecken und warm stellen.
4. Für die Sauce das Mehl mit den Haselnüssen in einer trockenen Pfanne ohne Fett rösten, bis die Nüsse leicht braun sind.
5. Das aufgefangene Gemüsewasser mit etwas Gemüsebrühe auf 1/2 Liter auffüllen, mit dem Mehl und den Nüssen verrühren und alles nochmals aufkochen lassen, bis die Sauce bindet. Dann den Topf vom Herd nehmen.
6. Die Butter unter die Sauce ziehen und die Hefeflocken darunterrühren. Die Sauce nicht mehr kochen lassen.
7. Die Gemüsestücke in die Sauce geben und alles mit der gehackten Petersilie bestreuen.
(Foto oben)

Chicoréeragout

Für 4 Personen

500 g Chicorée
500 g Tomaten
300 g frische Champignons
2 EL Butter
1/2 Gemüsebrühwürfel
Kräutersalz
frischgemahlener Pfeffer
Currypulver
Soja-Pilz-Sauce (aus dem Reformhaus)
200 g Sahne
eventuell 1 Eigelb

Zubereitungszeit: ca. 40 Minuten

1. Den Chicorée putzen, waschen, halbieren und die Strünke keilförmig herausschneiden. Den Chicorée in etwa 2 Zentimeter dicke Streifen schneiden.
2. Die Tomaten waschen und in Scheiben schneiden. Die Champignons putzen und mit einem feuchten Tuch abreiben. Sehr große Pilze in Scheiben schneiden oder nur halbieren.
3. Die Butter in einem Topf erhitzen, die Chicoréestreifen darin andünsten und die Tomaten, die Pilze und den zerbröselten Gemüsebrühwürfel dazugeben.
4. Das Gemüse 5 bis 10 Minuten bei milder Hitze garen, dann das Ragout mit dem Kräutersalz, den Gewürzen und etwas Soja-Pilz-Sauce abschmecken.
5. Zuletzt die Sahne darunterziehen. Sie können die Sahne auch steif schlagen, das Eigelb darunterheben und das Gemüse damit legieren.

(Foto oben: links)

Tip

Reichen Sie das Chicoréeragout zu Getreidebratlingen oder zu einem Risotto (Rezept Seite 198).

Chicorée »Bauernart«

Für 4 Personen

8 Stauden Chicorée (ca. 1 kg)
1 Msp. Salz
geriebene Muskatnuß
schwarzer Pfeffer aus der Mühle
4 Scheiben gekochter
Schinken à 40 g
8 Scheiben Emmentaler à 30 g
1 EL Butter zum Fetten der Form
2 Schalotten
100 ml Gemüsebrühe
4 EL Sahne

Zubereitungszeit: ca. 3/4 Stunden

1. Den Backofen auf 200 Grad vorheizen. Die Chicoréestauden putzen, waschen und die Strünke keilförmig herausschneiden. Die Stauden mit wenig Salz, Muskat und Pfeffer würzen.
2. Die Schinkenscheiben halbieren und den Chicorée darin einrollen. Anschließend die Käsescheiben locker um den Schinken wickeln.

3. Eine große Auflaufform mit der Butter einfetten und die Chicoréestauden hineinlegen.
4. Die Schalotten schälen, fein würfeln und dazugeben. Die Brühe dazugießen und die Sahne darübergeben.
5. Den Chicorée etwa 1/2 Stunde im Backofen garen.
(Foto rechts: links)

Tip

Wenn Sie den Bittergeschmack des Chicorées nicht so mögen, streuen Sie 1 Prise Zucker über die Stauden.

Tomaten »Provenzalische Art«

Für 4 Personen

8 Tomaten
6 Scheiben altbackenes Toastbrot
2 Knoblauchzehen
4 EL gehackte Kräuter (Thymian, Basilikum, Salbei, Oregano, Kerbel)
4 EL Butter
1/2 TL Salz
schwarzer Pfeffer aus der Mühle

Zubereitungszeit: ca. 20 Minuten

1. Den Backofen auf Oberhitze vorheizen. Die Tomaten über Kreuz einritzen, kurz in kochendes Wasser legen, kalt abschrecken, enthäuten und halbieren. Von den Toastbrotscheiben die Rinde abschneiden und das Toastbrot fein reiben.
2. Die Knoblauchzehen schälen und fein hacken. Die Kräuter und den Knoblauch mit den Toastbrotbröseln mischen.
3. Die Butter in einem Topf erhitzen, zu der Toastbrotmischung geben und alles mischen.
4. Die Tomaten mit den Schnittseiten nach oben auf ein Backblech legen und mit Salz und Pfeffer würzen.
5. Die Toastbrotmischung auf die Tomatenhälften verteilen und die Tomaten im Backofen 5 Minuten gratinieren.
(Foto rechts: rechts)

Kohlrabigemüse in Sahne

Für 4 Personen

4 Kohlrabiknollen (ca. 600 g)
Salz
1 Zwiebel
200 g Sahne
1 Eigelb
1 EL Butter
weißer Pfeffer
geriebene Muskatnuß
2 EL feingehackte Petersilie

Zubereitungszeit: ca. 25 Minuten

1. Die Kohlrabiknollen schälen und in 1/2 Zentimeter dicke Streifen schneiden. Diese in kochendem Salzwasser blanchieren, kalt abschrecken und in einem Sieb abtropfen lassen.
2. Die Zwiebel schälen und fein würfeln. Die Hälfte der Sahne steif schlagen und das Eigelb vorsichtig darunterziehen.
3. Die Butter in einem Topf erhitzen und die Kohlrabistreifen sowie die Zwiebelwürfel darin erwärmen. Die restliche Sahne zu dem Gemüse geben und alles aufkochen lassen.
4. Das Gemüse mit den Gewürzen abschmecken, die Sahne-Eigelb-Mischung und die gehackte Petersilie dazugeben und das Gemüse nochmals kurz aufkochen lassen.

Variation

Für ein Hauptgericht kochen Sie das Gemüse wie oben angegeben, und reichen Sie dazu gekochte Hackfleischbällchen, die Sie in der Sauce erwärmen. Dazu passen Petersilienkartöffelchen.

Gefüllte Zucchini

Für 4 Personen

2 große Zucchini (ca. 1 kg)
500 g Lauch
2 Knoblauchzehen
50 g Butter
125 ml Gemüsebrühe
Currypulver
geriebene Muskatnuß
Kräutersalz
frischgemahlener Pfeffer
50 g Sonnenblumenkerne
150 g Schafskäse
100 g Sahne

Zubereitungszeit: ca. 1 Stunde

1. Die Zucchini putzen, waschen und in etwa 4 Zentimeter dicke Scheiben schneiden. Das Fruchtfleisch innen bis auf einen schmalen Rand und den Boden herauslösen und würfeln.
2. Den Lauch putzen, waschen und in feine Ringe schneiden. Die Knoblauchzehen schälen und fein hacken.
3. Die Butter in einem Topf erhitzen und den Lauch sowie den Knoblauch darin andünsten. Mit der Gemüsebrühe ablöschen und etwa 10 Minuten bei milder Hitze garen. Danach das Gemüse mit Curry, Muskat, Kräutersalz und Pfeffer pikant abschmecken.
4. Das gewürfelte Zucchinifleisch, die Sonnenblumenkerne und den zerbröckelten Schafskäse mit den Lauchringen mischen und die Sahne darunterziehen.
5. Die ausgehöhlten Zucchinischeiben leicht salzen und pfeffern, die Gemüsemasse hineinfüllen und die Zucchini in eine feuerfeste Form setzen. Auf die unterste Schiene in den kalten Backofen stellen und bei 200 Grad etwa 1/2 Stunde backen.

Gurken-Tomaten-Gemüse

Für 4 Personen

2 Zwiebeln
4 kleine Gemüsegurken
4 Tomaten
2 EL Olivenöl
Kräutersalz
frischgemahlener Pfeffer
1 EL Hefeflocken
1 EL feingehackter Dill

Zubereitungszeit: ca. 1/2 Stunde

1. Die Zwiebeln schälen und fein würfeln. Die Gurken und die Tomaten waschen, die Stielansätze der Tomaten entfernen und das Gemüse würfeln.
2. Das Öl in einem Topf erhitzen und die Zwiebelwürfel darin andünsten. Die Gurkenstücke dazugeben und 5 bis 10 Minuten bei milder Hitze bißfest dünsten.
3. Die Tomatenwürfel kurz vor Ende der Garzeit dazugeben. Das Gemüse mit Kräutersalz, Pfeffer, den Hefeflocken und dem feingehackten Dill abschmecken.

Zucchiniragout mit Champignons

Für 4 Personen

4 mittelgroße Zucchini
1 Zwiebel
2 Knoblauchzehen
250 g frische Champignons
Saft von 1/2 Zitrone
8 Tomaten
2 EL Olivenöl
80 ml Weißwein
100 g Sahne
Salz
frischgemahlener weißer Pfeffer
Cayennepfeffer
2 EL gehacktes Basilikum

Zubereitungszeit: ca. 40 Minuten

1. Die Zucchini waschen, trockentupfen, halbieren und in Würfel schneiden. Die Zwiebel und die Knoblauchzehen schälen und beides fein hacken.
2. Die Champignons putzen, mit einem feuchten Tuch abreiben und je nach Größe halbieren. Dann mit etwas Zitronensaft beträufeln.
3. Die Tomaten waschen, die grünen Stielansätze entfernen und die Tomaten in kleine Würfel schneiden.
4. Das Olivenöl in einem Topf erhitzen und die Zwiebel- sowie die Knoblauchwürfel darin glasig dünsten. Die Zucchini dazugeben und kurz mitschwitzen lassen. Zum Schluß die Champignons und die Tomaten dazugeben.
5. Den Weißwein und die Sahne zum Gemüse geben und alles mit Salz, Pfeffer und ganz wenig Cayennepfeffer abschmecken.
6. Das Gemüse bei milder Hitze etwa 5 Minuten bißfest kochen. Dann nochmals abschmecken und mit dem feingehackten Basilikum bestreuen.

Tofugemüse

Für 6 Personen

500 g Möhren
2 grüne Paprikaschoten
2 rote Paprikaschoten
4 EL Öl
3 Schalotten
500 g Tofu
Kräutersalz
Pfeffer
2 EL feingehackte Petersilie
1 EL gehacktes Basilikum

Zubereitungszeit: ca. 35 Minuten

1. Die Möhren putzen, waschen und in Scheiben schneiden. Die Paprikaschoten putzen, waschen und vierteln. Die Kerne und die Häute entfernen und das Fruchtfleisch in Streifen schneiden.
2. Die Hälfte des Öls in einer Pfanne erhitzen und das Gemüse 10 bis

15 Minuten darin andünsten. Mit etwas Wasser ablöschen.
3. Die Schalotten schälen und in feine Würfel schneiden. Den Tofu ebenfalls würfeln und zusammen mit den Schalotten würfeln und in dem restlichen Öl in einer zweiten Pfanne anbraten.
4. Das gedünstete Gemüse mit den Tofu- und den Schalottenwürfeln mischen und mit Kräutersalz und Pfeffer abschmecken. Mit den feingehackten Kräutern bestreuen.

Variation

Ersetzen Sie die Möhren durch Auberginen oder Zucchini. Im Handel bekommt man auch geräucherten Tofu. So schmeckt das Gemüse noch aromatischer.

Sellerie-Cordon-bleu

Für 4 Personen

2 mittelgroße Sellerieknollen
150 ml Weißwein
1/4 l Gemüsebrühe
Saft von 2 Zitronen
Salz
Pfeffer
100 g gekochter Schinken in Scheiben
100 g Gouda in Scheiben
Mehl zum Wenden
2 Eier
Semmelbrösel zum Wenden
3 EL Öl

Zubereitungszeit: ca. 40 Minuten

1. Die Sellerieknollen schälen, waschen und in dünne Scheiben schneiden. Den Weißwein mit der Gemüsebrühe und der Hälfte des Zitronensafts zum Kochen bringen und die Selleriescheiben darin blanchieren.
2. Den Sellerie herausnehmen, salzen, pfeffern und die Hälfte der Scheiben mit dem Schinken und dem Gouda belegen. Die restlichen Scheiben darauf legen und mit Zahnstochern feststecken.
3. Anschließend die Selleriescheiben zunächst im Mehl, dann in den verquirlten Eigelben und zuletzt in den Semmelbröseln wenden.
4. Das Öl in einer Pfanne erhitzen und die Cordon-bleu-Scheiben darin goldgelb braten. Zuletzt mit dem restlichen Zitronensaft beträufeln.
(Foto oben)

Blumenkohlgemüse

Für 4 Personen

1 kleiner Blumenkohl (ca. 600 g)
150 ml leicht gesalzene
Gemüsebrühe
6 EL Crème fraîche
Salz
1 EL feingehackter Dill

Zubereitungszeit: ca. 1/2 Stunde

1. Den Blumenkohl putzen, in Röschen zerteilen und gründlich waschen. Dann in der Gemüsebrühe bißfest garen, herausnehmen und die Röschen abtropfen lassen. Das Gemüse warm stellen.
2. Die Brühe mit der Crème fraîche verfeinern und die Sauce sämig einkochen lassen, eventuell etwas nachsalzen.
3. Die Sauce über die Blumenkohlröschen geben und das Gemüse mit dem feingehackten Dill bestreuen. (Foto links oben)

Brokkoligemüse mit Pinienkernen

Für 4 Personen

600 g Brokkoli
1 Zwiebel
1 Knoblauchzehe
3 EL Butter
3 EL Pinienkerne oder andere Nüsse
200 ml leicht gesalzene
Gemüsebrühe
Saft von 1 Zitrone
Salz
frischgemahlener Pfeffer

Zubereitungszeit: ca. 1/2 Stunde

1. Die Brokkoli putzen, in Röschen zerteilen und waschen. Die Stengel abschneiden, schälen und kreuzweise einschneiden.
2. Die Zwiebel und die Knoblauchzehe schälen. Die Zwiebel fein würfeln, den Knoblauch zerdrücken.
3. Die Butter in einem Topf erhitzen und die Zwiebelwürfel zusam-

men mit dem Knoblauch darin anschwitzen lassen.
4. Die Brokkoliröschen und -stengel hinzugeben, die Gemüsebrühe dazugießen und das Gemüse 5 bis 10 Minuten bißfest dünsten. Dann das Gemüse herausnehmen und warm stellen.
5. Die Pinienkerne trocken in einer Pfanne goldbraun rösten.
6. Die Gemüsebrühe auf die halbe Menge einkochen lassen und mit dem Zitronensaft, Salz und Pfeffer abschmecken. Die Brokkoli mit den gerösteten Pinienkernen bestreuen und mit etwas Gemüsebrühe servieren.
(Foto links unten)

Lauch-Chinakohl-Gemüse

Für 4 Personen

- 2 Stangen Lauch
- 1 Kopf Chinakohl
- 1 Zwiebel
- 1 EL Sonnenblumenöl
- Salz, weißer Pfeffer
- 1 Prise Currypulver
- 125 ml Gemüsebrühe
- 1 Stück Ingwerwurzel
- 1 TL gehackte Zitronenmelisse
- 1 TL gehackte Petersilie
- 1 EL Pinienkerne

Zubereitungszeit: ca. 25 Minuten

1. Den Lauch putzen, halbieren, gut waschen und in etwa 3 Zentimeter große Rauten schneiden.
2. Den Chinakohl putzen, waschen und halbieren. Den Strunk keilförmig herausschneiden und die Hälften nochmals der Länge nach teilen. Die Blätter ebenfalls in Rauten schneiden.
3. Die Zwiebel schälen und würfeln. Das Öl in einem Topf erhitzen und die Zwiebelwürfel darin glasig dünsten.
4. Die Lauch- und die Chinakohlrauten dazugeben und alles gut andünsten. Mit etwas Salz, Pfeffer und Curry abschmecken.
5. Die Gemüsebrühe dazugießen und das Gemüse bißfest garen.
6. Zuletzt etwas frischen Ingwer hineinreiben und die Zitronenmelisse und die Petersilie darunterziehen.
7. Die Pinienkerne ohne Fettzugabe in einer Pfanne rösten, bis sie anfangen zu duften, dann über das Gemüse geben.

Kürbisgemüse

Für 4 Personen

- 600 g Kürbis
- 1 kleine Zwiebel
- 1 Knoblauchzehe
- 2 EL Olivenöl
- 1–2 EL Gemüsebrühe
- etwas Zitronensaft
- Salz
- etwas frischgeriebener Ingwer

Zubereitungszeit: ca. 1/2 Stunde

1. Den Kürbis schälen. Nun die Kerne herausschaben, den holzigen Strunk entfernen und das Kürbisfleisch in kleine Würfel schneiden.
2. Die Zwiebel und die Knoblauchzehe schälen und beides fein hacken.
3. Das Olivenöl in einem Topf erhitzen und die Zwiebelwürfel mit dem Knoblauch darin goldgelb dünsten. Das Kürbisfleisch und die Gemüsebrühe dazugeben und alles zugedeckt etwa 10 Minuten bißfest garen.
4. Das Gemüse mit etwas Zitronensaft, Salz und frisch geriebenem Ingwer würzen.
(Foto oben)

Salate

Knackigfrisch, fein, international oder deftig-sättigend, die Salatküche hält für jeden Geschmack etwas bereit. Von einfach bis extravagant präsentiert sich hier eine Schlemmerreise durchs bunte Salateland, wobei die vorgestellten Salate nicht nur eine Nebenrolle spielen, sondern auch als glänzende Hauptdarsteller auf dem Partybüfett ihren Platz finden.

Radicchiosalat

Für 4 Personen

Für den Salat

- 1 großer Kopf Radicchio (ca. 200 g)
- 250 g Äpfel
- 2 EL gehackter Schnittlauch
- 2 EL grobgehackte Walnüsse

Für die Sauce

- 6 EL Öl
- 2 EL Sahne
- Saft von 1 Zitrone
- Kräutersalz
- Pfeffer

Zubereitungszeit: ca. 20 Minuten

1. Den Radicchio putzen, den Strunk herausschneiden, die Blätter waschen und gut abtropfen lassen. Dann die Blätter in mundgerechte Stücke zupfen.
2. Die Äpfel waschen, eventuell schälen und halbieren. Die Kerngehäuse entfernen und das Fruchtfleisch in Würfel schneiden. Die Äpfel mit den Radicchioblättern mischen.
3. Für die Sauce das Öl mit der Sahne und dem Zitronensaft gut verrühren und mit Kräutersalz und Pfeffer abschmecken.
4. Die Sauce unter die Salatzutaten ziehen und den Salat mit den grobgehackten Walnüssen bestreuen. (Foto oben)

Rotkohlsalat

Für 4 Personen

Für den Salat

- 35 g Rotkohl
- etwas Kräutersalz
- 250 g Äpfel
- 2 EL gehackte Walnüsse

Für die Sauce

- 150 g saure Sahne
- 2 EL Honig
- oder Sanddornsirup
- 2 EL Obstessig
- 3 EL Sonnenblumenöl
- ½ TL Ingwerpulver

Zubereitungszeit: ca. 25 Minuten

1. Den Rotkohl putzen, waschen, den Strunk herausschneiden und den Kohl in sehr feine Streifen hobeln. Die Blätter mit etwas Kräutersalz bestreuen und mit dem Kartoffelstampfer sanft stampfen, damit der Kohl weicher wird.
2. Die Äpfel waschen, eventuell halbieren. Die Kerngehäuse entfernen und das Fruchtfleisch in Würfel oder in hauchdünne Scheiben schneiden.
3. Für die Sauce die saure Sahne mit dem Honig oder dem Sanddornsirup, dem Essig, dem Öl und dem Ingwer verrühren.
4. Die Sauce zusammen mit den Äpfeln unter den Rotkohl mischen.
5. Den Salat mit den grobgehackten Walnüssen bestreut servieren.

Salat nach Winzer Art

Für 4 Personen

Für den Salat

- 2 Kopfsalat
- 100 g magerer Speck
- 2 EL Butter
- 2–3 Scheiben Toastbrot

Für die Sauce

- 1 Schalotte
- 150 ml Rotwein
- 4 EL Rotweinessig
- 1 Eigelb
- 1 TL Senf
- ½ TL Salz
- schwarzer Pfeffer aus der Mühle
- 80 ml Traubenkernöl
- 200 g Weintrauben

Zubereitungszeit: ca. 40 Minuten

1. Von den Salatköpfen die äußeren Blätter entfernen. Die Köpfe vierteln, waschen, abtropfen lassen und auf eine Platte legen.
2. Für die Sauce die Schalotten schälen und fein hacken. Mit dem Rotwein und dem Essig zusammen aufkochen und auf die halbe Flüssigkeitsmenge einkochen lassen. Anschließend den Sud abkühlen lassen.

3. Das Eigelb, den Senf und die Gewürze dazugeben und alles gut verschlagen, bis eine schaumige Masse entsteht. Dann das Öl langsam dazugeben und alles zu einer cremigen Sauce aufschlagen.
4. Die Trauben waschen, abtropfen lassen, halbieren, entkernen und in das Dressing geben.
5. Den Speck würfeln und in einer Pfanne auslassen. Dann aus der Pfanne nehmen und die Butter darin erhitzen. Das Toastbrot würfeln und in dem Fett hellbraun rösten.
6. Das Dressing über die Kopfsalatherzen gießen und den Speck und die Croûtons darüber verteilen.

Bunter Frühlingssalat

Für 4 Personen

Für den Salat
100 g Blattspinat
100 g Feld- oder Friséesalat
einige Mangoldblättchen
einige Löwenzahnblätter
1 Bund Radieschen

Für die Sauce
1 Zwiebel
1 Knoblauchzehe
2 EL gehackter Schnittlauch
2 EL Zitronensaft
5 EL Sonnenblumenöl
Kräutersalz
frischgemahlener Pfeffer

Zubereitungszeit: ca. 20 Minuten

1. Die verschiedenen Salatblätter verlesen, waschen und gut abtropfen lassen. Die Mangoldblätter eventuell grob zerschneiden, große Löwenzahnblätter in schmale Streifen schneiden.
2. Die Radieschen putzen, waschen und in Scheiben schneiden.
3. Für die Sauce die Zwiebel und die Knoblauchzehe schälen und in feine Würfel schneiden. Beides mit dem Schnittlauch, dem Zitronensaft und dem Öl zu einer Sauce verrühren und mit Kräutersalz und Pfeffer abschmecken.
4. Die verschiedenen Salatblätter mit den Radieschenscheiben in einer Schüssel mischen und die Salatsauce darunterziehen. Den Salat sofort servieren.
(Foto oben)

Salat „mit Pfiff"

Für 4 Personen

Für den Salat
1 gelbe Paprikaschote
1 grüne Paprikaschote
3 hartgekochte Eier
1 große Zwiebel
1 Kopfsalat
350 g frischer Spargel

Für die Sauce
3 EL Estragonessig
Salz, schwarzer Pfeffer
4 EL Öl
2 EL Cognac

Zubereitungszeit: ca. 3/4 Stunden

1. Die Paprikaschoten putzen und waschen. Die Kerne und die Häute entfernen und das Fruchtfleisch in dünne Ringe schneiden.
2. Die Eier und die Zwiebel schälen. Die Eier in Scheiben und die Zwiebel in dünne Ringe oder in Streifen schneiden.
3. Den Kopfsalat gut verlesen, waschen und anschließend in einem Sieb abtropfen lassen.
4. Den frischen Spargel von oben nach unten schälen, die holzigen Enden abschneiden und den Spargel bei milder Hitze 10 bis 20 Minuten in Salzwasser bißfest garen.
5. Den Spargel in einem Sieb abtropfen lassen, in 4 Zentimeter lange Stücke schneiden und mit den anderen Salatzutaten in eine Schüssel geben.
6. Für die Sauce den Estragonessig mit Salz und Pfeffer, dem Öl und dem Cognac verrühren und die Sauce über die Salatzutaten gießen.
7. Den Salat vorsichtig mischen und anschließend kurz durchziehen lassen.

Linsensalat

Für 6–8 Personen

Für den Salat

300 g Linsen
1 Bund Suppengrün
300 g festkochende Kartoffeln
200 g Möhren
1 Stange Lauch
2 kleine Zwiebeln
6 EL gehackter Schnittlauch
5 Scheiben Grahambrot
4 EL Butter

Für die Sauce

6 EL Rotweinessig
1 TL scharfer Senf
1 TL Salz
schwarzer Pfeffer aus der Mühle
8 EL Öl

Quellzeit: ca. 12 Stunden
Zubereitungszeit: ca. 1 Stunde
Zeit zum Durchziehen: ca. 1/2 Stunde

1. Die Linsen über Nacht in Wasser quellen lassen. Am nächsten Tag das Suppengrün putzen und waschen. Die Linsen mit dem Suppengrün im Einweichwasser 1/2 bis eine 3/4 Stunde weich kochen. Dann das Wasser abgießen und die Linsen in eine Schüssel geben. Das Suppengrün können Sie nicht weiterverwenden.
2. Die Kartoffeln mit der Schale etwa 20 Minuten gar kochen, noch warm schälen, in winzige Würfel schneiden und unter die Linsen heben.
3. Die Möhren schälen und in winzige Würfel schneiden. Den Lauch putzen, längs halbieren, gründlich waschen und quer in feine Streifen schneiden.
4. Das Gemüse etwa 2 Minuten in kochendem Salzwasser blanchieren, kalt abschrecken und gut abtropfen lassen.
5. Die Zwiebeln schälen und fein hacken. Die Zwiebelwürfel mit dem Schnittlauch und dem Gemüse zu den Linsen geben.
6. Für die Sauce den Essig mit dem Senf, Salz und etwas Pfeffer verrühren, bis sich das Salz ganz aufgelöst hat. Dann das Öl unter Rühren langsam dazugeben und die Sauce mit dem Schneebesen schön cremig schlagen.
7. Die Sauce über den Linsensalat gießen, alles mischen und 1/2 Stunde durchziehen lassen. Dann den Salat nochmals abschmecken, da die Linsen sehr viel Sauce aufsaugen können.
8. Das Grahambrot entrinden und würfeln. Die Butter in einer Pfanne erhitzen und die Brotwürfel darin knusprig braten. Die Brotwürfel unter den Salat mischen.

Blumenkohlsalat mit Currysauce

Für 4 Personen

Für den Salat

1 Blumenkohl (ca. 750 g)
Salz
1 TL Zucker
5 Pfefferkörner
1 kleine rote Paprikaschote
3 EL grobgehackte Haselnüsse
einige Koriander- oder Kerbelblättchen
2 Frühlingszwiebeln

Für die Sauce

100 g Mayonnaise
2 EL Sahne
1 EL Zitronensaft
1 EL Currypulver
gemahlener Koriander, Salz

Zubereitungszeit: ca. 3/4 Stunden

1. Den Blumenkohl putzen, in Röschen zerteilen und gründlich waschen. Dann den Kohl gut abtropfen lassen.
2. Etwa 1 Liter Wasser mit etwas Salz, dem Zucker und den Pfefferkörnern zum Kochen bringen. Die Blumenkohlröschen hineinlegen und in 10 Minuten bißfest garen.
3. Die Paprikaschote putzen, waschen und halbieren. Die Kerne und die Häute entfernen und das Fruchtfleisch in hauchdünne Streifen schneiden.
4. Die Frühlingszwiebeln putzen und waschen. Das Weiße fein hakken und die grünen Teile in dünne Ringe schneiden.
5. Die Blumenkohlröschen mit einem Schaumlöffel aus dem Kochwasser heben und gut abtropfen lassen.
6. Für die Sauce die Mayonnaise mit der Sahne, dem Zitronensaft und dem Curry verrühren und mit dem Koriander und eventuell noch etwas Salz abschmecken.
7. Die Blumenkohlröschen mit den Zwiebeln, den Paprikastreifen und der Sauce vorsichtig mischen. Den Salat mit den Haselnüssen und nach Belieben noch mit Koriander- oder Kerbelblättchen bestreuen.

Rote-Bete-Salat mit Mandeln und Meerrettich

Für 4 Personen

Für den Salat

800 g rote Beten
50 g Meerrettichwurzel
4 EL gehackter Schnittlauch
100 g Mandelstifte

Für die Sauce

4 EL Rotweinessig
4 EL Öl
Salz
schwarzer Pfeffer aus der Mühle

Zubereitungszeit: ca. 1 Stunde

1. Die roten Beten unter fließend kaltem Wasser gut abbürsten und je nach Größe 1/2 bis 1 Stunde in Salzwasser weich kochen. Dann abschrecken, schälen und in feine Scheiben schneiden.
2. Die Meerrettichwurzel schälen und fein reiben. Den Meerrettich mit dem Schnittlauch und den Rote-Bete-Scheiben in eine Schüssel geben.
3. Aus dem Essig, dem Öl, Salz und Pfeffer eine Marinade rühren, diese über den Salat gießen und alles gut mischen.

Salat „Nizza Art“

Für 4 Personen

Für den Salat
1/2 Kopfsalat
200 g gekochte Kartoffeln
200 g gekochte Prinzeßbohnen
oder aus der Dose
100 g schwarze und grüne Oliven
1 EL Kapern
4 Tomaten
2 hartgekochte Eier
200 g Thunfisch naturell aus der Dose
8 Sardellenfilets

Für die Sauce
2 Schalotten
1 EL gehackte Petersilie
1 EL Senf
1/2 TL Salz
schwarzer Pfeffer aus der Mühle
4 EL Sherryessig
80 ml Olivenöl

Zubereitungszeit: ca. 1/2 Stunde

1. Den Kopfsalat putzen, waschen, gut abtropfen lassen und die Blätter in eine Schüssel oder auf eine Platte legen.
2. Für die Sauce die Schalotten schälen und fein hacken. Mit der Petersilie, dem Senf, den Gewürzen und dem Essig in einer Schüssel gut verrühren. Zuletzt das Öl unter ständigem Rühren langsam dazugeben.
3. Die Kartoffeln schälen und in kleine Würfel schneiden, die Bohnen abtropfen lassen. Beides mit den Oliven und den Kapern in die Sauce geben und alles vorsichtig mischen.
4. Die Tomaten über Kreuz einritzen, kurz in kochendes Wasser legen, kalt abschrecken und enthäuten. Dann die Früchte vierteln, entkernen und das Fruchtfleisch in Würfel schneiden. Die Tomatenwürfel mit in die Sauce geben.
5. Die Eier pellen und achteln; den Thunfisch abtropfen lassen und in kleine Stücke zerpflücken.
6. Die Sauce auf den Salatblättern verteilen und den Salat mit den Eiern, dem Thunfisch und den Sardellenfilets garnieren.

(Foto oben)

Fenchelsalat

Für 4 Personen

750 g kleine Fenchelknollen
125 ml trockener Weißwein
Salz
1 TL Zucker
1 EL feingehackte glatte Petersilie
3 EL Weinessig
4 EL Olivenöl
schwarzer Pfeffer aus der Mühle

Zubereitungszeit: ca. 25 Minuten

1. Von den Fenchelknollen die harten Stiele und das Grün abschneiden. Das zarte Grün beiseite legen. Die Fenchelknollen putzen und waschen, dann halbieren und die harten Innenteile herausschneiden.
2. 1/2 Liter Wasser mit dem Wein in einen Topf geben und mit reichlich Salz und dem Zucker würzen. Die Flüssigkeit aufkochen lassen, den Fenchel hineinlegen und zugedeckt bei mittlerer Hitze etwa 1/4 Stunde halbweich garen. Den Fenchel abtropfen und abkühlen lassen.
3. Das Fenchelgrün waschen, trockentupfen und fein hacken.
4. Die halbierten Fenchelknollen längs in je vier Streifen schneiden und diese dekorativ auf einer tiefen Platte anrichten.
5. Den Fenchel mit dem Essig und dem Öl übergießen, mit dem Fenchelgrün und der Petersilie bestreuen und mit reichlich Pfeffer übermahlen.

Tip

Reichen Sie den Salat zu pochiertem oder gebratenem Fisch, zu hellem Bratenfleisch oder zu gegrillten Scampi.

Sauerkrautsalat mit Brokkoli und Paprika

Für 4 Personen

Für den Salat
1 Apfel
2 kleine Zwiebeln
1/2 rote Paprikaschote
200 g Brokkoli
400 g Sauerkraut
1 EL Pinienkerne
1 EL feingehackter Schnittlauch

Für die Sauce
Salz
1 EL Obstessig
4 EL Öl
1 TL frischgeriebener Meerrettich
frischgemahlener weißer Pfeffer

Zubereitungszeit: ca. 25 Minuten

1. Den Apfel schälen und halbieren. Das Kerngehäuse entfernen und das Fruchtfleisch in Streifen schneiden. Die Zwiebeln schälen und in Scheiben schneiden.
2. Die Paprikaschote putzen und waschen. Die Kerne und die Häute entfernen und das Fruchtfleisch in Streifen schneiden. Die Brokkoli putzen, waschen und sehr klein schneiden.
3. Die Zwiebeln, die Paprikastreifen und die Brokkoli in einer Schüssel mischen.
4. Für die Sauce etwas Salz in eine Schüssel geben und mit dem Obstessig so lange verrühren, bis es sich aufgelöst hat. Das Öl, den geriebenen Meerrettich und Pfeffer dazugeben und alles gut verrühren.
5. Die Sauce über die Zutaten in der Schüssel gießen. Das Sauerkraut mit den Apfelstücken mischen und locker unter den Salat heben.
6. Die Pinienkerne in einer Pfanne ohne Fettzugabe rösten und den Salat damit bestreuen. Zuletzt den Schnittlauch darüberstreuen.

Schweizer Zwiebelsalat

Für 4 Personen

10 große Zwiebeln oder
5 Gemüsezwiebeln
1 EL Butter
3 EL Essig
Salz
frischgemahlener schwarzer Pfeffer

Zubereitungszeit: ca. 20 Minuten
Zeit zum Durchziehen: ca. 1/4 Stunde

1. Die Zwiebeln schälen und in dünne Scheiben schneiden.
2. Die Butter in einer Pfanne erhitzen und die Zwiebelringe darin goldgelb rösten, dann abkühlen lassen.
3. Den Essig mit Salz und Pfeffer zu einer Marinade rühren, die Zwiebeln hineingeben und darin etwa 1/4 Stunde zugedeckt durchziehen lassen.

Kohlrabisalat mit Walnüssen und Birnen

Für 4 Personen

Für die Sauce
100 g Kohlrabi
4 EL Milch
Salz
2 EL Crème fraîche
1 Spritzer Tabasco
geriebene Muskatnuß
Zucker
weißer Pfeffer aus der Mühle
4 EL Walnußöl

Für den Salat
4 mittelgroße Kohlrabi à 150 g
2 feste Birnen
100 g Walnußkerne

Zum Garnieren
1 Kopf Radicchio
einige Kerbelblättchen

Zubereitungszeit: ca. 3/4 Stunden

1. Für die Sauce den Kohlrabi schälen, in Stücke schneiden und mit der Milch und etwas Salz zugedeckt etwa 2 Minuten kochen lassen. Das Ganze in einen Mixbecher geben, die Crème fraîche dazugeben, alles mit den Gewürzen abschmecken. Mit dem Pürierstab fein pürieren und das Öl nach und nach dazugeben.
2. Für den Salat die Kohlrabiknollen schälen, waschen und mit einem kleinen Messer aushöhlen. Das herausgelöste Fruchtfleisch in kleine Würfel schneiden und mit Dreiviertel der Sauce übergießen.
3. Die Birnen schälen und vierteln. Die Kerngehäuse entfernen und das Fruchtfleisch in kleine Würfel schneiden. Mit den Kohlrabiwürfeln mischen.
4. Die ausgehöhlten Kohlrabiknollen in 1 Liter kochendem Salzwasser etwa 2 Minuten blanchieren, dann in Eiswasser abschrecken und abtropfen lassen.
5. Einige Walnußkerne grob hakken und zu dem Salat geben.
6. Den Radicchio putzen und den Strunk herausschneiden. Die Blätter in feine Streifen schneiden, waschen und abtropfen lassen.
7. Die Radicchiostreifen durch die restliche Marinade ziehen und auf tiefen Tellern anrichten.
8. Die ausgehöhlten Kohlrabi unten begradigen, damit sie besser stehen, dann auf den Radicchio setzen, mit dem Salat füllen und mit den restlichen Walnußkernen und den Kerbelblättchen garnieren.
(Foto oben)

Algerischer Salat

Für 4 Personen

- 1 kg reifer Kürbis
- etwas Essig
- Zucker
- 2–3 Nelken
- ein Stück Zimtstange
- 4 festkochende Kartoffeln
- 4 Tomaten
- 1 Knoblauchzehe
- 125 g Mayonnaise
- mehrere schöne Blätter Kopfsalat

Zubereitungszeit: ca. 35 Minuten

1. Den Kürbis halbieren, das Kürbisfleisch aus der Schale lösen, eventuell den harten Innenteil entfernen und das Fruchtfleisch in mundgerechte Würfel schneiden.
2. Etwa 2 Liter Wasser mit etwas Essig, Zucker, den Nelken und dem Zimt würzen und die Flüssigkeit aufkochen lassen.
3. Die Kürbiswürfel hinzufügen und etwa 5 Minuten weich kochen. Die Würfel in einem Sieb abtropfen und abkühlen lassen.
4. Die Kartoffeln mit der Schale in etwa 20 Minuten gar kochen, noch warm schälen und in Würfel schneiden.
5. Die Tomaten waschen und ebenfalls würfeln. Die Salatzutaten in einer großen Schüssel vorsichtig mischen.
6. Die Knoblauchzehe schälen und zerdrücken. Die Mayonnaise mit dem Knoblauch abschmecken, über den Salat geben und diesen nochmals kurz mischen.
7. Die Salatblätter waschen und gründlich abtropfen lassen. Eine Salatschüssel damit auslegen und den Kürbissalat in die Mitte geben.

Tip

Falls Sie noch Reste von gebratenem Fleisch übrig haben, können Sie diese mit in den Salat geben.

Zucchinisalat

Für 4 Personen

Für den Salat

- 5 kleine Zucchini
- 3 Fleischtomaten
- 1 grüne Paprikaschote
- 3 Stangen Lauch
- 3 Frühlingszwiebeln

Für die Sauce

- 2 Knoblauchzehen
- 6 EL Olivenöl
- 2 EL Zitronenessig
- Salz
- frischgemahlener weißer Pfeffer

Zubereitungszeit: ca. 25 Minuten

1. Die Zucchini von den Stielansätzen befreien, waschen und mit der Schale in dünne Scheiben schneiden. Bekommen Sie nur dicke ältere Zucchini, halbieren Sie diese längs, und lösen Sie das Kernfleisch heraus. Das Fruchtfleisch schälen und würfeln.
2. Die Fleischtomaten waschen und in Scheiben schneiden. Die Paprikaschote putzen und waschen. Die Kerne und die Häute entfernen und das Fruchtfleisch in dünne Ringe schneiden.
3. Den Lauch putzen, der Länge nach teilen und unter fließendem Wasser waschen. Die Frühlingszwiebeln putzen, waschen und zusammen mit dem Lauch in dünne Ringe schneiden.
4. Den Lauch, die Zwiebeln, die Tomaten, die Paprikaringe und die Zucchini in eine Schüssel geben und mischen.
5. Für die Sauce die Knoblauchzehen schälen und zerdrücken. Das Olivenöl mit dem Zitronenessig und dem Knoblauch verschlagen und mit Salz und Pfeffer würzen.
6. Die Sauce über die Salatzutaten gießen, alles kurz mischen und den Salat sofort servieren.

Griechischer Bauernsalat

Für 4 Personen

Für den Salat

- 500 g Tomaten
- 1 grüne Paprikaschote
- 1 rote Paprikaschote
- 1 kleine Salatgurke
- 1 Bund Frühlingszwiebeln
- 75 g grüne Oliven
- 75 g schwarze Oliven
- 8 Anschovisfilets
- 200 g Schafskäse
- 1 EL gehackter Majoran
- 1 EL gehackter Thymian

Für die Sauce

- 8 EL Olivenöl
- 3 EL Kräuteressig
- 1–2 Knoblauchzehen
- Salz
- schwarzer Pfeffer aus der Mühle

Zubereitungszeit: ca. 1/2 Stunde

1. Die Tomaten waschen und in Achtel schneiden. Die Paprikaschoten putzen, waschen und vierteln. Die Kerne und die Häute entfernen und das Fruchtfleisch in dünne Streifen schneiden.
2. Die Salatgurke sorgfältig waschen und in nicht zu dünne Scheiben schneiden. Die Frühlingszwiebeln putzen, waschen und in dicke Ringe schneiden.
3. Die Oliven kurz abspülen und abtropfen lassen. Die Anschovisfilets unter fließend kaltem Wasser abspülen und mit Küchenpapier trockentupfen. Dann eventuell der Länge nach halbieren.
4. Den Schafskäse in etwa 2 Zentimeter große Würfel schneiden.
5. Alles zusammen mit den Kräutern in einer Schüssel mischen.
6. Für die Sauce das Öl und den Essig miteinander verrühren. Die Knoblauchzehen schälen, zerdrükken und in die Sauce geben.
7. Die Sauce mit Salz abschmecken und über den Salat gießen.
8. Den Salat vorsichtig mischen und mit Pfeffer übermahlen.

(Foto links)

Feldsalat mit heißen Schalotten und gebratenem Speck

Für 4 Personen

Für die Sauce

2 EL Traubenkernöl
3 EL Walnußöl
1 EL Aceto balsamico
(italienischer Weinessig)
1 EL Malzbier
Salz
schwarzer Pfeffer aus der Mühle
10 Walnußkernhälften

Für den Salat

400 g Feldsalat
6 Schalotten
100 g geräucherter Speck
2 TL Zucker
100 ml Malzbier
2 EL Distelöl
1 TL Aceto balsamico
(italienischer Weinessig)
Pfeffer
Salz

Zubereitungszeit: ca. 35 Minuten

1. Für die Sauce das Traubenkernöl mit dem Walnußöl, dem Essig und dem Malzbier gut verrühren und mit Salz und Pfeffer abschmecken. Die Walnußkerne fein hacken und dazugeben.
2. Den Feldsalat verlesen, waschen und in einem Sieb abtropfen lassen.
3. Die Schalotten schälen und fein hacken. Den Speck in hauchdünne Scheiben schneiden.
4. Das Distelöl in einer Pfanne erhitzen und die Schalotten darin goldbraun braten. Den Zucker dazugeben und schmelzen lassen.
5. Das Malzbier und den Essig dazugeben und das Ganze auf ein Fünftel der Flüssigkeitsmenge einkochen lassen. Erst dann pfeffern und salzen.
6. Den Speck in einer Pfanne goldbraun braten und warm stellen.
7. Den Feldsalat in die Sauce geben und vorsichtig darunterheben.
8. Die Schalotten mit etwas Sud auf vier Tellern in der Mitte verteilen, den Feldsalat darübergeben und den heißen Speck darauf legen.

(Foto oben)

Champignonsalat

Für 4 Personen

Für den Salat

150 g frische Champignons
1 EL Zitronensaft
350 g frischer Spargel oder
aus der Dose
2 hartgekochte Eier
1 EL gehackter Schnittlauch

Für die Sauce

2 EL Olivenöl
1 EL Zitronensaft
1 TL gehackter Estragon
Salz

Zubereitungszeit: ca. 1/2 Stunde

1. Die Champignons putzen, mit einem feuchten Tuch abreiben und in dünne Scheiben schneiden. Die Pilze mit dem Zitronensaft gut beträufeln.
2. Den frischen Spargel von oben nach unten schälen, die holzigen Enden abschneiden und den Spargel in reichlich Salzwasser in 10 bis 20 Minuten bißfest kochen. Den Dosenspargel auf einem Sieb abtropfen lassen. Die Stangen in etwa 4 Zentimeter lange, mundgerechte Stücke schneiden.
3. Für die Sauce das Öl mit dem Zitronensaft verrühren und mit dem Estragon und etwas Salz abschmekken. Die Sauce getrennt über die Pilze und den Spargel geben und beides darin kurz marinieren.
4. Die Pilze auf einer Platte in der Mitte zu einem Berg häufen und ringsum den Spargel legen. Die Eier schälen, halbieren, um den Spargel anordnen und das Ganze mit dem Schnittlauch bestreuen.

Feldsalat mit Geflügelleber

Für 4 Personen

Für den Salat
200 g Feldsalat
einige helle Innenblätter
vom Friséesalat
300 g frische Geflügelleber
1 EL Butter
frischgemahlener weißer Pfeffer
Pastetengewürz
Salz
4 cl trockener Sherry
3 EL Sahne

Für die Sauce
2 Schalotten
½ Knoblauchzehe
100 g Crème fraîche
2 EL Oliven- oder Walnußöl
1 EL Sherryessig
Salz, weißer Pfeffer

Zubereitungszeit: ca. ½ Stunde

1. Den Feldsalat und die Friséeblätter verlesen, waschen und in einem Sieb abtropfen lassen.
2. Die Leber unter fließendem Wasser abspülen, mit Küchenpapier abtupfen, von den Sehnen und den Röhren befreien und in kleine Stükke schneiden.
3. Die Butter in einer Pfanne erhitzen und die Leberstücke darin rundherum braun braten. Mit Pfeffer, Pastetengewürz und Salz pikant würzen.
4. Den Sherry und die Sahne hinzufügen und die Sauce cremig einkochen lassen.
5. Inzwischen für die Sauce die Schalotten schälen und fein hakken. Die Knoblauchzehe ebenfalls schälen und zerdrücken.
6. Die Crème fraîche mit dem Öl und dem Sherryessig glattrühren und mit Salz und eventuell etwas Pfeffer würzen. Die Schalotten und den Knoblauch hinzugeben.
7. Die Salatblätter auf vier Portionstellern verteilen und mit der Sauce übergießen. In die Mitte die Geflügelleberwürfel mit ihrer Sauce geben und den Salat sofort servieren.

Feldsalat mit Kartoffeln und Eiern

Für 4 Personen

Für die Sauce
125 ml Kalbsfond
4 Schalotten
Salz
weißer Pfeffer aus der Mühle
2 EL Aceto balsamico
(italienischer Weinessig)
3 EL Walnußöl

Für den Salat
400 g Feldsalat
250 g festkochende Kartoffeln
50 g magerer Speck
1 Zwiebel
2 EL Butter
4 hartgekochte Eier

Zubereitungszeit: ca. ¾ Stunden

1. Für die Sauce den Kalbsfond in einem Topf erhitzen. Die Schalotten schälen, fein würfeln und dazugeben. Alles kurz aufkochen lassen und mit Salz und Pfeffer würzen.
2. Den Essig und das Öl nach und nach dazugeben und das Ganze mit dem Pürierstab pürieren.
3. Den Feldsalat verlesen, die Röschen einzeln vorsichtig waschen und in einem Sieb abtropfen lassen.
4. Die Kartoffeln mit der Schale in etwa 20 Minuten gar kochen. Den Speck in feine Streifen schneiden.
5. Die Zwiebel schälen und in feine Ringe schneiden. Die Butter in einer Pfanne erhitzen und zuerst den Speck und dann die Zwiebelringe darin goldbraun braten.
6. Die Kartoffeln noch heiß schälen, durch die Kartoffelpresse drükken und auf vier mittelgroßen Tellern verteilen. Die Eier pellen und fein würfeln.
7. Den Feldsalat in die Marinade geben und vorsichtig darin wenden. Anschließend die Blätter sofort auf dem Kartoffelpüree anrichten und mit dem Speck, den Eiwürfeln und den Zwiebelringen garnieren.
(Foto oben)

Eichblattsalat mit Kiwis und gebratener Poulardenbrust

Für 4 Personen

Für die Sauce
100 g Johannisbeeren
Zucker
2 EL Traubenkernöl
Salz
rosa Pfeffer aus der Mühle
1 Spritzer Tabasco

Für den Salat
2 mittelgroße Köpfe Eichblattsalat
4 Kiwis
300 g Poulardenbrust
2 EL Walnußöl

Zubereitungszeit: ca. 50 Minuten

1. Für die Sauce die Johannisbeeren von den Rispen abstreifen, waschen, leicht zuckern und etwa 10 Minuten ziehen lassen. Dann durch ein feines Sieb streichen.
2. Das Öl zu dem Johannisbeermus geben und mit Salz, Pfeffer und Tabasco abschmecken.
3. Den Eichblattsalat putzen, die harten Außenblätter entfernen und den Strunk abschneiden. Die Salatblätter sorgfältig waschen und in einem Sieb abtropfen lassen.
4. Die Kiwis schälen und in Scheiben schneiden.
5. Die Poulardenbrust in feine Streifen schneiden. Das Öl in einer Pfanne erhitzen und das Fleisch darin etwa 2 Minuten bräunen lassen. Dann herausnehmen und mit Küchenpapier trockentupfen.
6. Etwa ein Drittel der Johannisbeerenmarinade abnehmen und beiseite stellen.
7. Die Salatblätter vorsichtig durch die restliche Marinade ziehen und auf vier großen Tellern in der Mitte anrichten. Die Poulardenbruststreifen darauflegen, mit der beiseite gestellten Marinade beträufeln und die Salate mit den Kiwischeiben garnieren.

(Foto oben)

Variation

Statt des Eichblattsalats können Sie auch Bataviasalat nehmen. Wenn Sie keine frischen Johannisbeeren haben, verwenden Sie für die Sauce Preiselbeeren aus dem Glas.

Gänsesalat mit Maronen und Äpfeln

Für 4 Personen

Für den Salat

- 400 g gebratenes Gänsefleisch
- 200 g Maronen aus der Dose
- 1 EL Butter
- 1 kleiner Kopf Endiviensalat

Für die Knoblauchsauce

- 2 Knoblauchzehen
- 100 g Mayonnaise
- 4 EL Sahne
- 2 EL Joghurt
- Salz
- 2 große säuerliche Äpfel

Für die Essig-Öl-Marinade

- 3 EL Öl
- 2 EL Zitronensaft
- Zucker
- weißer Pfeffer
- Salz

Zubereitungszeit: ca. 1/2 Stunde

1. Das gebratene Gänsefleisch in mundgerechte Würfel schneiden.
2. Die Maronen abtropfen lassen. Die Butter in einer Pfanne erhitzen und die Maronen darin rundherum leicht anbräunen.
3. Den Endiviensalat verlesen, waschen und in einem Sieb abtropfen lassen.
4. Für die Knoblauchsauce die Knoblauchzehen schälen, zerdrükken und mit der Mayonnaise, der Sahne und dem Joghurt verrühren. Mit Salz würzen.
5. Die Äpfel schälen, die Kerngehäuse entfernen und das Fruchtfleisch grob raffeln. Mit dem Gänsefleisch, den gebräunten Maronen und der Knoblauchsauce vorsichtig mischen.
6. Für die Essig-Öl-Marinade das Öl mit dem Zitronensaft verrühren und mit Zucker, Pfeffer und Salz abschmecken.
7. Die Endivienblätter auf einer großen Platte verteilen und mit der Essig-Öl-Marinade beträufeln. Den Gänsesalat als Häufchen in die Mitte geben.

Hummerkrabbensalat mit Avocado

Für 4 Personen

Für den Salat

- 2 reife Avocados
- etwas Zitronensaft
- 1 reife Mango
- 2 Schalotten
- 100 g Rosinen
- 1 Kopf Friséesalat
- 8 Hummerkrabbenschwänze

Für die Sauce

- 4 EL Weißweinessig
- Salz
- weißer Pfeffer aus der Mühle
- 6 EL Öl

Zubereitungszeit: ca. 40 Minuten

1. Die Avocados schälen, längs halbieren und die Kerne herauslösen. Das Fruchtfleisch rosinengroß würfeln und mit etwas Zitronensaft beträufeln.
2. Die Mango ebenfalls schälen, halbieren, den Kern entfernen und das Fruchtfleisch in kleine Würfelchen schneiden.
3. Die Schalotten schälen, fein hakken und mit den Rosinen, den Avocado- und den Mangowürfeln vorsichtig mischen.
4. Den Salat putzen, gut waschen und in einem Sieb sorgfältig abtropfen lassen.
5. Für die Sauce aus dem Weißweinessig, Salz, Pfeffer und dem Öl mit dem Schneebesen eine cremige Marinade rühren und die Frucht-Salat-Mischung damit übergießen.
6. Die Hummerkrabbenschwänze in kochendem Wasser je nach Größe 6 bis 8 Minuten garen. Dann herausnehmen, das Fleisch aus den Hüllen herauslösen und von den Därmen befreien.
7. Das Hummerkrabbenfleisch in mundgerechte Stücke schneiden und mit dem Salat mischen.

Heringssalat „Kopenhagen"

Für 4 Personen

Für den Salat

- 12 Matjesfilets à 80 g
- 1 kleiner Weißkohl (ca. 750 g)
- 1 EL Salz
- 1 EL Kümmel
- 1 EL Pfefferkörner
- 4 säuerliche Äpfel
- 6 rote Zwiebeln

Für die Sauce

- 250 g saure Sahne
- 250 g Sahne
- 6 EL Rotweinessig
- schwarzer Pfeffer aus der Mühle

Zubereitungszeit (ohne Zeit zum Wässern): ca. 1 Stunde

1. Die Matjesfilets etwa 1 Stunde wässern.
2. Inzwischen den Weißkohl putzen, waschen und dann ganz fein hobeln.
3. In einem großen Topf reichlich Salzwasser zum Kochen bringen. Den Kümmel und die Pfefferkörner in ein Leinensäckchen geben und dieses in den Topf hängen.
4. Den Kohl in das kochende Wasser geben, etwa 3 Minuten kochen lassen, unter kaltem Wasser abschrecken und abtropfen lassen. Dabei den Kohl kräftig ausdrücken.
5. Die Äpfel schälen, vierteln, die Kerngehäuse entfernen und das Fruchtfleisch grob würfeln.
6. Die Zwiebeln schälen und in dünne Ringe schneiden. Die Matjesfilets trockentupfen und quer in etwa 1 Zentimeter breite Streifen schneiden.
7. Für die Sauce die saure Sahne mit der Sahne und dem Essig verrühren und mit reichlich Pfeffer würzen.
8. Den Weißkohl, die Äpfel, die Zwiebeln und die Matjeswürfel mit der Sauce mischen und den Salat kurz durchziehen lassen.

zugedeckt für einige Zeit in den Kühlschrank stellen.
9. Die Oliven halbieren, entsteinen, in Scheiben schneiden und den Salat vor dem Servieren damit garnieren.

Italienischer Salat

Für 4 Personen

Für den Salat
6 festkochende Kartoffeln
4 Möhren
300 g frische grüne Bohnen
8 Sardellenfilets
3 hartgekochte Eier
3 Tomaten
4 EL Erbsen aus der Dose

Für die Sauce
150 g Mayonnaise
Salz, Cayennepfeffer
eventuell 1 EL saure Sahne
1 EL gehackte gemischte Kräuter
5 schwarze Oliven

Zubereitungszeit: ca. 3/4 Stunden

1. Die Kartoffeln mit der Schale in etwa 20 Minuten gar kochen, noch warm schälen und in Würfel schneiden.
2. Die Möhren putzen und waschen. Die frischen Bohnen waschen und die Stielenden sowie die Spitzen abschneiden.
3. Die Möhren und die frischen Bohnen in Salzwasser etwa 25 Minuten bißfest garen. Dann das Gemüse kalt abschrecken und in einem Sieb abtropfen lassen.
4. Die Möhren, die Bohnen und die Sardellenfilets in kleine Stücke schneiden.
5. Die Eier pellen und in Scheiben schneiden. Die Tomaten waschen und ebenfalls in dünne Scheiben schneiden. Die Erbsen abtropfen lassen.
6. Alle Zutaten in einer Schüssel vorsichtig mischen.
7. Für die Sauce die Mayonnaise mit den Gewürzen verrühren, nach Bedarf noch 1 Eßlöffel saure Sahne hinzufügen und die Sauce mit den Kräutern abschmecken.
8. Die Sauce über die vorbereiteten Salatzutaten gießen und den Salat

Möhren-Erbsen-Salat

Für 4 Personen

Für den Salat
400 g Möhren
Salz
300 g geschälte Erbsen
1/2 Bund Frühlingszwiebeln

Für die Sauce
5 EL Weißweinessig
3 EL Crème fraîche
schwarzer Pfeffer aus der Mühle
1 Chilischote
5 EL Öl

Zubereitungszeit: ca. 40 Minuten

1. Die Möhren putzen, waschen und in Scheiben schneiden. Die Möhrenscheiben etwa 2 Minuten in kochendem Salzwasser blanchieren, kalt abschrecken und gut abtropfen lassen.
2. Die Erbsen etwa 6 Minuten in kochendem Salzwasser blanchieren, kalt abschrecken und abtropfen lassen.
3. Die Frühlingszwiebeln putzen, waschen und in feine Ringe schneiden. Mit den Möhrenscheiben und den Erbsen in eine Schüssel geben.
4. Für die Sauce den Weißweinessig mit der Crème fraîche verrühren und mit etwas Salz und Pfeffer abschmecken.
5. Die Chilischote putzen, waschen, fein hacken und in die Sauce geben. Das Öl dazugeben und dabei ständig mit dem Schneebesen schlagen.
6. Die Sauce über den Salat gießen und diesen gut mischen.
(Foto links)

Artischockenherzensalat

Für 4 Personen

Für den Salat
500 g Artischockenherzen
aus dem Glas
Saft von 1 Zitrone
500 g frische Champignons
2 Mandarinen
2 Scheiben gekochter Schinken
3 Tomaten

Für die Sauce
2 EL Mayonnaise
2 EL saure Sahne
Salz
Paprikapulver edelsüß

Zubereitungszeit: ca. 1/2 Stunde

1. Die Artischockenherzen in einem Sieb abtropfen lassen und mit der Hälfte des Zitronensaftes beträufeln.
2. Die frischen Champignons putzen, mit einem feuchten Tuch abreiben, in Viertel schneiden und mit dem restlichen Zitronensaft beträufeln.
3. Die Mandarinen sorgfältig schälen und in kleine Segmente zerteilen, größere noch halbieren. Den gekochten Schinken in kleine Würfel schneiden.
4. Die Tomaten über Kreuz einritzen, in kochendes Wasser legen, kalt abschrecken, enthäuten und vierteln. Das Fruchtfleisch entkernen und dann in große Würfel schneiden.
5. Für die Sauce die Mayonnaise mit der sauren Sahne verrühren und mit Salz und Paprikapulver abschmecken.
6. Die vorbereiteten Salatzutaten in eine Glasschüssel einschichten, mit der Sauce übergießen und sofort servieren.

Tip

Anstelle der Artischockenherzen können Sie auch gegarten Sellerie nehmen.

Opernsalat

Für 4 Personen

Für den Salat
2 kleine Köpfe Radicchio
300 g Artischockenböden oder
-herzen aus dem Glas
1 reife Avocado
120 g ausgelöste und gekochte
Crevetten
4 gekochte Wachteleier aus dem Glas
40 g Lachskaviar
200 g geräucherte Lachsscheiben
Kerbelblättchen zum Garnieren

Für die Sauce
3 EL Sherryessig
1/2 TL Salz
schwarzer Pfeffer aus der Mühle
1 Schalotte
2 EL gehackter Kerbel
6 EL Olivenöl

Zubereitungszeit: ca. 25 Minuten

1. Die Radicchioköpfe putzen, waschen und abtropfen lassen. Die Artischockenböden oder -herzen in einem Sieb abtropfen lassen und in Scheiben schneiden. Die Avocado schälen, halbieren, den Stein herauslösen und das Fruchtfleisch in Spalten schneiden.
2. Für die Sauce den Sherryessig mit dem Salz und etwas Pfeffer verrühren. Die Schalotten schälen, fein hacken und zusammen mit dem Kerbel zum Essig geben. Das Olivenöl anschließend langsam darunterschlagen.
3. Die Crevetten, die Avocadospalten, die Radicchioblätter und die Artischocken in die Sauce geben, alles kurz mischen und den Salat auf vier Tellern anrichten.
4. Die Wachteleier halbieren und den Salat mit den Eihälften, dem Lachskaviar, den Lachsscheiben und Kerbelblättchen garnieren.
(Foto oben)

Kartoffelsalat mit Kräuter-Knoblauch-Sauce

Für 4 Personen

Für den Salat

600 g festkochende Kartoffeln
1 EL Kümmel
1 Thymianzweig
1 Rosmarinzweig

Für die Sauce

2 Zwiebeln
1 Bund Frühlingszwiebeln
100 g Magerquark
150 g Joghurt
150 g Crème fraîche
Saft von 1 Zitrone
3 EL Obstessig
6 Knoblauchzehen
1 EL Salz
frischgemahlener weißer Pfeffer
1 Prise Zucker
1 EL Kapern
2 EL feingehackter Schnittlauch
1 EL feingehackte Petersilie
1 EL feingehackter Estragon

Zubereitungszeit: ca. 1/2 Stunde
Zeit zum Durchziehen: ca. 1/2 Stunde

1. Die Kartoffeln mit der Schale in Salzwasser, dem der Kümmel und die Kräuterzweige zugegeben werden, etwa 20 Minuten gar kochen.
2. Für die Sauce die Zwiebeln schälen und fein hacken. Die Frühlingszwiebeln putzen, waschen und in dünne Ringe schneiden.
3. Den Magerquark mit dem Joghurt, der Crème fraîche, dem Zitronensaft und dem Obstessig glattrühren und die Zwiebeln daruntermischen.
4. Die Knoblauchzehen schälen, zerdrücken, mit etwas Salz verrühren und dazugeben. Die Sauce mit Pfeffer und Zucker abschmecken.
5. Die Kapern abtropfen lassen und mit den feingehackten Kräutern in die Sauce geben. Nochmals abschmecken.
6. Die gegarten Kartoffeln noch warm schälen, in Scheiben schneiden und in eine Schüssel geben.
7. Nachdem die Kartoffeln erkaltet sind, das Knoblauchdressing darübergießen, den Salat vorsichtig mischen und mindestens 1/2 Stunde durchziehen lassen.
8. Den Kartoffelsalat nochmals abschmecken und dann servieren.

(Foto rechts unten)

Italienischer Kartoffelsalat

Für 4 Personen

Für den Salat

300 g Erbsen und Möhren aus der Dose
500 g festkochende Kartoffeln
150 g frische grüne Bohnen
1 große Fleischtomate
2 hartgekochte Eier
6 schwarze Oliven
8 Sardellenfilets
1 EL Kapern

Für die Sauce

250 g Mayonnaise
250 g Kefir
4 EL feingehackte gemischte Kräuter (Petersilie, Dill, Schnittlauch, Zitronenmelisse, Kresse, Pimpinelle, Estragon)
1 Knoblauchzehe
Salz
frischgemahlener schwarzer Pfeffer

Zubereitungszeit: ca. 40 Minuten

1. Die Erbsen und Möhren aus der Dose abtropfen lassen.
2. Die Kartoffeln mit der Schale etwa 20 Minuten gar kochen, noch warm schälen und in Würfel schneiden.
3. Die Bohnen waschen, die Stielenden und die Spitzen abschneiden und die Bohnen in kleine Stücke schneiden. Das Gemüse in Salzwasser etwa 20 Minuten gar kochen, abtropfen und abkühlen lassen.
4. In der Zwischenzeit die Tomate waschen und halbieren, die Eier schälen. Beides in große Würfel schneiden.
5. Die Oliven halbieren, entkernen und in Scheiben schneiden. Die Sardellenfilets in kleine Stücke schneiden und die Kapern abtropfen lassen.
6. Die vorbereiteten Salatzutaten in eine große Schüssel geben und vorsichtig mischen.
7. Für die Sauce die Mayonnaise mit dem Kefir und den Kräutern verrühren. Die Knoblauchzehe schälen, zerdrücken und dazugeben. Die Sauce mit Salz und Pfeffer würzen.
8. Die Sauce erst kurz vor dem Servieren über den Salat geben.

Variation

Ersetzen Sie die Erbsen und Möhren durch Maiskörner aus der Dose. Käseliebhaber können zusätzlich noch Goudawürfel mit an den Salat geben.

Tip

Nehmen Sie für den Salat nur kleine festkochende Kartoffeln. Die Scheiben brechen dann beim Mischen nicht so leicht auseinander.

Kartoffelsalat mit Staudensellerie und Champignons

Für 4 Personen

Für den Salat
800 g festkochende Kartoffeln
150 g Staudensellerie
200 g durchwachsener Speck
1 EL Öl
200 g frische Champignons

Für die Sauce
4 EL Weißweinessig
Salz
schwarzer Pfeffer aus der Mühle
1 Msp. gemahlener Kümmel
2 rote Zwiebeln

Zubereitungszeit: ca. 3/4 Stunden

1. Die Kartoffeln mit der Schale etwa 20 Minuten gar kochen, noch warm schälen und in dünne Scheiben schneiden.
2. Den Staudensellerie putzen, waschen und in feine Scheiben schneiden.
3. Den Speck in schmale Streifen schneiden. Das Öl in einer Pfanne erhitzen und dann den Speck darin knusprig braten.
4. Die Champignons putzen, mit einem feuchten Tuch abreiben und in Scheiben schneiden. Die Champignonscheiben im verbliebenen Bratfett auf beiden Seiten braun braten, dann aus der Pfanne nehmen.
5. Die Kartoffeln mit dem Sellerie, dem Speck und den Champignons in einer Schüssel mischen.
6. Für die Sauce den Weißweinessig zu dem Bratfett in die Pfanne geben und mit Salz, Pfeffer und Kümmel abschmecken. Diese Sauce noch warm über den Salat gießen und alles etwa 10 Minuten durchziehen lassen.
7. Inzwischen die Zwiebeln schälen und fein hacken. Über den Salat streuen und alles gut mischen. Den Salat noch lauwarm servieren.

(Foto rechts oben)

Bunter Reissalat

Für 4 Personen

Für den Salat

125 g Reis
Salz
1 Prise Safran
2 Zwiebeln
6 Tomaten
20 gefüllte grüne Oliven
150 g geschälte Krabben
1 Knoblauchzehe
1 EL gehackte Kräuter zum Garnieren

Für die Sauce

4 EL Olivenöl
1 TL Zitronensaft
Salz
Cayennepfeffer
1 EL gehackte gemischte Kräuter (Zitronenmelisse, Kerbel, Schnittlauch, Dill)

Zubereitungszeit: ca. 40 Minuten

1. Den Reis in Salzwasser mit dem Safran gar kochen. Anschließend unter fließend kaltem Wasser abschrecken, abtropfen und abkühlen lassen.
2. In der Zwischenzeit die Zwiebeln schälen und fein hacken. Die Tomaten waschen, vierteln, entkernen und in Würfel schneiden. Die Oliven in Scheiben schneiden. Die Krabben unter fließend kaltem Wasser abspülen, bis das Wasser klar abläuft.
3. Die Knoblauchzehe schälen und eine Salatschüssel damit ausreiben. Den Reis mit den Zwiebeln, den Tomaten, den Oliven und den Krabben vorsichtig darin mischen.
4. Für die Sauce das Öl mit dem Zitronensaft, Salz und Pfeffer verrühren und die gehackten Kräuter hinzugeben.
5. Die Sauce über den Salat gießen, diesen nochmals mischen und mit den gehackten Kräutern überstreuen.

Tip

Statt der Krabben können Sie auch ausgelöste, geräucherte Bücklingsfilets in den Reissalat geben.

Indischer Reissalat

Für 4 Personen

Für den Reis

150 g Reis
Salz
1 Prise Safran
4 Tomaten
1 EL gehackte Petersilie

Für die Sauce

2 Zwiebeln
3 EL Mangochutney
100 g Mayonnaise
1 EL Currypulver
2 rote Pfefferschoten

Zubereitungszeit: ca. 1/2 Stunde
Zeit zum Durchziehen: ca. 1/2 Stunde

1. Den Reis in Salzwasser mit dem Safran gar kochen. Anschließend unter fließend kaltem Wasser abschrecken, abtropfen und abkühlen lassen.
2. In der Zwischenzeit die Tomaten waschen, vierteln, entkernen und in Würfel schneiden. Den Reis und die Tomaten in einer Schüssel mischen.
3. Für die Sauce die Zwiebeln schälen, fein reiben und mit dem Mangochutney, der Mayonnaise und dem Curry verrühren.
4. Die Sauce über die Salatzutaten geben, den Salat gut mischen und zum Durchziehen zugedeckt etwa 1/4 Stunde in den Kühlschrank stellen.
5. Die Pfefferschoten waschen, halbieren, die Kerne und die Häute herauskratzen und das Fruchtfleisch in feine Streifen schneiden. Den Salat damit garnieren und mit der gehackten Petersilie überstreuen.

Gelber Reissalat

Für 4 Personen

Für den Salat

250 g Langkornreis
Salz
200 g Kasselerscheiben
1 EL Butter
1 kleine Salatgurke
1 grüne Paprikaschote
2 Tomaten
100 g schwarze Oliven
Petersilienblätter zum Garnieren

Für die Sauce

4 EL Weißweinessig
6 EL Sojaöl
2 TL Currypulver
1 Msp. Chilipulver
2 Knoblauchzehen

Zubereitungszeit: ca. 50 Minuten

1. Den Langkornreis in Salzwasser gar kochen, unter fließend kaltem Wasser abschrecken, abtropfen und abkühlen lassen.
2. Das Kasseler in kleine Würfel schneiden. Die Butter in einer Pfanne erhitzen und die Kasselerwürfel darin braten.
3. Die Gurke schälen, längs halbieren, die Kerne herauslösen und das Fruchtfleisch in kleine Stücke schneiden.
4. Die Paprikaschote putzen, waschen und vierteln. Die Kerne und die Häute entfernen und das Fruchtfleisch in schmale Streifen schneiden. Die Tomaten waschen und in Achtel schneiden.
5. Für die Sauce den Essig mit dem Sojaöl verrühren und mit etwas Salz, Curry und Chilipulver würzen. Die Knoblauchzehe schälen, zerdrücken und dazugeben.
6. Den Reis in einer großen Schüssel mit der Sauce mischen und alles kurz durchziehen lassen.
7. Das Kasseler, die Gurke, den Paprika und die Tomaten daruntermischen.
8. Den Salat mit den Oliven und den Petersilienblättchen garniert servieren.
(Foto rechts)

Spanischer Reissalat

Für 4 Personen

Für den Salat
125 g Reis
Salz
4 Tomaten
2 rote Pfefferschoten
4 Zwiebeln
1 Knoblauchzehe
1 EL gehackte Petersilie

Für die Sauce
125 g Mayonnaise
2 EL Tomatenketchup
2–3 Tropfen Tabasco
Salz
Zucker
1 grüne Pfefferschote

Zubereitungszeit: ca. 3/4 Stunden
Zeit zum Durchziehen: ca. 1/2 Stunde

1. Den Reis in Salzwasser gar kochen, unter fließend kaltem Wasser abschrecken, abtropfen und abkühlen lassen.
2. In der Zwischenzeit die Tomaten über Kreuz einsetzen, kurz in kochendes Wasser legen, kalt abschrecken und enthäuten. Die Tomaten in Würfel schneiden.
3. Die Pfefferschoten waschen, halbieren, die Kerne und die Häute herauskratzen und die Schoten ganz fein hacken.
4. Die Zwiebeln schälen, in feine Ringe schneiden und mit dem Reis, den Tomaten und den Pfefferschoten mischen.
5. Die Knoblauchzehe schälen und eine Salatschüssel damit ausreiben. Die Salatzutaten hineinfüllen.
6. Für die Sauce die Mayonnaise mit dem Ketchup verrühren und mit etwas Tabasco, Salz und Zucker scharf abschmecken. Die Pfefferschote waschen, halbieren, die Kerne und die Häute herauskratzen, die Schote winzig klein hacken und in die Sauce geben.
7. Die Sauce über den Salat gießen, alles kurz mischen und den Salat zugedeckt im Kühlschrank etwa 1/2 Stunde durchziehen lassen.
8. Den Salat vor dem Servieren mit der gehackten Petersilie bestreuen.

Variation

Probieren Sie auch einmal eine Tomatensauce für den Salat. Dazu verrühren Sie 2 Eßlöffel Tomatenketchup mit dem Saft einer Orange und einer halben Zitrone. Geben Sie einen feingeriebenen Apfel hinzu, und schmecken Sie die Sauce mit Zucker, Salz und Paprikapulver würzig ab.

Süß-saurer Reissalat mit Früchten

Für 4 Personen

Für den Salat

- 100 g Naturreis
- Salz
- 1/2 rote Paprikaschote
- 1/2 grüne Paprikaschote
- 1 Zwiebel
- 2 Scheiben Ananas aus der Dose
- 1 Kiwi
- 1 kleine Mango
- 3 EL gehackte Brunnenkresse

Für die Sauce

- 80 ml Obstessig
- 3 EL Olivenöl
- 1 EL Sojasauce
- 80 ml Gemüsebrühe
- Salz, frischgemahlener Pfeffer
- 1 Prise Zucker

Zubereitungszeit: ca. 3/4 Stunden
Zeit zum Durchziehen: ca. 1/2 Stunde

1. Den Naturreis in Salzwasser gar kochen, unter fließend kaltem Wasser abschrecken, abtropfen und abkühlen lassen.
2. In der Zwischenzeit die Paprikaschoten putzen, waschen, die Kerne und die Häute entfernen und das Fruchtfleisch würfeln. Die Zwiebel schälen und in kleine Würfel schneiden.
3. Die Ananasscheiben abtropfen lassen und klein würfeln. Die Kiwi schälen und ebenfalls in kleine Würfel schneiden.
4. Die Mango schälen, den Kern herauslösen und das Fruchtfleisch in kleine Würfel schneiden.
5. Die Salatzutaten mit der Kresse in einer großen Schüssel vorsichtig mischen.
6. Für die Sauce den Obstessig mit dem Olivenöl, der Sojasauce und der Gemüsebrühe verrühren und mit Salz, Pfeffer und etwas Zucker würzen.
7. Die Sauce über den Salat geben und diesen im Kühlschrank etwa 1/2 Stunde durchziehen lassen.
(Foto links)

Feiner Nudelsalat

Für 4 Personen

Für den Salat
200 g Spiralnudeln
Salz
1 Prise Safran
200 g gekochter Schinken
250 g Tomaten
1 EL gehackte Petersilie

Für die Sauce
150 g Mayonnaise
2 EL frischgeriebener Meerrettich
Salz
frischgemahlener weißer Pfeffer

Zubereitungszeit: ca. 25 Minuten

1. Die Nudeln in reichlich Salzwasser mit dem Safran bißfest kochen, dann unter fließend kaltem Wasser abschrecken und in einem Sieb abtropfen lassen.
2. Den Schinken in feine Streifen schneiden. Die Tomaten über Kreuz einritzen, kurz in kochendes Wasser legen, kalt abschrecken und enthäuten. Dann in Scheiben schneiden.
3. Die Tomaten und den Schinken in einer großen Schüssel mit den Nudeln mischen.
4. Für die Sauce die Mayonnaise mit dem Meerrettich, Salz und Pfeffer verrühren, abschmecken und über die Salatzutaten geben.
5. Den Salat vorsichtig mischen, kurz durchziehen lassen und mit der gehackten Petersilie bestreut servieren.

Nudel-Gurken-Salat mit Poulardenbrust

Für 4 Personen

250 g Bandnudeln
Salz
etwas Öl
1 kleine Salatgurke
3 Tomaten
300 g Poulardenbrust
2 EL feingehackter Dill
weißer Pfeffer
etwas Oliven- oder Traubenkernöl
etwas Weißwein- oder Himbeeressig
Dillzweige zum Garnieren

Zubereitungszeit: ca. 1/2 Stunde

1. Die Bandnudeln in reichlich Salzwasser bißfest kochen, kalt abschrecken, abtropfen lassen und in etwas Öl durchschwenken.
2. Die Gurke gründlich waschen. Ein Drittel davon in dünne Scheiben schneiden. Das restliche Stück vierteln, entkernen und dann auch in dünne Scheiben schneiden.
3. Die Tomaten über Kreuz einritzen, kurz in kochendes Wasser legen, kalt abschrecken und enthäuten. Die Tomaten vierteln, entkernen und in Würfel schneiden.
4. Die Haut von der Poulardenbrust abziehen und das Fleisch in mundgerechte Stücke schneiden. Das Fleisch salzen und pfeffern. Die großen Gurkenscheiben auf vier Tellern verteilen.
5. Die Bandnudeln mit den übrigen, kleinen Gurkenscheiben, dem Dill, den Tomatenwürfeln, etwas Oliven- oder Traubenkernöl sowie mit etwas Essig, Salz und Pfeffer locker mischen und zu den großen Gurkenscheiben auf die Teller legen und hübsch anrichten.
6. Etwas Öl in einer Pfanne erhitzen und die Poulardenbruststücke darin anbraten. Dabei das Fleisch erst wenden, wenn sich eine schöne Kruste gebildet hat.
7. Die Poulardenwürfel auf dem angerichteten Salat verteilen. Mit Dillzweigen garnieren.
(Foto oben)

Hörnchennudelsalat

Für 4 Personen

Für den Salat

- 200 g Hörnchennudeln
- Salz
- 300 g frische grüne Bohnen oder aus der Dose
- 200 g gegartes Kalbfleisch
- 2 rote Paprikaschoten

Für die Sauce

- 100 g Mayonnaise
- 1 TL Senf
- Salz
- Rosenpaprikapulver
- 1 EL sehr fein gehackte gemischte Kräuter (Petersilie, Schnittlauch, Kerbel)

Zubereitungszeit: ca. 1/2 Stunde
Zeit zum Durchziehen: ca. 1/2 Stunde

1. Die Nudeln in Salzwasser bißfest kochen, unter fließend kaltem Wasser abschrecken, abtropfen und abkühlen lassen.
2. Die frischen Bohnen waschen, die Spitzen und die Stielenden abschneiden und die Bohnen in Salzwasser etwa 20 Minuten garen. Dann abtropfen und abkühlen lassen. Die Dosenbohnen nur abtropfen lassen.
3. Inzwischen das Kalbfleisch in Würfel schneiden. Die Paprikaschoten putzen und waschen. Die Kerne und die Häute entfernen und das Fruchtfleisch in dünne Ringe schneiden.
4. Die Nudeln mit den Bohnen, dem Kalbfleisch und den Paprikaringen in einer großen Schüssel mischen.
5. Für die Sauce die Mayonnaise mit dem Senf, etwas Salz, Rosenpaprikapulver und den gehackten Kräutern würzig abschmecken. Die Sauce soll richtig grün aussehen.
6. Die Sauce über den Salat gießen, das Ganze mischen und den Salat zugedeckt etwa 1/2 Stunde zum Durchziehen in den Kühlschrank stellen.

Nudel-Zucchini-Salat

Für 4 Personen

Für den Salat

- 250 g sehr schmale Bandnudeln
- Salz
- 250 g Zucchini
- 2 Fleischtomaten
- 1 mittelgroße Zwiebel
- 1 Bund Basilikum

Für die Sauce

- 4 EL Rotweinessig
- Salz
- schwarzer Pfeffer aus der Mühle
- 6 EL Olivenöl

Zubereitungszeit: ca. 35 Minuten

1. Die Nudeln in reichlich Salzwasser bißfest garen, kalt abschrecken, abtropfen und abkühlen lassen.
2. Die Zucchini waschen, von den Stengelansätzen befreien und auf einer Gemüsereibe grob raspeln.
3. Die Fleischtomaten über Kreuz einritzen, kurz in kochendes Wasser legen, kalt abschrecken und enthäuten. Die Früchte achteln, entkernen und das Fruchtfleisch in feine Streifen schneiden.
4. Die Zwiebel schälen und sehr fein hacken. Das Basilikum abbrausen. Einige sehr schöne Blättchen zum Garnieren beiseite legen, die übrigen in feine Streifen schneiden. Alle Zutaten in eine große Schüssel geben.
5. Für die Sauce den Rotweinessig mit etwas Salz verrühren, bis es sich ganz aufgelöst hat. Etwas Pfeffer hinzufügen und das Olivenöl langsam dazufließen lassen. Dabei die Sauce ständig mit dem Schneebesen schlagen, bis sie cremig geworden ist.
6. Die Sauce über den Salat gießen, alles gut mischen und vor dem Servieren mit den restlichen Basilikumblättchen bestreuen.

Variation

Anstelle der Bandnudeln können Sie auch andere Nudelsorten verwenden.

Nudelsalat mit Meeresfrüchten

Für 4 Personen

- 200 g dünne Bandnudeln
- Salz
- etwas Olivenöl
- 1 kleiner Kopf Radicchio
- 1 kleine Schalotte
- 300 g Fischfilet (Goldbarsch, Kabeljau, Scholle oder rosa Meerbrasse)
- 200 g Muschelfleisch aus der Dose
- 4 kleine ausgelöste Langoustinoschwänze
- schwarzer Pfeffer
- etwas Weißweinessig oder Zitronensaft

Zubereitungszeit: ca. 3/4 Stunden

1. Die Bandnudeln in reichlich Salzwasser bißfest kochen, kalt abschrecken, abtropfen lassen und in etwas Öl durchschwenken.
2. Den Radicchio verlesen, waschen und gut abtropfen lassen. Die Blätter in feine Streifen schneiden.
3. Die Schalotte schälen und in feinste Würfelchen schneiden. Die Fischfilets entgräten und in mundgerechte Stücke schneiden. Das Muschelfleisch abtropfen lassen.
4. Die Fischfiletstücke zusammen mit dem Muschelfleisch und den Langoustinos in einen Topf mit wenig Wasser geben und das Wasser zugedeckt zum Kochen bringen. Sobald es zu kochen beginnt, den Topf vom Herd nehmen und alles abkühlen lassen. Dann den Fisch, die Muscheln und die Langoustinoschwänze abtropfen lassen.
5. Die Nudeln mit den Radicchiostreifen, den Schalottenwürfeln, den Muscheln und den Langoustinoschwänzen in einer großen Schüssel mischen.
6. Den Salat mit Salz, Pfeffer, etwas Olivenöl, etwas Fischfond, sowie etwas Weißweinessig oder Zitronensaft mischen.
7. Den Nudelsalat auf vier Teller verteilen und die Fischstücke darauf anrichten.
(Foto rechts)

Nudel-Gemüse-Salat

Für 4 Personen

- 300 g Spiralnudeln
- etwas Öl
- 1/2 gelbe Paprikaschote
- 1/2 rote Paprikaschote
- 1/2 grüne Paprikaschote
- 1/2 kleiner Zucchino
- 1 kleine Möhre
- 1/2 Kohlrabiknolle
- Salz
- schwarzer Pfeffer
- etwas Weißweinessig
- 1 Bund Sauerampfer

Zubereitungszeit: ca. 40 Minuten

1. Die Nudeln in reichlich Salzwasser bißfest kochen, kalt abschrekken, abtropfen und abkühlen lassen. Dann die Nudeln in etwas Öl durchschwenken.
2. Die Paprikaschoten putzen, waschen, die Kerne und die Häute entfernen und das Fruchtfleisch in Würfel schneiden. Den Zucchino, die Möhre und den Kohlrabi waschen, schälen und das Gemüse ebenfalls würfeln.
3. Das Gemüse kurz in kochendem Salzwasser blanchieren, kalt abschrecken, abtropfen lassen und zu den Nudeln geben.
4. Den Salat mit Salz und Pfeffer würzen und mit etwas Öl und Weißweinessig mischen.
5. Den Sauerampfer waschen, trokkentupfen, in feine Streifen schneiden und unter den Salat mischen. (Foto oben)

Wurstsalat

Für 4 Personen

Für den Salat

- 600 g Fleischwurst
- 2 rote Zwiebeln
- 4 kleine, weiße Rüben (Navetten)
- 2 rote Paprikaschoten
- einige Radieschen
- gehackter Schnittlauch
- gehackte Kresse

Für die Sauce

- 125 ml Fleischbrühe
- 6 EL Weinessig
- 6 EL Olivenöl
- Salz, schwarzer Pfeffer
- Zucker

Zubereitungszeit: ca. 20 Minuten

1. Von der Fleischwurst die Haut abziehen und die Wurst in Scheiben schneiden. Die Zwiebeln schälen und in Scheiben schneiden. Die Navetten dünn schälen, halbieren und in dünne Scheiben schneiden.
2. Die Paprikaschoten putzen, waschen und halbieren. Die Kerne und die Häute entfernen und das Fruchtfleisch in Streifen schneiden. Die Radieschen putzen, waschen und in Scheiben schneiden.
3. Alle Salatzutaten in eine Schüssel geben und vorsichtig mischen.
4. Für die Sauce die Fleischbrühe mit dem Essig und dem Öl verrühren und mit Salz, Pfeffer und Zucker kräftig abschmecken.
5. Die Sauce über den Salat geben, den Salat mischen und 5 Minuten durchziehen lassen. Dann nochmals abschmecken.

Oliven-Käse-Salat

Für 4 Personen

Für den Salat

- 100 g schwarze Oliven
- 100 g gefüllte grüne Oliven
- je 1 rote und grüne Paprikaschote
- 200 g Schweizer Käse
- 2 frische Ananasscheiben oder
- Ananasringe aus der Dose
- krause Petersilie zum Garnieren

Für die Sauce

- Salz, 1 EL Weinessig
- 3 EL Öl
- weißer Pfeffer

Zubereitungszeit: ca. 20 Minuten

1. Die schwarzen Oliven entsteinen und zusammen mit den grünen Oliven unter fließendem Wasser abspülen, damit der beißende salzige Geschmack verschwindet. Die Oliven abtropfen lassen und in dünne Scheiben schneiden.
2. Die Paprikaschoten putzen, waschen und vierteln. Die Kerne und die Häute entfernen und das Fruchtfleisch in mundgerechte Würfel schneiden.

3. Den Käse würfeln. Die frischen Ananasscheiben von Strunk und Schale befreien. Die Dosenringe nur abtropfen lassen. Dann die Ananasringe in kleine Würfel schneiden.
4. Die Salatzutaten in einer Schüssel mischen.
5. Für die Sauce das Salz in dem Essig auflösen, das Öl langsam darunterschlagen und die Sauce mit Pfeffer würzen.
6. Den Salat mit der Sauce übergießen, kurz mischen und mit einem Petersilienstiel garnieren.

Variation

Servieren Sie den Salat mit einer Käsesauce. Dazu zerdrücken Sie 100 Gramm Roquefort mit einer Gabel und rühren den Käse mit 1 Teelöffel scharfen Senf und 1 Eßlöffel Essig zu einer cremigen Masse. Dann das Öl langsam darunterschlagen, die Sauce mit Salz und Pfeffer abschmecken und eventuell einige fein gehackte Kräuter darunterrühren.

Käsesalat mit Trauben und Nüssen

Für 4 Personen

Für den Salat

400 g Emmentaler in feinen Scheiben
250 g blaue Weintrauben
100 g grobgehackte Walnüsse
1 Zwiebel
2 EL grobgehackte Petersilie

Für die Sauce

3 EL Weißweinessig
3 EL Walnußöl
Salz
schwarzer Pfeffer aus der Mühle
geriebene Muskatnuß

Zubereitungszeit: ca. 1/2 Stunde

1. Den Käse von der Rinde befreien, anschließend in schmale Streifen schneiden und in eine große Schüssel geben.
2. Die Trauben waschen, halbieren und die Kerne mit einer Messerspitze herauslösen. Mit den grobgehackten Walnüssen unter den Käse heben.
3. Die Zwiebel schälen, fein hacken und mit der Petersilie zum Salat geben.
4. Für die Sauce den Weißweinessig mit dem Walnußöl, Salz, Pfeffer und Muskat verrühren und das Ganze mit dem Schneebesen aufschlagen zu einer cremigen Sauce.
5. Die Sauce über den Käsesalat gießen und alles gründlich mischen.

Käsesalat mit Mais und Wurst

Für 4 Personen

Für den Salat

400 g Maiskörner aus der Dose
3 Fleischtomaten
2 grüne Paprikaschoten
1 Zwiebel
4 Polnische Würstchen
oder 400 g Cabanossi
1 TL gerebelter Oregano
200 g Schafskäse
4 EL Essig

Für die Sauce

Salz, schwarzer Pfeffer
6 EL Olivenöl

Zubereitungszeit: ca. 20 Minuten

1. Den Mais abtropfen lassen. Die Tomaten über Kreuz einritzen, kurz in kochendes Wasser legen, kalt abschrecken und enthäuten. Die Früchte halbieren, entkernen und in Würfel schneiden.
2. Die Paprikaschoten putzen, waschen und vierteln. Die Kerne und die Häute entfernen und das Fruchtfleisch in feine Streifen schneiden.
3. Die Zwiebel schälen und fein hacken. Die Würstchen in dünne Scheiben schneiden.
4. Die Maiskörner mit den Tomaten-, den Paprika- und den Zwiebelstücken sowie mit den Wurstscheiben, dem Oregano und dem zerbröckelten Schafskäse in einer Schüssel mischen.
5. Für die Sauce den Essig mit etwas Salz und Pfeffer gut verrühren und dann das Olivenöl gleichmäßig darunterschlagen.
6. Die Sauce über den Salat gießen, alles gut mischen und den Salat kurz durchziehen lassen.
(Foto oben)

Desserts

Ein jedes Menü erfährt erst durch das kleine Dessert am Schluß seine Vollendung. Kleine und große Schleckermäuler werden hier aufs verführerischste verwöhnt, denn den eisgekühlten oder heißen Verlockungen wird wohl niemand widerstehen können.

Orangenparfait mit Schokoladen-Rum-Sauce

Für 6 Personen

Für das Parfait

6 Eigelb
2 Eier
200 g Zucker
Saft und abgeriebene Schale von
2 unbehandelten Orangen
Saft von 1 Zitrone
2 cl Cointreau
4 cl Grand Marnier
125 g Schlagsahne
125 g Crème double

Für die Schokoladen-Rum-Sauce

1 l Wasser
1 kg Zucker
6 EL Kakaopulver
½ l Milch
120 g Blockschokolade
4 cl Rum
4 EL Butter

Für die Vanillesauce

1 Vanillestange
100 ml Milch
100 g Sahne
4 Eigelb
60 g Zucker
2 EL Schlagsahne

Außerdem

125 g Schlagsahne
Pfefferminzblätter zum Dekorieren

Zubereitungszeit: ca. 1½ Stunden
Gefrierzeit: ca. 4–6 Stunden

1. Für das Parfait die Eigelbe mit den Eiern, dem Zucker, der Orangenschale und dem Saft in eine Schüssel geben und im heißen Wasserbad aufschlagen. Die Schüssel dann in eine mit Eiswürfeln gefüllte größere Schüssel setzen und die Masse bis zum völligen Erkalten weiterschlagen.
2. Dann den Cointreau und den Grand Marnier darunterziehen. Zum Schluß die steifgeschlagene Sahne und die Crème double vorsichtig darunterziehen.
3. Eine Kastenform mit Frischhaltefolie auslegen, die Masse hineinfüllen und 4 bis 6 Stunden ins Tiefkühlfach stellen.
4. Für die Schokoladen-Rum-Sauce zunächst den Läuterzucker herstellen. Dazu das Wasser mit dem Zukker in einem Topf aufkochen und etwa 5 Minuten kochen lassen. Dabei immer wieder vorsichtig mit einem Pinsel die Zuckerkristalle lösen, die sich am Topfrand absetzen.
5. Vom Läuterzucker 125 Milliliter abnehmen, den restlichen Sirup in Flaschen füllen und für andere Rezepte verwenden (Es ist 6 bis 8 Wochen haltbar).
6. Die 125 Milliliter Läuterzucker mit dem Kakao und der Milch aufkochen lassen. Die zerkleinerte Blockschokolade dazugeben und alles unter ständigem Rühren nochmals aufkochen, dann den Rum dazugießen.
7. Die Sauce vom Herd nehmen und die Butter einrühren. Dann die Sauce kalt stellen.
8. Für die Vanillesauce das Mark aus der Vanillestange herauskratzen und zusammen mit der Milch und der Sahne aufkochen lassen.
9. Die Eigelbe mit dem Zucker schaumig rühren. Die Vanillemilch abseihen, langsam zu der Eimasse gießen und so lange unter Rühren erhitzen, bis die Sauce bindet.
10. Die Sauce kühl stellen und dann erst die geschlagene Sahne darunterziehen.
11. Das Parfait aus der Form nehmen und in Scheiben schneiden.
12. Die Saucen, wie auf dem Foto auf den Seiten 246/247 gezeigt, auf Tellern anrichten und die Parfaitscheiben dazulegen.

(Foto Seite 246/247)

Lebkuchenparfait mit Pernod

Für 6 Personen

100 g Zucker
2 EL Zimt
30 g Marzipan
3 Eigelb
2 Eier
Saft von 1 Orange
80 g Lebkuchen
abgeriebene Schale von
1 unbehandelten Orange
6 cl Pernod
500 g Schlagsahne

Zubereitungszeit: ca. 1 Stunde
Gefrierzeit: 2–3 Stunden

1. Den Zucker mit dem Zimt, dem Marzipan, den Eigelben, den Eiern und dem Orangensaft in eine Schüssel geben und im heißen Wasserbad aufschlagen.
2. Die Schüssel anschließend in eine mit Eis gefüllte größere Schüssel stellen und die Masse bis zum völligen Erkalten weiterschlagen.
3. Die Hälfte der Lebkuchen würfeln, die andere Hälfte fein reiben. Beides mit der abgeriebenen Orangenschale, dem Pernod und etwa 400 Gramm der steifgeschlagenen Sahne vorsichtig unter die Eimasse ziehen.
4. Eine Kastenform mit Frischhaltefolie auslegen. Die Parfaitmasse hineinfüllen und 2 bis 3 Stunden ins Tiefkühlfach stellen.
5. Das gefrorene Lebkuchenparfait aus der Kastenform nehmen, in Scheiben schneiden und diese auf vorgekühlte Teller legen. Mit der beiseite gestellten Schlagsahne dekorativ garnieren.

Schokoladeneis

Für 4 Personen

60 g dunkle Kuvertüre
125 g Sahne
125 ml Vollmilch
2 EL Zucker
3 Eier
2 EL Cognac

Zubereitungszeit: ca. 40 Minuten
Gefrierzeit: ca. 3 Stunden

1. Die Kuvertüre in einer Schüssel im Wasserbad zum Schmelzen bringen. Inzwischen die Sahne mit der Milch und 1 Eßlöffel Zucker langsam erhitzen und dann die geschmolzene Kuvertüre darunterrühren.
2. Die Eier mit dem restlichen Zukker und dem Cognac in einer Schüssel im heißen Wasserbad schaumig aufschlagen. Die Schokoladenmilch darunterrühren.
3. Die Masse in einem Topf bei mittlerer Hitze cremig rühren, durch ein Sieb streichen und abkühlen lassen.
4. Die Eismasse in eine tiefe Gefrierform geben und im Tiefkühlfach gefrieren lassen. Dabei öfter mit der Gabel oder mit einem Quirl gut durchrühren, damit nicht zu große Eiskristalle entstehen.

Rum-Rosinen-Eis

Für 4–6 Personen

3 EL Rum (73 Vol.-%)
3 EL Malaga
75 g Rosinen
3 Eigelb
125 g Zucker
550 g Sahne

Zubereitungszeit: ca. 50 Minuten
Gefrierzeit: ca. 4 Stunden

1. Den Rum und den Malaga verrühren und die Rosinen darin quellen lassen. Inzwischen die Eigelbe mit dem Zucker mit einem elektrischen Handrührgerät sehr schaumig schlagen.
2. Die Hälfte der Sahne in einer Kasserolle bis kurz vor dem Siedepunkt erhitzen und sofort unter die Eimasse rühren. Alles in einer Schüssel im Wasserbad zu einer cremigen Masse aufschlagen, durch ein feines Sieb passieren und abkühlen lassen.
3. Die restliche Sahne steifschlagen, unter die Masse heben und diese in einen verschließbaren Behälter geben. 2 bis 3 Stunden im Tiefkühlfach gefrieren lassen.
4. Sobald ein 2 bis 3 Zentimeter dicker Rand gefroren ist, die Eismasse gut durchrühren, die Rosinen sowie das Rum-Malaga-Gemisch darunterrühren und das Eis fertig gefrieren lassen.
(Foto oben)

Halbgefrorenes mit Mango

Für 4 Personen

1 Limone
3 Mangos
50 g Zucker
250 g Sahne
2 EL geschälte Pistazienkerne

Zubereitungszeit: ca. 35 Minuten
Gefrierzeit: ca. 4 Stunden

1. Die Limone auspressen. Zwei Mangos schälen, das Fruchtfleisch von den Kernen ablösen und etwa 250 Gramm kleinschneiden.
2. Das Fruchtfleisch mit dem Limonensaft und dem Zucker fein pürieren, bis sich der Zucker ganz aufgelöst hat.
3. Die Sahne steifschlagen, unter die Fruchtmasse heben und diese abschmecken.
4. Die Creme in kleine Förmchen geben und mit Alufolie abgedeckt etwa 4 Stunden in den Gefrierschrank stellen.
5. Kurz vor dem Servieren die restliche Mango schälen, den Kern herauslösen und das Fruchtfleisch in Streifen schneiden.
6. Das Halbgefrorene auf eine Platte stürzen und mit den Mangostreifen und den Pistazienkernen garniert servieren.

(Foto links)

Melonensorbet

Für 4 Personen

2 sehr reife Honigmelonen
1 EL Honig
120 g Zucker

Zubereitungszeit: ca. 20 Minuten
Gefrierzeit: ca. 6 Stunden

1. Die Honigmelonen halbieren.
2. 1/4 Liter lauwarmes Wasser mit dem Honig und dem Zucker zusammen aufkochen und dann auskühlen lassen.

3. Aus den Melonenhälften die Kerne mit dem umgebenden Fruchtfleisch herauslösen, in die Zuckerlösung geben und darin im Kühlschrank etwa 1 Stunde ziehen lassen. Dann durch ein Sieb streichen und die Kerne wegwerfen.
4. Das restliche Fruchtfleisch aus den Schalen lösen und mit dem Melonenpüree im Mixer sehr fein pürieren.
5. Die Masse in ein flaches Gefäß füllen und etwa 6 Stunden ins Gefrierfach stellen. Um zu große Eiskristalle zu vermeiden, das Sorbet mit einer Gabel alle 10 bis 15 Minuten durchrühren.

Rotwein-Pfirsich-Sorbet

Für 4 Personen

4 reife Pfirsiche
1/2 l Rotwein
1 Zimtstange
2 Nelken
etwas abgeriebene Schale von
je 1 unbehandelten Orange und
Zitrone
50 g Zucker
125 ml Läuterzucker (Zubereitung
siehe Rezept „Orangenparfait“,
Seite 248)
1 Eiweiß

Zubereitungszeit: ca. 50 Minuten
Gefrierzeit: ca. 6 Stunden

1. Die Pfirsiche über Kreuz einritzen, mit kochendem Wasser überbrühen, mit kaltem Wasser abschrecken und enthäuten. Die Früchte halbieren und die Kerne herauslösen.
2. Den Rotwein, die Gewürze, die abgeriebene Schale und den Zukker in einem Topf 5 Minuten köcheln lassen, dann durch ein Sieb gießen.
3. Die Pfirsiche dazugeben und darin bei mittlerer Hitze 10 Minuten ziehen lassen. Anschließend abkühlen lassen.
4. Die Pfirsiche zusammen mit dem Rotweinsud im Mixer fein pürieren und mit dem Läuterzucker verrühren. Die Masse in ein Metallgefäß füllen und etwa 6 Stunden ins Gefrierfach stellen.
5. Während der Gefrierzeit etwa jede 1/2 Stunde die Sorbetmasse kräftig durchrühren. 1/2 Stunde vor dem Servieren das Eiweiß steifschlagen und vorsichtig unter das Sorbet ziehen.

Kiwisorbet

Für 4 Personen

250 g Kiwis
1/4 l trockener Weißwein
4 EL Zucker
etwas Zitronensaft
1 Eiweiß
1 Kiwi zum Garnieren

Zubereitungszeit: ca. 25 Minuten
Gefrierzeit: ca. 25 Minuten

1. Die Kiwis schälen, kleinschneiden und mit dem Pürierstab des Handrührgerätes fein pürieren.
2. Den Weißwein in einem Topf erwärmen und den Zucker darin auflösen.
3. Den Weißwein abkühlen lassen und in das Kiwipüree rühren. Die Kiwimasse mit etwas Zitronensaft abrunden.
4. Das Eiweiß steif schlagen und unter die Fruchtmasse heben.
5. Die Sorbetmasse in eine Sorbetière geben und etwa 25 Minuten in den Kühlschrank stellen.
6. Das Kiwisorbet in einen Spritzbeutel füllen und in Sektgläser spritzen. Die Kiwi schälen und in Scheiben schneiden. Die Fruchtscheiben dekorativ auf den Kiwisorbets anrichten.
(Foto oben)

Schnelle grüne Grütze mit Vanillesauce

Für 4 Personen

Für die grüne Grütze

3/4 l Apfelsaft	
1/4 TL Vanillemark	
1 EL Zitronensaft	
1 EL Honig	
1 1/2 TL Agar-Agar	
2 Kiwis oder 250 g Weintrauben	

Für die Vanillesauce

1/2 bis 1 Vanilleschote	
1/4 l Milch	
4 EL Mehl	
2–3 EL Honig	
1 Eigelb	
1/4 l Milch oder 250 g Sahne	

Zubereitungszeit: ca. 20 Minuten
Kühlzeit: ca. 1/2 Stunde

1. Für die Grütze den Apfelsaft mit dem Vanillemark, dem Zitronensaft, dem Honig und dem Agar-Agar verrühren und langsam erhitzen, aber nicht kochen.
2. Die Kiwis schälen, in dünne Scheiben schneiden und in eine Glasschüssel legen. Falls Sie Weintrauben nehmen, diese waschen, halbieren und entkernen.
3. Die Apfelsaftmischung vorsichtig über die Früchte gießen und langsam erkalten lassen. Der Saft ist vollständig steif, wenn er kalt geworden ist.
4. Für die Sauce die Vanilleschote aufschneiden und das Mark herauskratzen. Die Milch mit der Schote und dem Mark aufkochen lassen.
5. Die Schote herausnehmen und das Mehl mit einem Schneebesen hineinrühren. Die Sauce unter Rühren zu einem dicken Brei ausquellen lassen.
6. Die Sauce abkühlen lassen, dann den Honig, das Eigelb und die restliche Milch oder die Sahne darunterrühren.
7. Die Sauce warm oder kalt zur Grütze servieren.
(Foto oben: rechts)

Rote Grütze mit Joghurtsauce

Für 4 Personen

Für die rote Grütze

500 g rote Johannisbeeren	
100 g schwarze Johannisbeeren	
500 g Sauerkirschen	
250 g Himbeeren oder Erdbeeren	
70–100 g Weizenvollkorngrieß	
100 g Honig	

Für die Joghurtsauce

300 g Joghurt	
125 ml Milch	
1/4 TL Vanillemark	
4 EL Sahne	
1 EL Rum	
1–2 EL Honig oder Ahornsirup	

Zubereitungszeit: ca. 1/2 Stunde
Kühlzeit: ca. 1/2 Stunde

1. Das Obst waschen, verlesen und putzen. Die Johannisbeeren von den Stielen befreien, die Sauerkirschen entkernen.
2. Die roten und die schwarzen Johannisbeeren zusammen mit 350 Gramm Sauerkirschen und etwas Wasser aufkochen und 5 bis 10 Minuten bei milder Hitze köcheln lassen.
3. Anschließend die Früchte durch ein Sieb streichen und das Fruchtmark mit Wasser auf 1 1/2 Liter Flüssigkeit auffüllen.
4. Das Ganze noch einmal aufkochen lassen, den Vollkorngrieß unter Rühren hineinstreuen und das Ganze bei milder Hitze etwa 10 Minuten ausquellen lassen.
5. Den Honig darunterrühren. Die restlichen Kirschen und die Himbeeren oder die Erdbeeren unter die rote Grütze ziehen.
6. Das Ganze nicht mehr kochen lassen, sondern gleich in eine Glasschüssel füllen. Die rote Grütze etwa 1/2 Stunde kühl stellen.
7. In der Zwischenzeit alle Zutaten für die Sauce mit einem Schneebesen gut verrühren und zu der gut gekühlten Grütze servieren.
(Foto oben: links)

Mandelschaum mit Nougat

Für 6 Personen

150 g Nougatmasse
60 g Blockschokolade
5 Eigelb
8 EL Mandelmilchsirup
4 cl Amaretto
einige Tropfen Bittermandelöl
250 g Sahne
40 g Puderzucker
5 Eiweiß
3 EL geröstete Mandelblättchen

Zubereitungszeit: ca. $1^1/_4$ Stunden
Kühlzeit: ca. 1 Stunde

1. Die Nougatmasse mit der Blockschokolade in einer Schüssel im heißen Wasserbad auflösen.
2. Die Eigelbe mit dem Mandelmilchsirup in einer zweiten Schüssel im heißen Wasserbad warm aufschlagen, bis die Masse cremig ist. Mit dem Amaretto und dem Bittermandelöl abschmecken, unter die Schokoladen-Nougat-Masse rühren und etwas abkühlen lassen.
3. Die Hälfte der Sahne steifschlagen. Den Zucker zu den Eiweißen geben und beides zusammen zu einem feinporigen Schnee schlagen.
4. Die geschlagene Sahne mit dem Schneebesen unter die noch warme(!) Schokoladen-Nougat-Masse rühren, dann sofort den Eischnee mit dem Holzlöffel vorsichtig darunterziehen. Damit der Eischnee nicht an Volumen verliert, sollte die Masse, nachdem die Sahne untergehoben ist, nicht zu stark abgekühlt sein. Gegebenenfalls muß sie vorher nochmals über dem Wasserbad erwärmt werden, denn die richtige Temperatur ist entscheidend für ein gutes Gelingen!
5. Den Mandelschaum in sechs Glasschälchen füllen, mit Frischhaltefolie abdecken und für etwa 1 Stunde zum Festwerden in den Kühlschrank stellen.
6. Die restliche Sahne steif schlagen und den Mandelschaum damit garnieren. Mit den Mandelblättchen bestreichen.

Vanillepudding mit Erdbeersauce

Für 4 Personen

Für den Vanillepudding
2 Eier
70 g Sahne
2 EL Honig
½ l Milch
2 Vanilleschoten
70 g Mehl

Für die Erdbeersauce
500 g Erdbeeren
½ TL Zimt
1 EL Zitronensaft
eventuell 125 ml Apfelsaft
eventuell etwas Honig

Zubereitungszeit: ca. 25 Minuten
Kühlzeit: ca. 2 Stunden

1. Für den Pudding die Eier trennen. Die Eigelbe mit der Sahne und dem Honig verquirlen.
2. Die Milch in einen Topf geben. Die Vanilleschoten aufschneiden, das Mark herauskratzen und mit den Schoten in die Milch geben; diese zum Kochen bringen.
3. Die Schoten herausnehmen und zunächst das Mehl und dann die Eigelb-Sahne-Mischung mit einem Schneebesen hineinrühren. Alles kurz aufkochen lassen. Danach den Topf vom Herd nehmen.
4. Die Eiweiße zu steifem Schnee schlagen und unter die Puddingmasse heben.
5. Den Pudding in eine mit kaltem Wasser ausgespülte Puddingform füllen und etwa 2 Stunden auskühlen lassen.
6. Für die Sauce die Erdbeeren putzen, waschen, abtropfen lassen und große Früchte halbieren.
7. Die Erdbeeren mit dem Zimt, dem Zitronensaft, dem Obstsaft und eventuell etwas Honig im Mixer pürieren.
8. Den Pudding vor dem Servieren auf einen Teller stürzen und die Form abheben. Die Sauce dazu reichen.

(Foto oben)

Tip

Eine rohe Fruchtsauce läßt sich aus allen Beeren und Früchten leicht herstellen.
Beachten Sie jedoch, daß Himbeeren, rote und schwarze Johannisbeeren, Stachelbeeren und Brombeeren nur kurz und grob mit dem Mixer zerschlagen werden sollten, da das Zerschlagen der Kerne den Geschmack beeinträchtigen kann. Die Beeren daher vor der weiteren Verwendung noch durch ein Sieb streichen.

Schnee-Eier „Gisou“

Für 4 Personen

Für die Crème Vanille

8 Eigelb
250 g Zucker
2 Vanilleschoten
1 l Milch

Für die Schnee-Eier

8 Eiweiß
1–2 EL Puderzucker

Außerdem

einige Mandelsplitter
10–20 Stück Würfelzucker

Zubereitungszeit: ca. 40 Minuten

1. Für die Crème Vanille die Eigelbe mit dem Zucker in einer Schüssel schaumig rühren.
2. Die Vanilleschoten aufschlitzen, das Mark herauskratzen und mit der Milch in einem Topf zum Kochen bringen.
3. Die Milch vorsichtig unter die Eigelbmasse schlagen.
4. In einen Topf geben und bei milder Hitze so lange rühren, bis die Sauce cremig wird.
5. Dann erneut in eine Schüssel geben und unter ständigem Rühren kalt werden lassen.
6. Für die Schnee-Eier die Eiweiße mit dem Puderzucker sehr steif schlagen.
7. Reichlich Salzwasser in einem Topf zum Sieden bringen und den zu großen Kugeln geformten Eischnee darin pochieren.
8. Die Schnee-Eier gut abtropfen lassen, in eine feuerfeste Form geben, mit der Crème Vanille überziehen und mit den Mandelsplittern bestreuen.
9. Für die Karamelsauce den Würfelzucker in einem Topf karamelisieren lassen, über die Schnee-Eier geben und anschließend das Dessert sofort servieren.

Frischkäsecreme mit Zitrone und Heidelbeeren

Für 6 Personen

Für die Creme

250 g Frischkäse
2 Eigelb
70 g Puderzucker
Saft von 1 Zitrone
20 g Vanillezucker
80 g Schlagsahne

Für die Heidelbeersauce

300 g Heidelbeeren
125 ml Läuterzucker (Zubereitung siehe Rezept „Orangenparfait“, Seite 248)
2 cl Rum

Zubereitungszeit: ca. 40 Minuten
Kühlzeit: ca. 1 Stunde

1. Für die Creme den Frischkäse mit den Eigelben, dem Puderzucker, dem Zitronensaft und dem Vanillezucker in einer Schüssel schaumig rühren. Die geschlagene Sahne darunterziehen.
2. Für die Sauce die Heidelbeeren verlesen, waschen und abtropfen lassen.
3. Den Läuterzucker aufkochen lassen, den Rum und die Heidelbeeren dazugeben. Alles nochmals kurz aufkochen lassen und anschließend kalt stellen.
4. Die Käsecreme in einen Spritzbeutel mit Sterntülle geben und Ringe oder Rosetten auf sechs Porzellan- oder Glasteller spritzen. Die Frischkäsecreme mit der Heidelbeersauce umgießen.

Quarksoufflé mit Kiwimark

Für 12 Personen

500 g Speisequark
6 Eier
85 g Zucker
1 Prise Salz
abgeriebene Schale
von 1 unbehandelten Zitrone
2 EL Mehl
2 EL Speisestärke
50 g heiße Butter
1 TL Butter zum Fetten der Förmchen
12 Kiwis
12 Minzeblättchen zum Garnieren

Zubereitungszeit: ca. 1/2 Stunde

1. Den Speisequark glattrühren. Die Eier trennen und die Eiweiße beiseite stellen. Den Backofen auf 200 Grad vorheizen.
2. Den Quark mit den Eigelben, dem Zucker, etwas Salz, der Zitronenschale, dem Mehl und der Speisestärke verrühren und zuletzt die heiße Butter dazugeben.
3. Zwölf kleine Soufléförmchen sorgfältig mit der Butter einfetten.
4. Die Eiweiße steifschlagen, unter die Quarkmasse heben und die Masse in die Förmchen füllen.
5. Die Förmchen in die Fettpfanne des Backofens stellen und 1/4 Liter warmes Wasser in die Fettpfanne gießen.
6. Diese auf die mittlere Schiene des Backofens stellen und die Soufflés etwa 16 Minuten garen.
7. In der Zwischenzeit die Kiwis schälen, in grobe Stücke schneiden und mit etwas Zucker pürieren. Dann durch ein Sieb streichen.
8. Das Fruchtmark auf großen, flachen Tellern zu einem Spiegel angießen. Die Quarksoufflés zunächst vorsichtig in die Hand stürzen und dann auf die Teller setzen. Mit je einem Minzeblättchen garnieren. (Foto rechts)

Reiscreme mit Mandarinen und Lychees

Für 4 Personen

Für die Reiscreme

1/2 l Milch
1 Prise Salz
4 EL Zucker
1 Päckchen Vanillinzucker
100 g Milchreis
3 in Sirup eingelegte Ingwernüsse
100 g geriebene Walnüsse
200 g Crème fraîche

Für die Sauce

2 EL Erdnußöl
2 EL Zucker
8 cl Sherry
200 g Mandarinenfilets aus der Dose
100 g Lychees aus der Dose

Zubereitungszeit: ca. 1 1/4 Stunden

1. Für die Reiscreme die Milch in einem Topf mit etwas Salz, dem Zucker und dem Vanillinzucker erhitzen.
2. Den Milchreis dazugeben und bei milder Hitze mindestens 1 Stunde ausquellen lassen.
3. Die Ingwernüsse fein hacken und mit den geriebenen Walnüssen und der Crème fraîche darunterrühren.
4. Die Reiscreme weitere 10 Minuten köcheln lassen, dann in vier dekorative Gläser füllen und erkalten lassen.
5. Für die Sauce das Öl in einer Pfanne erhitzen und den Zucker darin leicht karamelisieren lassen.
6. Den Zucker mit dem Sherry und dem Mandarinensaft aus der Dose loskochen.
7. Die Früchte abtropfen lassen und in der Sauce kurz erhitzen.
8. Die Sauce über die Reiscreme geben und dann das Dessert sofort servieren.
(Foto oben)

Grießflammeri

Für 4 Personen

1/2 Vanilleschote
1/2 l Milch
1 Prise Salz
50 g Grieß
3 Eiweiß
75 g Zucker
3 Eigelb
300 g Erdbeeren

Zubereitungszeit: ca. 1/2 Stunde
Kühlzeit: ca. 1/2 Stunde

1. Die Vanilleschote aufschlitzen, das Mark herauskratzen und mit der Milch und etwas Salz aufkochen lassen. Den Grieß dazugeben und alles etwa 1/4 Stunde unter ständigem Rühren kochen lassen.
2. Die Eiweiße mit der Hälfte des Zuckers steifschlagen.
3. Die Eigelbe mit der anderen Hälfte des Zuckers schaumig rühren und schnell unter den Grieß ziehen. Den Eischnee unter die heiße Masse heben.
4. Vier Förmchen oder Tassen kalt ausspülen, die Grießmasse hineinfüllen und kalt stellen.
5. Für das Erdbeerpüree die Erdbeeren waschen, putzen, pürieren und durch ein Sieb streichen.
6. Die Grießflammeris auf Dessertteller stürzen und das Erdbeerpüree angießen.

Rotweincreme

Für 12 Personen

6 Blatt Gelatine
375 ml Rotwein
100 g Zucker
2 EL Limonensaft
4 Eigelb
500 g Sahne
2 EL Schokoladenraspel

Zubereitungszeit: ca. 20 Minuten
Gelierzeit: ca. 1/2 Stunde

1. Die Gelatine 5 Minuten in kaltem Wasser einweichen.
2. Etwas Rotwein erhitzen, aber nicht kochen lassen. Die Gelatine ausdrücken und in dem erhitzten Rotwein mit dem Zucker unter Rühren vollständig auflösen.
3. Den restlichen Rotwein mit dem Limonensaft und den Eigelben mit dem Schneebesen in einem heißen Wasserbad aufschlagen, bis die Masse cremig ist.
4. Den Topf aus dem Wasserbad nehmen, die aufgelöste Gelatine dazugeben und die Creme mit dem Schneebesen im kalten Wasserbad oder auf Eis kaltschlagen.
5. Die Sahne steifschlagen und kurz vor dem Anstocken der Speise unterziehen.
6. Die Rotweincreme in Gläser füllen, etwas anstocken lassen und vor dem Servieren mit den Schokoladenraspeln garnieren.

Crème Caramel

Für 4 Personen

8 Eigelb
4 Eier
200 g Zucker
2 Vanilleschoten
1 l Milch
10 Stück Würfelzucker

Zubereitungszeit: ca. $1^3/_4$ Stunden
Kühlzeit: ca. 12 Stunden

1. Die Eigelbe und die Eier mit dem Zucker schaumig schlagen.
2. Die Vanilleschoten aufschlitzen, das Mark herausschaben und mit der Milch verrühren. Zu der Eimasse geben.
3. Den Würfelzucker mit 2 bis 3 Eßlöffeln Wasser in einen Topf geben und karamelisieren lassen. Den Backofen auf 150 Grad vorheizen.
4. Den Karamel auf dem Boden einer feuerfesten Form verteilen und die Eimasse hineinfüllen.
5. Für das Wasserbad den Boden eines entsprechend großen Topfes mit Pergamentpapier belegen und Wasser angießen.
6. Die Form mit der Eimasse in das Wasserbad stellen und dieses so lange auf dem Herd erhitzen, bis das Wasser heiß ist.
7. Anschließend das Wasserbad mit der Eimasse in den Backofen schieben und etwa $1^1/_2$ Stunden die Crème garen.
8. Die Crème herausnehmen, erkalten lassen und über Nacht in den Kühlschrank stellen.
9. Die Crème auf einen Teller stürzen und servieren.
(Foto oben)

Orangen-Schokoladen-Creme

Für 6 Personen

5 Eigelb
150 g Zucker
125 ml Weißwein
1/4 l frischgepreßter Orangensaft
5 Blatt Gelatine
4 cl Orangenlikör
375 g Schlagsahne
60 g Kuvertüre
Schokoladenspäne zum Garnieren

Zubereitungszeit: ca. 1 1/4 Stunden
Kühlzeit: ca. 2 1/2 Stunden

1. Die Eigelbe mit dem Zucker in einem Topf verrühren. Den Weißwein und den Orangensaft in einem zweiten Topf erhitzen, abseihen und vorsichtig unter die Eiermasse ziehen. Unter ständigem Rühren erhitzen, bis die Flüssigkeit sämig wird.
2. Die Gelatine etwa 5 Minuten in kaltem Wasser einweichen. Den Likör erhitzen, aber nicht kochen lassen. Die Gelatine ausdrücken und darin auflösen, dann unter die Eigelbmasse rühren.
3. Den Topf nun in eine Schüssel mit Eiswasser setzen und die Creme rühren, bis sie kalt ist.
4. Die geschlagene Sahne unter die noch flüssige Masse heben.
5. Sechs Förmchen oder eine Schüssel mit kaltem Wasser ausschwenken und abtropfen lassen. Die Hälfte der Creme hineinfüllen.
6. Die Kuvertüre in einer Schüssel im heißen Wasserbad schmelzen, dann leicht abkühlen lassen und unter die Creme rühren.
7. Die Schokoladencreme in einen Spritzbeutel mit Sterntülle füllen und tupfenweise die halbfeste Orangencreme spritzen. Die Creme für 2 1/2 Stunden in den Kühlschrank stellen.
8. Die Creme vorsichtig auf einen oder sechs Teller stürzen und mit den Schokoladenspänen garniert servieren.

Mousse au Chocolat

Für 4 Personen

125 g Butter
200 g Blockschokolade
6 Eier
100 g Zucker
1 Tasse Mokka

Zubereitungszeit: ca. 20 Minuten
Kühlzeit: ca. 12 Stunden

1. Die Butter in einem Topf zerlaufen lassen, die Schokolade zerbröckeln, dazugeben und unter Rühren bei milder Hitze schmelzen lassen. Dabei aufpassen, daß die Schokolade nicht anbrennt. Sie können die Schokolade auch im heißen Wasserbad schmelzen lassen.
2. Die Eier trennen. Die Eigelbe mit dem Zucker in einer Schüssel schaumig schlagen.
3. Die flüssige Schokolade vorsichtig darunterziehen und den Mokka darunterrühren.
4. Die Eiweiße steifschlagen und etwas Eiweiß mit dem Schneebesen unter die Schokoladenmasse ziehen (siehe kleines Foto unten). Dann diese Masse unter das restliche Eiweiß heben.
5. Die Creme in Schälchen füllen und über Nacht erkalten lassen. (Foto rechts)

Zitronenmousse

Für 6–8 Personen

4 unbehandelte Zitronen
4 Limetten
4 Eier
225 g Puderzucker
2 EL Speisestärke
1 Prise Salz

Zubereitungszeit: ca. 1/2 Stunde
Kühlzeit: ca. 2 Stunden

1. Eine Zitrone und eine Limette heiß abwaschen, abtrocknen und die Schale abreiben.
2. Die abgeriebenen und die übrigen Zitronenfrüchte auspressen und den Saft durch ein Sieb gießen.
3. Die Eier trennen, die Eigelbe mit dem Puderzucker möglichst in einer Schüssel mit rundem Boden schaumig schlagen. Die Speisestärke mit dem Schneebesen darunterziehen.
4. Die Schüssel in ein nicht zu heißes Wasserbad stellen und die abgeriebene Zitronen- und Limettenschale in die Eigelbmasse geben. Den ausgepreßten Saft unter ständigem Schlagen mit dem Schneebesen langsam hinzufügen. Die Masse so lange schlagen, bis sie leicht bindet. Sie darf aber auf keinen Fall aufkochen, sonst gerinnt sie.
5. Eine große Schüssel mit Eisstükken und etwas Wasser füllen. Die Schüssel mit der Creme hineinstellen und so lange weiterschlagen, bis die Masse erkaltet ist.
6. Die Eiweiße mit dem Salz zu schnittfestem Schnee schlagen und diesen gleichmäßig unter die Creme ziehen. Die Zitronenmousse etwa 2 Stunden in den Kühlschrank stellen.

Tip

Garnieren Sie die Zitronenmousse mit feinen Schokoladenblättchen.

Orangencharlotte

Für 8 Personen

Für den Biskuitteig

4 Eigelb
80 g Zucker
1 EL Vanillinzucker
4 Eiweiß
1 Prise Salz
125 g Mehl
flüssige Butter zum Fetten der Form
Zucker zum Bestreuen
250 g Johannisbeer- oder Himbeergelee
4 unbehandelte Orangen

Für die Creme

3 Eigelb
125 g Zucker
125 ml halbtrockener Weißwein
3 EL Himbeergeist
7 Blatt weiße Gelatine
3 Eiweiß
1 TL Zitronensaft
200 g Sahne

Zubereitungszeit: ca. 1 1/4 Stunden
Gelierzeit: ca. 1 Stunde
Kühlzeit: ca. 4 Stunden

1. Für den Biskuitteig die Eigelbe mit 3 Eßlöffeln kaltem Wasser verrühren und nach und nach etwa zwei Drittel des Zuckers sowie den Vanillinzucker dazugeben. So lange rühren, bis der Zucker sich aufgelöst hat. Nun den Backofen auf 200 Grad vorheizen.
2. Die Eiweiße mit dem Salz zu schnittfestem Schnee schlagen. Dann löffelweise den restlichen Zucker einrieseln lassen und weiterschlagen, bis er sich vollständig aufgelöst hat.
3. Den Eischnee auf die Eigelbcreme geben, das Mehl darübersieben und alles mit dem Schneebesen locker, aber gründlich mischen.
4. Ein Backblech mit Backpapier auslegen und dieses am offenen Blechrand etwas hochfalzen. Mit der zerlassenen Butter einstreichen. Den Teig darauf gießen und mit einer Palette glattstreichen. Den Teig auf der mittleren Schiene im Backofen 12 bis 15 Minuten backen.
5. Ein Küchentuch auf die Arbeitsplatte legen und dünn, aber gleichmäßig mit Zucker bestreuen. Die Biskuitplatte auf das Tuch stürzen. Das Papier mit kaltem Wasser einstreichen, damit es sich besser löst, dann rasch abziehen.
6. Den noch warmen Biskuitboden mit dem Gelee bestreichen und mit Hilfe des Tuchs von der Längsseite her aufrollen. Die so entstandene Rolle in das Tuch einwickeln und abkühlen lassen.
7. Für die Creme eine Orange heiß abwaschen, abtrocknen und die Schale abreiben. Die Frucht und die übrigen drei Orangen auspressen.
8. Die Eigelbe mit dem Zucker schaumig schlagen. Nach und nach den Orangensaft, den Wein und den Himbeergeist hinzufügen.
9. Die Gelatine etwa 5 Minuten in kaltem Wasser einweichen, tropfnaß in ein Töpfchen geben und bei milder Hitze auflösen. Durch ein Sieb in die Eigelbcreme gießen und darunterrühren. Die Masse in den Kühlschrank stellen, bis sie anfängt zu stocken.
10. Die Eiweiße mit dem Zitronensaft zu schnittfestem Schnee schlagen. Die Sahne steifschlagen. Sobald die Creme im Kühlschrank leicht zu stocken beginnt, zuerst den Eischnee, dann die Sahne auf die Creme gleiten lassen und alles locker darunterziehen. Die Creme für einige Minuten in den Kühlschrank stellen.
11. Die Biskuitrolle aus dem Tuch wickeln und in knapp 1 Zentimeter dicke Scheiben schneiden. Eine glatte Schüssel mit möglichst rundem Boden mit den Scheiben auskleiden, die Creme in die Mitte gießen und glattstreichen.
12. Die Charlotte für 4 Stunden in den Kühlschrank stellen, dann stürzen und bei Tisch wie eine Torte aufschneiden.

(Foto rechts: oben)

Tiramisu

Für 4 Personen

125 ml sehr starker Kaffee oder Espresso
5 Eigelb
75 g Zucker
6 cl Marsala (italienischer Süßwein)
250 g Mascarpone (italienischer Frischrahmkäse)
125 g Löffelbiskuits (Biskotten)
etwas Kakao zum Bestäuben

Zubereitungszeit: ca. 25 Minuten
Kühlzeit: ca. 6 Stunden

1. Den Kaffee oder den Espresso zubereiten und abkühlen lassen.
2. Die Eigelbe mit dem Zucker und dem Marsala in einem Topf verrühren, dann bei milder Hitze so lange aufschlagen, bis die Mischung dickcremig ist. Dann in ein kaltes Wasserbad stellen, dem reichlich Eiswürfel hinzugefügt wurden, und schlagen, bis sich die Masse abgekühlt hat.
3. Den Mascarpone eßlöffelweise nach und nach hinzufügen und vorsichtig mit dem Schneebesen unter die Eiercreme ziehen. Die fertige Creme kühl stellen.
4. Eine Servierschüssel (besonders gut eignet sich eine flache, rechteckige Form) mit der Hälfte der Löffelbiskuits auskleiden und diese mit der Hälfte des Kaffees oder des Espressos beträufeln oder den Kaffee mit einem Pinsel darüberstreichen. Die Biskuits müssen ganz durchtränkt sein, dürfen aber nicht zu weich werden.
5. Die Hälfte der Mascarponecreme mit einer Palette auf die Löffelbiskuits streichen. Die übrigen Biskuits darauf legen und diese mit dem restlichen Kaffee oder Espresso tränken.
6. Die restliche Creme darauf streichen, das Tiramisu mit Haushaltsfolie abdecken und für mindestens 6 Stunden, besser jedoch über Nacht, in den Kühlschrank stellen.
7. Das Tiramisu mit dem Kakao bestäubt servieren.

(Foto rechts: unten)

Buttermilchmousse auf Erdbeersauce

Für 6 Personen

Für die Buttermilchmousse

500 g Buttermilch
125 g Puderzucker
4 Blatt Gelatine
2 Limonen
375 g Sahne

Für die Erdbeersauce

250 g Erdbeeren
2 cl Grand Marnier

Zubereitungszeit: ca. 1/2 Stunde
Kühlzeit: ca. 9 Stunden

1. Die Buttermilch mit 75 Gramm des Puderzuckers glattrühren. Die Gelatine etwa 5 Minuten in kaltem Wasser einweichen.
2. Die Limonen auspressen, den Saft durch ein Sieb gießen und dann erhitzen.
3. Die Sahne steifschlagen und kalt stellen.
4. Die Gelatine leicht ausdrücken und im heißen Limonensaft auflösen. Die Buttermilch dazugeben und alles gut verrühren.
5. Die geschlagene Sahne unter die Buttermilchmasse heben und das Ganze sofort etwa 9 Stunden in den Kühlschrank stellen.
6. Kurz vor dem Anrichten für die Erdbeersauce etwa 175 Gramm der Erdbeeren waschen, putzen und zusammen mit dem restlichen Puderzucker mit dem Pürierstab des Handrührgerätes pürieren. Das Püree durch ein Sieb streichen und mit dem Grand Marnier aromatisch abschmecken.
7. Die restlichen Erdbeeren waschen, putzen und halbiert auf sechs Tellern anrichten, dann die Erdbeersauce in die Mitte der Teller geben. Die Buttermilchmousse mit Hilfe eines in heißes Wasser getauchten Eßlöffels ausstechen und auf die Saucenspiegel setzen.

Joghurtcreme mit Aprikosen

Für 6 Personen

Für die Joghurtcreme

450 g Joghurt
60 g Puderzucker
2 EL Aprikosenmarmelade
4 Blatt Gelatine
2 cl Apricot Brandy
375 g Sahne
Saft und abgeriebene Schale von 1/2 unbehandelten Zitrone

Für die Garnitur

1/4 l Vanillesauce (Zubereitung siehe Rezept „Orangenparfait“, Seite 248)
1/2 l Schokoladen-Rum-Sauce (Zubereitung siehe Rezept „Orangenparfait“, Seite 248)
Zitronenmelisse

Zubereitungszeit: ca. 1 1/2 Stunden
Kühlzeit: ca. 3 Stunden

1. Den Joghurt mit dem Puderzukker und der Aprikosenmarmelade verrühren und durch ein Sieb passieren. Die Gelatine etwa 5 Minuten in kaltem Wasser einweichen.
2. Den Apricot Brandy erhitzen. Die Gelatine ausdrücken, darin auflösen und das Ganze unter die Joghurtmasse geben.
3. Die Sahne steifschlagen und einige Eßlöffel davon zum Garnieren beiseite stellen. Die restliche Sahne mit dem Zitronensaft und der abgeriebenen Zitronenschale unter die Joghurtmasse heben. Die Creme in sechs Förmchen füllen etwa 3 Stunden in den Kühlschrank stellen.
4. Die Vanille- und die Schokoladen-Rum-Sauce zubereiten, wie im Rezept „Orangenparfait“ auf der Seite 248 beschrieben.
5. Für die Garnitur mit der Schokoladen-Rum-Sauce auf sechs vorgekühlten Tellern Spiegel angießen. Am Rand entlang mit der Vanillesauce kleine Punkte auf die dunkle Sauce setzen und mit einem Messer am Tellerrand entlang durch die Punkte einen Kreis ziehen. Die zwei Saucen verlaufen dann zu einem schönen Muster.
6. Die Joghurtcreme aus den Förmchen auf die Teller stürzen und die Desserts mit der restlichen Sahne und den Melisseblättchen hübsch garnieren.
(Foto rechts: unten)

Pflaumen-Quark-Creme

Für 6 Personen

175 ml getrocknete Pflaumen
4 cl Portwein
80 ml frisch gepreßter Orangensaft
3 Blatt Gelatine
80 ml Milch
100 g Speisequark
2 Eigelb
1 TL abgeriebene Schale einer unbehandelten Orange
4 Eiweiß
60 g Puderzucker
250 g Sahne
4 cl Cognac

Quellzeit: ca. 3 Stunden
Zubereitungszeit: ca. 1 Stunde
Kühlzeit: ca. 2 Stunden

1. Den Portwein mit dem Orangensaft mischen und die Pflaumen darin etwa 3 Stunden quellen lassen. Dann das Obst entsteinen und im Mixer pürieren. Die Gelatine etwa 5 Minuten in kaltem Wasser einweichen.
2. Die Gelatine ausdrücken und unter das heiße Püree geben. Alles sorgfältig durchrühren und dann erkalten lassen.
3. Den Quark durch ein Sieb passieren und mit den Eigelben schaumig rühren. Zusammen mit der Orangenschale zum Püree geben.
4. Die Eiweiße mit dem Zucker in einen Topf geben und über dem heißen Wasserbad aufschlagen. Dann die Eiweiße im kalten Wasserbad so lange schlagen, bis die Masse steif und kalt ist.
5. Die Sahne, den Cognac und den Eischnee unter den Pflaumenquark heben, diesen in Förmchen füllen und etwa 2 Stunden in den Kühlschrank stellen.

Quarkcreme

Für 6 Personen

3 Eigelb
60 g Zucker
250 g Speisequark
abgeriebene Schale von
1 unbehandelten Orange
3 Eiweiß
80 g Puderzucker
Früchte nach Wahl
Puderzucker zum Garnieren

Zubereitungszeit: ca. 3/4 Stunden
Kühlzeit: ca. 1/2 Stunde

1. Die Eigelbe und den Zucker in einer Schüssel im heißen Wasserbad unter Rühren erhitzen. Anschließend die Creme so lange im kalten Wasserbad rühren, bis sie erkaltet ist.
2. Den Quark in einem Tuch ausdrücken, damit er gut trocken ist. Dann mit der Orangenschale zu der Eigelbmasse geben und die Masse rühren, bis sie schaumig-cremig ist.
3. Die Quarkcreme mindestens 1/2 Stunde ins Kühlfach stellen. Dann die Eiweiße langsam aufschlagen, nach und nach den Puderzucker dazugeben und alles zu einem leichten Schnee schlagen. Den Eischnee unter die Quarkmasse heben. Den Backofen auf Oberhitze vorheizen.
4. Die Quarkcreme in einen Spritzbeutel mit Sterntülle geben und auf sechs backofenfeste tiefe Teller kleine Häufchen spritzen.
5. Die Quarkcreme im Backofen bei Oberhitze kurz überkrusten und mit den Früchten garnieren und mit Puderzucker bestäubt servieren.
(Foto oben: oben)

Apfelsoufflé

Für 6 Personen

1 EL flüssige Butter zum Fetten der Förmchen
Biskuitbrösel
Zucker
300 g Äpfel
125 ml Läuterzucker (Zubereitung siehe Rezept „Orangenparfait", Seite 248)
Saft von 1/2 Zitrone
3 Eigelb
70 g Puderzucker
30 g frischgeriebener Ingwer
gemahlener Zimt
3 Eiweiß
Puderzucker zum Garnieren

Zubereitungszeit: ca. 1 1/4 Stunden

1. Sechs Soufflèförmchen mit der flüssigen Butter einfetten, mit Biskuitbröseln und etwas Zucker ausstreuen. Den Backofen auf 200 bis 220 Grad vorheizen.
2. Die Äpfel schälen, vierteln und die Gehäuse entfernen. Die Apfelviertel mit dem Läuterzucker und dem Zitronensaft aufkochen, bis die Flüssigkeit verdampft ist, dann im Mixer fein pürieren.
3. Die Eigelbe mit 3 Eßlöffeln Puderzucker schaumig rühren, das Apfelpüree vorsichtig darunterheben und die Masse mit Ingwer und Zimt abschmecken.
4. Die Eiweiße mit dem restlichen Puderzucker steifschlagen. Vorsichtig unter die Eigelbmasse heben und die Soufflémasse in die Förmchen füllen. Nun im Backofen 25 bis 30 Minuten backen.
5. Die Apfelsoufflés mit etwas Puderzucker bestäuben und sofort in den Förmchen servieren.

(Foto oben)

Schokoladensoufflé

Für 6 Personen

1 EL flüssige Butter zum Fetten der Förmchen
Biskuitbrösel
Zucker
125 ml Milch
140 g geriebene Schokolade
3 EL Mehl
4 Eigelb, 4 Eiweiß
70 g Puderzucker

Zubereitungszeit: ca. 50 Minuten

1. Sechs Soufflèförmchen mit der flüssigen Butter einfetten, mit Biskuitbröseln und etwas Zucker ausstreuen.
2. Die Milch aufkochen lassen, die Schokolade mit dem Mehl mischen und unter Rühren in die Milch geben. Das Ganze mit einem Holzlöffel ständig rühren und erneut aufkochen lassen.
3. Nun den Backofen auf 200 bis 220 Grad vorheizen.
4. Dann die Schokoladensauce vom Herd nehmen, dabei weiterrühren und nach und nach die Eigelbe darunterziehen.
5. Die Eiweiße mit dem Puderzucker langsam steifschlagen, jedoch nicht so steif, daß es flockt. Das geschlagene Eiweiß vorsichtig unter die Eigelbmasse heben und die Förmchen damit füllen.
6. Die Förmchen in eine Kasserolle mit siedendem Wasser stellen und darin im Backofen 20 bis 25 Minuten garen.

Aprikosenknödel

Für 6 Personen

Für die Knödel
600 g Kartoffeln
4 EL Mehl
5 Eigelb
Salz
geriebene Muskatnuß
2 EL Butter
18 Rohrzuckerwürfel
4 cl Rum oder Weinbrand
18 frische Aprikosen

Für die Brösel
3 EL Butter
2 EL Zucker
4 EL Biskuitbrösel

Zubereitungszeit: ca. 2 1/4 Stunden

1. Zunächst den Backofen auf etwa 260 Grad vorheizen. Die Kartoffeln in Alufolie wickeln und im Backofen 30 bis 40 Minuten garen.
2. Die Kartoffeln auswickeln und großzügig schälen. Mit dem Mehl,

den Eigelben, den Gewürzen und der Butter gut mischen.
3. Den Würfelzucker mit dem Rum oder dem Weinbrand beträufeln. Die Aprikosen enthäuten.
4. Je ein Stück Würfelzucker in jeweils eine Aprikose einlegen. Die Aprikosen in den Kartoffelteig einrollen, so daß 18 gefüllte Knödel entstehen. Diese in siedendem Salzwasser 10 bis 15 Minuten gar ziehen lassen.
5. Die Butter in einer Pfanne erhitzen und den Zucker und die Biskuitbrösel darin anrösten, dann erkalten lassen.
6. Die Knödel abtropfen lassen und in den Bröseln wenden.

Tip

Servieren Sie dazu ein frisches Fruchtpüree.

Crêpes mit Weinschaum und Walderdbeeren

Für 6 Personen

Für den Teig
4 EL Mehl
2 EL Speisestärke
1 Vanilleschote
4 Eier
1 Prise Salz
1 Prise Zucker
170 ml Sahne
2 EL Butter
Butter oder Öl zum Backen

Für den Weinschaum
80 g Zucker
5 Eigelb
Saft von 1 Zitrone
200 ml Weißwein

Außerdem
200 g Walderdbeeren
Puderzucker zum Garnieren

Zubereitungszeit: ca. 1 1/4 Stunden

1. Für den Teig das Mehl und die Speisestärke in eine Schüssel geben und in die Mitte eine Mulde drükken. Die Vanilleschote der Länge nach aufschneiden, das Mark herauskratzen und in die Mulde geben.
2. Die Eier, Salz und Zucker ebenfalls in die Mulde geben, die Sahne dazugießen und alles mit einem Schneebesen zu einem glatten Teig rühren.
3. Die Butter in einer Pfanne leicht bräunen, lauwarm zum Teig geben und damit gut verrühren. Den Backofen auf 100 Grad vorheizen.
4. Jeweils sehr wenig Butter oder Öl in einer gußeisernen Pfanne erhitzen. Dann gerade so viel Teig hineingeben, daß der Boden dünn bedeckt wird. Eventuell überschüssigen Teig wieder in die Schüssel zurückgießen. Die Crêpes auf der einen Seite backen, dann vorsichtig wenden. Das Backen geht sehr schnell, also Vorsicht, daß nichts anbrennt!
5. Die Crêpes jeweils sofort nach dem Fertigbacken im Backofen auf einen großen Teller legen, der mit einem zweiten abgedeckt wird. So bleiben die Crêpes warm und trocknen auch nicht aus.
6. Für den Weinschaum den Zukker mit den Eigelben und dem Zitronensaft in einer Schüssel gut verrühren, den Weißwein dazugeben. Das Ganze unter Rühren im heißen Wasserbad mit dem Schneebesen aufschlagen, bis die Masse steif geworden ist.
7. Die Walderdbeeren verlesen und gegebenenfalls waschen, allerdings nur, wenn es unbedingt notwendig ist, da sie dabei an Aroma verlieren.
8. Die Crêpes auf sechs vorgewärmten Tellern anordnen, mit dem noch warmen Weinschaum umgießen. Mit den Erdbeeren garnieren und nach Belieben mit Puderzucker bestreuen.
(Foto oben)

Haselnuß-Birnen-Auflauf

Für 4 Personen

750 g Birnen
etwas Zitronensaft
100 g Butter
100 g Zucker
½ TL Zimt
4 Eigelb
250 g gemahlene Haselnüsse
500 g Magerquark
4 Eiweiß
2 EL Puderzucker
1 TL Butter zum Fetten der Form

Zubereitungszeit: ca. 1¼ Stunden

1. Die Birnen schälen, vierteln und von den Kerngehäusen befreien. Sofort mit etwas Zitronensaft beträufeln, damit sich das Fruchtfleisch nicht braun verfärbt.
2. Die Birnenviertel in einen Topf geben, knapp mit Wasser bedekken, kurz aufkochen und zugedeckt ziehen lassen, bis sie weich, aber noch bißfest sind. Die Birnenstücke herausnehmen und abtropfen lassen. Dann den Backofen auf 180 Grad vorheizen.
3. Die Butter mit dem Zucker schaumig rühren. Den Zimt hinzufügen und die Eigelbe nach und nach daruntermischen. Die gemahlenen Haselnüsse und den Quark gleichmäßig darunterheben.
4. Die Eiweiße mit 1 Eßlöffel Puderzucker sehr steif schlagen und unter die Quarkmasse heben.
5. Eine Auflaufform mit der Butter einfetten. Die Birnenviertel nebeneinander hineinlegen und gleichmäßig mit der Quarkmasse bedekken, diese glattstreichen.
6. Den Auflauf im Backofen etwa ½ Stunde backen, dann herausnehmen und mit dem restlichen Puderzucker bestäuben.

Tip

Beträufeln Sie die Birnenviertel mit 3 Zentiliter Birnengeist, das verfeinert das Aroma.

Grießauflauf mit Bananen

Für 4 Personen

4 Eier
80 g Zucker
300 g Joghurt
250 g Sahne
150 g Weizengrieß
4 mittelgroße Bananen
6 EL Eierlikör
1 TL Butter zum Fetten der Form
3 EL Mandelblättchen
Puderzucker zum Bestäuben

Zubereitungszeit: ca. 1¼ Stunden

1. Die Eier trennen und die Eigelbe mit dem Zucker in einer Schüssel zu einer dicken Masse verrühren.
2. Den Joghurt, die Sahne und den Grieß daruntermischen. Den Backofen auf 180 Grad vorheizen.
3. Die Bananen schälen, in dickere Scheiben schneiden und mit dem Eierlikör übergießen.
4. Die Eiweiße zu sehr steifem Schnee schlagen und diesen mit den marinierten Bananen vorsichtig unter die Grießmasse heben.
5. Eine Auflaufform mit der Butter einfetten, die Bananenmasse hineinfüllen und mit den Mandelblättchen bestreuen. Im Backofen etwa eine ¾ Stunde garen.
6. Die Form herausnehmen und den Auflauf mit etwas Puderzucker bestreuen.

Äpfel „Bonne Femme"

Für 4 Personen

4 große Äpfel
1 EL Butter zum Fetten der Form
3 EL Butter
4 EL Zucker
4 EL Himbeergelee

Zubereitungszeit: ca. 40 Minuten

1. Die Äpfel waschen und die Kerngehäuse ausstechen. Die Äpfel mit einem Messer in der Mitte rundherum leicht einschneiden. Den Backofen auf 180 Grad vorheizen.
2. Eine Auflaufform mit der Butter einfetten und die Äpfel nebeneinander hineinsetzen.
3. Die Butter in die Äpfel füllen, etwa 100 Milliliter Wasser angießen und die Äpfel mit dem Zucker bestreuen.
4. Die Äpfel im Backofen 25 bis 30 Minuten backen.
5. Die Äpfel auf vier vorgewärmte Teller setzen, mit je 1 Eßlöffel Himbeergelee bedecken und sofort servieren.

(Foto rechts)

Kirschenmichel

Für 4 Personen

8 altbackene Brötchen
¾ l Milch, 1 Prise Salz
abgeriebene Schale von
1 unbehandelten Zitrone
60 g Zucker
3 Eier
1 kg Herzkirschen
1 EL Butter zum Fetten der Form
40 g Butter

Zubereitungszeit: ca. 1 Stunde
Zeit zum Einweichen: ca. ½ Stunde

1. Die Brötchen in feine Scheiben schneiden und in eine Schüssel geben.
2. Die Milch mit etwas Salz, der Zitronenschale, dem Zucker und den Eiern verquirlen und über das Brot gießen. Das Ganze zugedeckt etwa ½ Stunde weichen lassen.
3. Die Kirschen waschen und entsteinen. Dann den Backofen auf 200 Grad vorheizen.
4. Eine Auflaufform mit etwas Butter einfetten und abwechselnd die Brotmasse und die Kirschen einschichten. Die letzte Schicht sollte aus Brot bestehen.
5. Die eventuell übrige Eiermilch über den Auflauf gießen und die Butter als Flöckchen darauf setzen.
6. Den Kirschenmichel im Backofen etwa eine ¾ Stunde backen.

Pfirsiche in Eiercreme

Für 4 Personen

6 feste, aber reife weiße Pfirsiche
1/2 Vanilleschote
1/4 l halbtrockener Weißwein (Gewürztraminer)
100 g Zucker
1 TL Speisestärke
3 Eigelb
geriebene Muskatnuß

Zubereitungszeit: ca. 1/2 Stunde

1. Die Pfirsiche mit kochendem Wasser überbrühen, anschließend kalt abschrecken und die Haut abziehen. Die Früchte halbieren und entsteinen.
2. Die Vanilleschote längs aufschlitzen, das Mark herauskratzen und beides mit dem Wein und 2 Eßlöffeln Zucker aufkochen lassen. Die Pfirsichhälften hineinlegen und zugedeckt etwa 5 Minuten dünsten. Dann herausnehmen und auf vier Desserttellern anrichten.
3. Die Vanilleschote aus dem Wein nehmen und diesen bei starker Hitze auf die Hälfte einkochen lassen.
4. Den restlichen Zucker mit der Speisestärke mischen. Die Eigelbe in einem Stieltopf verquirlen, dann nach und nach die Zucker-Stärke-Mischung einrieseln lassen und mit dem Schneebesen weiterrühren, bis sich der Zucker vollständig aufgelöst hat. Das Ganze bei mäßiger Hitze erwärmen.
5. Den reduzierten Wein unter ständigem kräftigem Schlagen mit dem Scheebesen nach und nach einlaufen lassen und alles weiterschlagen, bis die Mischung dickcremig ist.
6. Die Eiercreme warm um die Pfirsiche gießen. Sie können die Eiercreme auch in ein kaltes Wasserbad stellen und kalt schlagen. In jedem Fall wird die Eiercreme zuletzt mit einem Hauch Muskat überstäubt.

Gemischter Fruchtsalat mit Nüssen

Für 4 Personen

100 g Erdbeeren
100 g Brombeeren
1 Mango
2 Kiwis
1 kleine Cantalupemelone
50 g gehackte Pistazien
50 g gehackte Walnüsse
50 g gehackte Pinienkerne
6 cl Maraschinolikör
150 g Crème fraîche
150 g Joghurt
1 Päckchen Vanillinzucker
2 EL Honig

Zubereitungszeit: ca. 25 Minuten
Zeit zum Durchziehen: ca. 1/2 Stunde

1. Die Erdbeeren und die Brombeeren putzen, waschen, gut abtropfen lassen und in eine Schüssel geben.
2. Die Mango schälen, halbieren, den Kern herauslösen und das Fruchtfleisch in kleine Würfel schneiden. Dann zu den Beeren geben.
3. Die Kiwis schälen und in kleine Würfel schneiden.
4. Die Melone halbieren, entkernen, das Fruchtfleisch aus der Schale lösen und ebenfalls in kleine Würfel schneiden. Mit den Kiwis und den Nüssen zu den übrigen Früchten geben und alles vorsichtig miteinander mischen.
5. Den Salat mit dem Maraschinolikör aromatisieren und 1/2 Stunde durchziehen lassen.
6. Die Crème fraîche mit dem Joghurt, dem Vanillinzucker und dem Honig glattrühren.
7. Den Fruchtsalat in vier Gläsern anrichten und mit der Creme überziehen.

Tip

Im Winter können Sie auch aus Orangen, Äpfeln, Grapefruits, Ananas und Bananen einen herrlichen Fruchtsalat herstellen.

Exotischer Wintersalat

Für 4 Personen

200 g frische Datteln
1 kleine frische Ananas
2 Sharon-Kaki
200 g Kapstachelbeeren
1 Granatapfel
200 g Sahne
2 TL Puderzucker
2 cl Orangenlikör
1/2 TL Zimt

Zubereitungszeit: ca. 25 Minuten

1. Die Datteln enthäuten, dann halbieren und entsteinen.
2. Von der Ananas den Stengelansatz und die Blattkrone abschneiden. Die Frucht dann großzügig schälen, der Länge nach achteln, den harten Innenkern abschneiden und das Fruchtfleisch fein würfeln.
3. Die Kakifrüchte gründlich waschen und abtrocknen. Mit einem spitzen Messer den Blatteinsatz rundherum einschneiden und keilförmig herauslösen. Die Früchte nach Belieben in dünne Scheiben oder in Achtel schneiden.
4. Die Kapstachelbeeren aus ihren Hüllen lösen, kurz waschen und gründlich abtropfen lassen.
5. Den Granatapfel halbieren und die Kerne mit einem Teelöffel herauslösen. Dabei am besten über einer Schüssel arbeiten, um den Saft aufzufangen. Die Granatapfelkerne beiseite stellen.
6. Die Sahne halbsteif schlagen, dabei nach und nach den Puderzukker, den abgelaufenen Granatapfelsaft, den Orangenlikör und den Zimt hinzufügen.
7. Alle Salatzutaten mit der Hälfte der Sahne mischen und in eine Glasschale oder in vier Portionsgläser füllen.
8. Mit der restlichen Sahne begießen und mit den Granatapfelkernen bestreuen. Den Salat anschließend sofort servieren.

So heißt's in Deutschland, in Österreich und in der Schweiz

in Deutschland	in Österreich	in der Schweiz
Aprikosen	Marillen	Aprikosen
Blockschokolade	Kochschokolade	Blockschokolade
Bohnen, grüne	Fisolen	Bohnen, grüne
Brötchen	Semmel, Weckerl	Brötchen
Blumenkohl	Karfiol	Blumenkohl
Edelkastanien	Maroni	Maroni
Feldsalat, Rapunzel	Vogerlsalat	Nüsslisalat
Hefe	Germ	Hefe
Johannisbeeren	Ribisel	Johannisbeeren
Kartoffeln	Erdäpfel, Kartoffeln	Kartoffeln
Kohlrabi	Kohlrübe	Kohlrabi
Kopfsalat	Häuptelsalat, grüner Salat	Kopfsalat
Knoblauch	Knoblauch, Knofel	Knoblauch
Löffelbiskuits	Biskotten	Löffelbiskuits
Mais	Kukuruz	Mais
Meerrettich	Kren	Meerrettich
Möhren, Karotten	Karotten	Rüebli
Paprika	Paprika	Peperoni
Pfifferlinge	Eierschwammerl	Eierschwämme
Pilz	Schwammerl	Pilze
Quark	Topfen	Quark
Reineclauden	Ringlotten	Reineclauden
Rosenkohl	Kohlsprossen	Rosenkohl
süße Sahne, Rahm	Obers, Rahm	Rahm
saure Sahne	saurer Rahm	Sauerrahm
Schlagsahne	Schlagobers	Schlagrahm
Tomaten	Paradeiser	Tomaten
Wacholderbeeren	Krammetsbeeren	Wacholderbeeren
Weißkohl	Weißkraut	Weißkohl
Zwiebelknolle	Zwiebelhäuptel	Zwiebelknolle

Rezeptverzeichnis